本书是河南省教育厅人文社会科学基地研究项目"大学生学习行为优化研究"（项目编号2012—JD—009）的主要成果

学习概论
XUE XI GAI LUN

林德全　徐秀华　著

河南大学出版社
·郑州·

图书在版编目(CIP)数据

学习概论/林德全,徐秀华著. —郑州:河南大学出版社,2012.8
ISBN 978-7-5649-0965-9

Ⅰ.①学… Ⅱ.①林…②徐… Ⅲ.①教育学－高等学校－教材 Ⅳ.①G40

中国版本图书馆 CIP 数据核字(2012)第 201096 号

责任编辑　王亚辉
责任校对　赵海霞
装帧设计　王四朋

出版发行	河南大学出版社
	地址:郑州市郑东新区商务外环中华大厦 2401 号
	邮编:450046
	电话:0371-86059712(高等教育出版分社)
	0371-86059715(营销部)
	网址:www.hupress.com
排　版	郑州市今日文教印制有限公司
印　刷	郑州市今日文教印制有限公司
版　次	2013 年 12 月第 1 版
印　次	2013 年 12 月第 1 次印刷
开　本	787mm×1092mm　1/16
印　张	12.25
字　数	290 千字
定　价	26.00 元

(本书如有印装质量问题,请与河南大学出版社营销部联系调换)

目 录

绪 论 /1
  第一节 学习的价值效应 /1
  第二节 学习的时代呼唤 /7
  第三节 学习的未来趋势 /10

第一章 学习内涵 /15
  第一节 学习的语源 /15
  第二节 学习的概念 /17
  第三节 尝试性把握 /23

第二章 学习主体 /29
  第一节 学习主体的身体状态 /29
  第二节 学习主体的心理状态 /33
  第三节 学习主体的知识状态 /42

第三章 学习风格 /46
  第一节 学习风格的内涵 /46
  第二节 学习风格的构成要素 /50
  第三节 学习风格的类型 /53
  第四节 学习风格的理论 /56

第四章 学习资源 /61
  第一节 学习资源概述 /61
  第二节 学习的物质资源 /64
  第三节 学习的时间资源 /67
  第四节 学习的空间资源 /72
  第五节 学习的网络资源 /75

第五章 学习过程 /79
  第一节 学习过程概述 /79
  第二节 预习 /83

第三节 听讲 /87
第四节 复习 /91

第六章 学习行为 /99
第一节 学习行为概述 /99
第二节 阅读行为 /101
第三节 笔记行为 /107
第四节 记忆行为 /110
第五节 作业行为 /113

第七章 学习方式 /117
第一节 学习方式的已有界定 /117
第二节 学习方式的尝试把握 /121
第三节 新型学习方式举隅 /126

第八章 学习策略 /135
第一节 学习策略的内涵 /135
第二节 学习策略的内容 /142

第九章 学习指导 /151
第一节 学习指导的内涵 /151
第二节 学习指导的内容 /159
第三节 学习指导的形式 /164

第十章 学习研究 /168
第一节 学习研究的历史 /168
第二节 学习研究的范围 /174
第三节 学习研究的趋势 /180

参考文献 /185

后 记 /189

绪　论

学习作为人类的基本活动之一，随时随处都可以看到。它既包括在专门场所开展的学习，也包括在社会生活中获得的学习；既包括青少年成长历程的学习，也包括中老年完善自我的学习。所以，英国教育家邓尼斯·恰尔德指出："学习这种行为现象是显而易见的。"①

人们之所以重视学习，客观上与其巨大的价值效应密切相关。在今天的学习化社会里，学习的价值效应显得尤为突出。

第一节　学习的价值效应

无论是对个体的成长，还是社会的发展，学习都起着非常重要的作用。根据所作用的范畴，这些作用可概括分为促进个体发展和推动社会进步两个方面。

一、促进个体发展

众所周知，"人非生而知之者，孰能无惑"是韩愈的《师说》中一句最为经典的名言。事实上，这一名言不但断定有惑须解，而且还表明学习是实现解惑或从不知到知的必经途径。当然，无论是解惑还是知晓，实际上都是指向于个体的发展，促进个体的成长的。

具体说来，学习对于个体发展的促进主要体现在以下四个方面。

（一）增长知识

在工具书中，知识一般被解释为"人对事物的属性与联系的认识"②。当然，根据认识主体的范畴状况，可以把这种认识概括为两个方面：一方面是个体性的，是个体对事物的属性与联系的认识；另一方面是群体性的，是整个人类对事物的属性与联系的共同认识。

---

① ［英］邓尼斯·恰尔德著，蔡笑岳、周鸿等译：《心理学与教师》，科学技术文献出版社，1992年版，第61页。

② 顾明远主编：《教育大辞典》（增订合编本），上海教育出版社，1998年版，第2016页。

目前,人们通常把前者称作个体知识,把后者称做公共知识。

这两类知识之间具有非常密切的关联:一方面,个体知识的增长可以促进公共知识的发展;另一方面,公共知识的发展也会带来个体知识的增长。当然,这两类知识之间由于各自所属的主体范畴不同而存在着明显的区别:个体知识具有个别性,由单个主体拥有;而公共知识则具有公共性,为群体主体所共同拥有。当然,需要说明的是,虽然这两类知识因其栖居的主体不同而有上述区别,但由于都是知识的范畴、都是人对事物的属性与联系的认识而呈现出高度的共通性,都是人类认识的成果或结晶,是人类在长期的生产、生活和研究实践中总结、提炼出来的对世界的客观反映。

知识作为整个人类对客观世界的反映,实际上也是人类文明的精华所在。这些精华应该得到有效的保存和传递。只有这样,才能进一步发挥出其应有的价值和作用。学习既是保存和传递这些精华的重要途径,也是促进个体发展的重要途径。通过学习,学习主体可以非常便捷地掌握人类已有的这些精华,从而少走甚至不走弯路,直接通过拿来的方式把这些知识吸纳到自己原有的知识体系中,进而增长自身知识的数量、扩展自己的知识视域、增长自己的才干。

事实上,学习不但可以使个体的知识得到增长,而且可以使知识自身得到增长。借助于学习,个体还可以直接站在前人的肩膀上,沿着前人开拓的知识疆域继续前进,进一步推陈出新,在深化对世界客观反映的同时,扩展整个人类知识的范畴。

(二) 发展智力

学习不但能够增长个体的知识,还能够发展个体的智力。尽管目前学术界关于智力的认识还存在着较大的争论,呈现出心理测量学、认知发展、信息加工等多种不同研究视角的各不相同的结论,但这些研究中,亦有其共识,这就是都把智力理解为个体认识、理解客观事物并运用知识和经验等解决问题的能力,包括记忆、观察、思维、想象和判断等多个方面。

智力本身也是一个持续不断的发展过程。智力的发展性主要有以下三个方面的表现:

第一,呈"倒 U 型曲线"。心理学研究表明,个体智力的发展与年龄之间呈现出"一个倒 U 型曲线,在儿童少年时期,智力不断增长,到成人期达到最高峰后,随着年龄的增长而逐渐下降"[1]。

第二,晶体智力终身发展。虽然在成人期智力发展达到高峰以后,个体的智力从总体上随着年龄的增长而逐渐下降,但是个体智力中的某些成分,如获得语言、数学等知识的晶体智力"在人的一生中一直在发展,只是到 25 岁以后,发展的速度渐趋平缓"[2]。

第三,学习程度决定个体智力的倒 U 型顶点。影响个体智力从增长向下降的拐点有很多因素,而接受不同程度的教育,或者说获得不同程度的学习就是其中的重要因素之一。研究还表明:"受过良好教育的人,不仅能在高水平上完成智力任务,而且就是在他们

---

[1] 白学军著:《智力心理学的研究进展》,浙江人民出版社,1996 年版,第 224 页。
[2] 彭聃龄主编:《普通心理学》(修订版),北京师范大学出版社,2004 年版,第 408 页。

年老时,仍然保持其智力水平。"①

智力的发展性进一步证明了其与学习之间的密切关系。事实上,无论是在早期的快速增长,还是在晚期的缓慢增长,智力都与个体的学习密切相关,有赖于其学习的情况。一般说来,学习的质量越高,其智力发展也越好,倒U型拐点出现的时间也就越晚。

（三）增强能力

学习还有助于学习主体能力的增强。虽然在很多时候人们把能力与智力等同起来,但事实上,两者在高度相关的同时也还有着明显的区别。

智力与能力的区别主要表现在两大方面：

一是两者展现领域不同。智力主要反映的是个体的心理活动,主要表现为头脑内部的操作,具有内隐性；而能力则表现的是个体的实践活动,主要表现为具体实践中的操作,具有外显性。"能力表现在所从事的各种活动中,并在活动中得到发展。"②

二是两者的表现不完全匹配。在有些情况下,智力水平与能力水平相一致,智力强的人,能力也强。但在很多情况下,两者并不完全匹配。很多人虽然在智力水平上大体相当,但在能力表现上却相差很大,有的人能力很强,也有的人能力却很一般。最为特殊的是有些人虽然智力平平,但能力却很强。

这些区别一方面表明智力与能力的不同,另一方面也间接地证明了能力本身也是发展的。影响能力发展的因素很多,除了先天的遗传方面的因素外,还有环境、教育、实践活动、个体的主观能力性等一些后天方面的因素。在这些因素中,先天的遗传因素主要是为能力的发展提供了可能,其实际发展状况主要取决于后天的因素。而在这些后天因素中,教育无疑是其中至关重要的因素之一。

由于教育与学习密切相关③,所以,学习也是影响个体智力发展的重要方面,特别是个体学习的途径直接决定着其能力发展的水平和类型。如果个体的学习主要是侧重于间接的、知识性的学习,那么其获得的能力将主要是理论性的能力；如果个体的学习主要是侧重于直接的、经验性的学习,那么其获得的能力将主要是实践性的能力。

（四）修善品德

品德的发展无疑也是个体发展的重要内容。品德即道德品质的简称,是个体依据一定的社会道德准则和规范行动时,对社会、他人或周围事物所表现出来的稳定的心理特征或倾向,这一倾向的形成和发展也同样离不开学习。美国品德研究专家柯尔伯格认为品德发展是学习的结果,当然,这是一种比较特殊的学习。

从学习的视角来看,品德的学习有以下两个突出的特点：

一是长期性。品德的学习是一个漫长的过程,往往需要长期的、持续的学习才有可能最终形成。在此过程中,品德要历经多次反复才会最终形成相应的行为动力定型,从而达到自动化的程度。所以,学习主体需要不断地与品德形成中的一些反复现象做斗争,这更需要依赖于学习。

---

① 白学军著：《智力心理学的研究进展》,浙江人民出版社,1996年版,第264页。
② 彭聃龄主编：《普通心理学》（修订版）,北京师范大学出版社,2004年版,第404页。
③ 需要说明的是,教育与学习的关系颇为复杂,这里只就一般意义而言。

而且,品德学习的长期性还是其与品德相对应的一些学习,如知识的学习、技能的学习等最为明显的不同之一。相比较起来,知识的学习、技能的学习只需要比较短暂的时间就可以达到预期的目的,而且可以验证和重复,但品德的学习却需要很长时期,有些甚至需要一生的努力。

二是体验性。品德的学习还是一种体验性的学习。所谓体验,从词源来看,最初是由德国哲学家狄尔泰加以术语化的,其德语原文为"Erlabnls",是动词"erleben"即"经历"的名词化,而"erleben"又是"Leben"即生命、生存、生活(相当于英语中的 life、live、living)的动词化。因此,"体验"实际是一种跟生命活动密切关联的经历。这样的一种经历对学习有着至关重要的影响,而尤以品德的养成为甚。所以,有研究指出"道德学习(实际上也即品德的学习——引者注)是以体验为核心的知、情、行整合学习"①。

二、推动社会进步

学习在实现个体发展的同时,还促进着社会的进步。学习对社会进步的促进主要表现在以下四个方面。

(一) 推动经济发展

经济发展的程度是评判社会生产方式的重要尺度,同时也是衡量社会发展程度的重要指标。

在马克思看来,人类社会经历了从原始社会依次向奴隶社会、封建社会、资本主义社会和社会主义社会发展的演进。从表面上来看,人类社会的这一发展顺序取决于政治和经济制度,但事实上则是取决于决定不同社会政治和经济制度的社会生产方式。影响社会生产方式发展的因素有很多,但教育毫无疑问是其中最为主要的因素。教育活动在实现人类知识传承的同时,也在推动科学技术的革新,从而带来社会生产方式的转型,进而促进社会政治和经济制度的转型和发展。

由于教育活动与学习活动密切相关,所以实际上学习也就成了推动社会生产方式转型、促进社会政治和经济制度发展的重要因素。

学习对于经济发展的推动,除了表现为社会生产方式转型外,还表现为社会生产效率的提高,使得单位时间内生产的社会财富更多,或者生产单位财富所消耗的资源更少。

学习对经济发展的推动主要表现在其对科学知识的生产、传递和利用上:

一是学习可以加快科学知识的生产,使得新的知识不断涌现,缩短知识更新的周期,为社会提供更加适应其发展需要的新的知识,也可以推动经济发展。

二是学习可以促进科学知识的传播,使得知识能够以更短的时间在不同的社会成员之间进行交流,可以让更多的社会成员掌握更多的知识,从而推动经济发展。

三是学习还可以加快科学知识的社会转化,使之能够尽快从理论形态转化为实践运用,从而进一步加快经济发展的速度。"人们把照相术原理付诸实践花了112年的时间。而太阳电池从发现到生产只相隔两年……从14世纪末到20世纪中叶11种伟大的发现,

---

① 王健敏著:《道德学习论》,浙江教育出版社,2002年版,第11页。

从发现到应用的时间间距越来越小了。"①

(二) 推动政治文明

社会进步除了表现为经济发展外,还表现为政治文明。"所谓政治文明,简单地说,就是人类社会政治生活的进步状态。"②一般说来,政治文明是由政治意识文明、政治制度文明和政治行为文明三个部分组成的有机整体。而且,政治文明本身也是动态的,是不断的发展变化的。促进政治文明发展的因素有很多,如社会政治体制的改革、社会政治意识的发展、社会政治行为的优化等,但这些方面仍然属于政治范畴的内部。事实上,除了这些范畴内部方面外,还有一些更为根本的方面在影响着政治文明,学习就是这些更为根本的方面之一。

学习对于政治文明的推动主要表现在以下三个方面:

一是通过学习提高政治文明主体的素养。政治文明程度和发展取决于政治文明主体自身的素质,如果政治文明主体自身的素质不高,那么政治文明的进展将会受到极大的限制,列宁的"在一个文盲的国家里是不能建成共产主义社会的"③断言也进一步表明了这一点。而政治文明主体的素养只有通过学习才有可能获得提高。

二是通过学习不断扩大政治文明的主体。学习不但可以提高单个政治文明主体的素养,而且还可以扩大政治文明主体的范畴,使越来越多的人的政治文明素养得到提高,从而进一步推进政治文明。在英国形式主义美学家克莱夫·贝尔看来,"一个文明人造不成一个文明社会","只有在足够多的文明的个人聚集在一起形成一个核心向外放射光芒、渗溢甘露的时候,才有可能出现一个文明社会"④。

三是通过学习可以对政治文明进行借鉴。在不同国家和地区,政治文明的具体表现各不相同。通过学习,可以对一些更加优秀的政治文明进行借鉴,从而促进本国或本地区的政治文明程度。在美国著名学者威尔·杜兰看来,"文明不会死亡,只会迁移;其住地及装束虽有所改变,但必继续生存"。他还进而以希腊文明为例,认为希腊文明已经彻底渗入现代文明,以至于今日"一切文明国家在一切有关智能的活动方面,都是希腊的殖民地"⑤。

(三) 推动文化更新

社会进步还表现为文化的更新。虽然人们对于文化是什么本身并没有一个统一的认识,但毫无疑问都认为文化会不断地更新和创造。也正是文化的更新和创造,才会不断地促进社会的进步和发展。

文化的更新和创造之所以能够促进社会的进步和发展,与其所具有的特点密切相关。

---

① 联合国教科文组织国家教育发展委员会编著,华东师范大学比较教育研究所译:《学会生存:教育世界的今天和明天》,教育科学出版社,1996年版,第117~118页。

② 虞崇胜:《政治文明概念辨析》,《理论前沿》,2002年第4期。

③ [俄]列宁著,中共中央马克思恩格斯列宁斯大林著作编译局译:《列宁选集》(第4卷),人民出版社,1995年版,第294页。

④ [英]克莱夫·贝尔著,张静清、姚晓玲译:《文明》,商务印书馆,1990年版,第104页。

⑤ [美]威尔·杜兰著,台湾幼狮文化公司译:《世界文明史》(第2卷),东方出版社,1999年版,第869页。

文化更新和创造的特点之一就是文化的发展性,即文化是在不断地丰富、深化的。在此过程中,有些文化虽然保留下来,但其内涵得到了扩张,也有些文化则被逐出历史舞台,被新的文化所取代。无论是文化内涵的扩张,还是新的文化的涌现,实际上都离不开文化的创造。如果没有文化的创造,既不可能丰富文化的内涵,也不可能出现新的文化,如果是这样,那么文化的更新将无从谈起。

但文化的更新也需要有促进其更新、发展的源泉。如果没有相应的源泉,文化的更新将难以为继。学习则是促进文化更新的重要动力之一。

学习对于文化更新的推动主要表现在以下三个方面:

一是学习可以提供文化更新的方向。文化更新首先需要有相应的更新方向。如果没有更新的方向,文化更新将有可能会迷失方向,难以实现预期的目的。文化更新的方向一方面取决于对原有文化的判断,另一方面取决于新的文化的标准。这些只有通过学习,才有可能为文化更新提供适宜的方向。

二是学习可以提供文化更新的方法。文化更新除了需要明确更新的方向以确保更新沿着正确的方向前进外,还需要掌握更新的方法,知道怎样更新和如何更新。通过学习,可以掌握文化更新的方法,确保文化更新的目标得到落实。

三是学习还可以借鉴其他的优秀文化。这种借鉴的过程如同上述对政治文明借鉴的程序大体相同,故不再赘述。

(四)推动生态平衡

近几十年间,生态平衡、生态保护日益引起人们的高度关注。社会进步的重要表征也相应地进一步拓展,增加了生态平衡方面的内容。所谓生态平衡,就是在一定时间内生态系统中的生物和环境之间、生物各个种群之间,通过能量流动、物质循环和信息传递,相互之间达到高度适应、协调和统一的状态。当生态系统处于平衡状态时,系统内各组成成分之间保持一定的比例关系,能量、物质的输入与输出在较长时间内趋于相等,结构和功能处于相对稳定状态。生态平衡表面上看来是生态的问题,但实质上是非常重要的社会问题。一旦生态系统的平衡被打破,将会危及到整个人类社会的生存和发展。因此,人们之所以关注生态保护、推动生态平衡,实际上也是关注社会的持续、健康发展。

推动生态平衡,学习也同样有着非常重要的作用:

一是通过学习了解生态平衡的相关知识。如什么是生态平衡、生态平衡的关键、生态平衡的意义等。了解生态平衡的有关知识,有助于人们树立生态平衡的理念,并在一定程度上把这些理念转化为自己的行为方式,自觉地以生态平衡的要求来审视自己的日常生活和工作。

二是通过学习掌握促进生态平衡的方法。对于生态平衡来说,不仅要知道其重要性,更重要的是要用科学的手段来促进生态平衡,实现人与自然的和谐相处,在满足当前社会发展需要的同时也满足今后社会发展的需要。由于当前一些地方的生态平衡已经遭到一定程度的破坏,所以亟须用生态平衡的方法来改变这一不利的局面。

总的来说,学习不但对个体成长有益,而且对社会发展亦很有益。也正是由于学习在这两个方面展现出来的巨大价值,才使得人们尤为重视学习,重视对学习的研究。

另外,需要说明的是,对于学习的价值,除了可以从上述两个方面进行把握外,还可以选择其他一些维度(如工具价值与发展价值、当下价值与未来价值等)来进行把握。

第二节 学习的时代呼唤

当前,人们对学习的关注和对学习的需要除了与其所具有的巨大价值效应密切相关外,还与时代发展相适应,是当前时代呼唤的正面回应。

关于当前的时代特征,可以概括为知识社会的到来与学习化社会的建设两个方面。这两个方面都与学习密切相关,也都对学习提出了新的要求,需要学习对这些要求作出相应的回应和深化。

一、知识社会的到来

(一) 知识社会的提出与演进

"知识社会"一词最初于 20 世纪六七十年代开始出现,后来引发了很多研究者的高度关注,逐渐被广泛接受,成为衡量当前时代特征的重要向度之一。美国政治学家罗伯特·莱恩最早于 1966 年提出"知识社会"的术语。1969 年,美国管理学家彼得·德鲁克在《不连续的时代》中不仅使用了知识社会的术语,而且将知识置于"我们社会的中心以及经济和社会行为的基础"的地位。后来,彼得·德鲁克在 1993 年发表的《社会变革的时代》一文中,进一步全面阐述了知识社会理论。他认为从生产力角度讲,未来社会是知识社会,知识社会的诞生源于知识自身的种种变化,当知识应用于知识,从而成为唯一的生产要素的时候,社会相应转变为知识社会。此外,美国著名思想家丹尼尔·贝尔在 1973 年的《后工业社会的来临》中交替使用"后工业社会"和"知识社会",声称"后工业社会就是一个知识社会"。1994 年,加拿大社会学家尼科·斯特尔在《知识社会》中指出:工业社会发展逐渐呈现出明显的知识化趋势,知识成为经济发展的核心和原动力。后来,世界高等教育会议(1998 年)、"21 世纪的科学:新承诺"的世界会议(1999 年)、可持续发展问题世界首脑会议(2002 年)也关注到了知识社会这一术语。2005 年,联合国教科文组织发布了《迈向知识社会》的报告,同样运用了知识社会这一术语,认为知识社会建立在多样性和知识共享的基础之上,是人类可持续发展的源泉。

与国外对知识社会的关注一样,国内也有很多研究,特别是在 20 世纪 90 年代末期以后,很多研究者也在为知识社会鼓与呼。如金吾伦译介了西方关于知识社会形态的研究状况,赵万里对西方关于知识社会的研究状况进行了述评,庞跃辉从哲学角度对知识社会形成进行了透视等。另外,在教育研究领域,也有很多研究分析了知识社会下的教育,或者知识社会对教育的挑战等。知识的创造,不仅是科技与技术的层面,也包括人文、社会的各个层面,它是有关人类生活的各部分,是全面的与综合的,并不偏于某一方面。

(二) 知识社会的特征①

以知识为基础的知识社会具有以下五个方面特征。

1. 知识生产加快

在知识社会中,知识的生产非常快速,各种不同的新知识不断地被创造和生产出来,知识正以一种空前的、前所未有的速度在创造。根据学者的估计,目前专业知识每隔五年即增长一倍(Merriam & Caffarella,1999)。因此,在知识社会中,知识或信息的生产极其迅速。崭新的知识不断地被创造,充斥在整个社会中,存在于我们生活与生存的环境中,对个体形成了莫大的压力,个体需要去了解和吸收,才能适应与生存。

2. 知识寿命缩短

在知识社会里,除了知识生产加快外,还存在着知识更新周期减少、知识寿命缩短的现象。知识老化的速度正日益加速,知识的半衰期也日益缩短。目前,各类知识的半衰期,以医药界为最短。依据美国学者的估计,专业知识每隔五年即过时一半(Merriam & Caffarella,1999)。知识的快速老化,在知识社会中,既是一个严酷的事实,也构成终身学习的必要性。

3. 知识存储革新

在知识社会里,知识存储(包括传递、分享、累积与应用等)也发生了根本性的变化。由于科技的进展、信息高速公路的建造、个人计算机的应用、激光技术的突飞猛进和影碟的发明应用,人类在知识传输、获取、累积和分享上获得空前的发展,这不断为知识社会的成长奠定了坚实的基础,而且加速了知识社会的到来。

4. 知识成为根本动力

知识社会作为以知识经济为主体的社会,生产要素的地位发生了根本性的改变,传统的主导性的生产要素(如土地、资金与设备等)退居次要地位,而知识成为占主导性地位的因素。传统物质生产过程中,人们主要利用自然资源来发展经济,而自然资源的特点是愈用愈少。在知识社会中,人类创造财富的资源是知识,此种资源的特点是愈用愈多。美国经济学家保罗·罗莫在20世纪80年代曾提出"经济生长四要素理论",认为知识可以提高投资效益。他把知识分解为四个要素,即人力资本、新的思维、资本和非技术劳动力,这也即新经济增长的四个要素,而知识是其中最为重要的因素,是推动经济增长的根本动力。

5. 知识型劳动者主导生产

在知识社会里,劳动领域及劳动结构也发生了根本性的改变。一些拥有知识的新型劳动者逐渐成为社会生产领域的主力军,他们一方面可以熟练地操纵和驾控知识型的生产工具,提高单位劳动效益;另一方面他们本身也不断地开动脑筋,激发创意,更新产品,提高品质、提升竞争力。他们既是知识社会所创造出来的新族群,也是知识社会的重要建造者,是知识社会发展的重要推动力量。

---

① 黄富顺:《知识社会与成人教育》,《江苏广播电视大学学报》,2002年第2期。

二、学习化社会的建设

(一) 学习化社会的提出与演进

1968年,美国著名教育家罗伯特·赫钦斯在他的《学习社会》一书中最早提出了学习化社会一词。赫钦斯认为学习社会是指"除了能够为每个人在其成年以后的每个阶段提供非全日制的成人教育外,而且以学习、成就、人格形成为目的而成功地实现这种价值的转换,以便实现一切制度所追求的目标的成功社会"①。由此可以看出,学习社会实际上要求每个人必须终身学习,因为"人停止学习无异于死亡……一个人在年轻时不可能一劳永逸地使他的能力发展到极致,他不得不持续地利用他的能力。我不是建议一个人一生都必须要上学,而是建议他一生都应该学习"②。

1972年,以埃德加·富尔为首的联合国教科文组织国际教育委员会在《学会生存:教育世界的今天和明天》的报告中特别强调"终身教育"和"学习化社会",认为在学习化社会中,教育不再是精英分子的特权,也不是某一特定年龄阶段的专利品,而是社会成员中每一个人一生都应当享有的基本权利。在学习社会中,每个机构都应当负有教育的责任,提供教育的机会。教育不再是教育机构一家的事情。学习社会,是一个为教育而充分、全面动员的社会。

1973年,美国卡耐基高等教育委员会出版的《迈向学习社会》一书中提出了构造学习社会的具体设想,包括建立回流教育制度、发展社区学院和远距离教育、举办开放大学等,并提出要克服学习障碍,提高国民学习的参与率。

1974年,美国著名学者班森和霍德金逊出版的《实现学习社会》中主张:高等教育要为社会训练和提高所需要的高级人才和高素质劳动者,能够帮助社会成员克服学习的障碍,使高等教育机会能够扩展到每个人的身上,使适龄阶段的人享有高等教育的机会,以改善和提高人类的生活质量和生命质量。

20世纪80年代以后,学习社会理念得到进一步的发展,除了继续强调终身教育、成人教育、回流教育等重要性以外,高度重视高等教育在学习社会中的发展。1988年,美国著名学者亚伯斯在《学习社会中的高等教育》中研究和探讨了高等教育的地位和作用以及应当扮演的角色及功能。1985年,日本提出建立既尊重个性又有丰富多彩的生活方式的全民性终身学习社会。

20世纪90年代,学习社会再度成为热点问题,成为教育研究的主题,有相当多的学者和组织参与进来,从不同的角度提出建设学习社会的具体途径与实施办法。特别是在1996年,联合国教科文组织21世纪国际教育委员会针对21世纪人类教育的走向,发表的《教育:财富蕴藏其中》(后译为《学习:财富蕴藏其中》)堪称21世纪的学习宣言。该书提出了以学会认知、学会做事、学会共同生活和学会生存为根基的教育四个支柱,认为"终

---

① 转引自赵红亚著:《迈向学习社会》,中国社会科学出版社,2004年版,第335页。
② 转引自赵红亚著:《迈向学习社会》,中国社会科学出版社,2004年版,第335页。

身教育概念看来是进入 21 世纪的一把钥匙"①、"是进入 21 世纪的关键所在"②,强调"应重新考虑和扩充的是'继续教育'的概念";同时,还认为"学习化社会"应当建立在获得知识、更新知识和应用知识三者基础之上,这是教育过程中必须强调的三个方面。《教育:财富蕴藏其中》的问世,特别是教育的四个支柱的推出,对世界各国不断教育创新的推进和朝向学习化社会的迈进有着深远的意义。此后,学习社会这一理念,在世界更大的范围内广泛地传播开来,成为一个具有世界性影响的理念。

(二) 学习化社会的特征

学习化社会,从某种意义上来说就是整个社会都是一个学习的社会,是一个时时刻刻以及任何地方都充满着学习机会,展现学习活动及其意义的社会。因此,开放性就成为学习化社会的核心特征。具体说来,这一特征的突出表现有以下四个方面:

一是学习主体开放。在学习化社会里,学习不再是少数人的事情。学习化社会首先意味着所有的人都可以学习,都有资格学习,都应该学习。

二是学习时间开放。在学习化社会里,学习不再是特定年龄阶段的事情,而是持续学习主体一生的事情,他们在不同时间段里都要从事学习。另外,学习时间的开放,还表现为各种学习机构应该为学习主体的学习活动提供相应的保障,允许他们能够随时进行学习,消除学习时间对学习主体学习的阻碍。

三是学习内容开放。在学习化社会里,学习不再只是显性课程的学习,也不再只是制度化的学习,而是向每一件事情学习,在每一次活动中学习。即:学习化社会里的学习是事事学习,而不再拘泥于某一方面、某一载体或某一领域的学习。

四是学习空间开放。在学习社会里,学习也不再只是学校里的事情,而是融社会、学校及家庭于一体的非常广泛的学习空间。在这样的学习空间里,学习无处不有,学习无处不在。

由此可以看出,学习化社会实际上也就是"处处留心皆学问"的进一步延伸和拓展。

第三节 学习的未来趋势

当前的知识社会及学习社会仍然方兴未艾。未来的学习将在当前的基础上进一步深化,继续沿着以知识经济和学习化社会为基础的时代背景前行,促进学习的深入发展和时代转型。

---

① 国际 21 世纪教育委员会报告,联合国教科文组织总部中文科译:《教育:财富蕴藏其中》,教育科学出版社,1996 年版,第 8 页。

② 国际 21 世纪教育委员会报告,联合国教科文组织总部中文科译:《教育:财富蕴藏其中》,教育科学出版社,1996 年版,第 102 页。

一、学习价值本体化

　　对学习的重视固然重要,但这还不够,还应在重视学习的基础上重视学习的基点。概括起来,学习的基点有两个:一个是外在功利化的基点,把学习理解为获取或实现某一方面愿望的工具,仅注重学习结果的达成;另一个是内在本体化的基点,把学习理解为学习过程中意义的获得,把学习过程与学习结果融合起来。前者仅注重学习结果,而后者不仅重视学习结果,还重视学习过程。因此,两种不同的学习基点将会带来两种不同的学习行为,带来两种不同的学习效果,前者只是"学会",而后者则不仅"学会",而且还"会学"。

　　从某种意义上来说,学习价值本体化就是更加注重"会学",也即"学会学习"。对此,未来学家托夫勒在《未来的冲击》中引用了美国心理学家赫伯特·格乔伊的观点,认为"新的教育必须教会人怎样对信息进行分类和再分类,怎样判断它的真实性,怎样判断其类别,如何从具体到抽象,再从抽象到具体,如何从新的角度看问题——如何去教育自己。明日的文盲不再是不能阅读的人,而是没有学会怎样学习的人"①。

　　概括起来,"学会学习"对学习的要求主要涉及以下两个方面:

　　一是重视学习过程的体验性。在学习活动中,学习结果的获得固然重要,但学习过程也同样重要。在有些时候,学习过程甚至比学习结果更加重要,特别是伴随着学习过程而产生的相应的学习体验、学习情感等的价值更大。这些体验与情感不仅对学习主体当时的学习活动产生影响,而且还会对他们后续的学习活动以及工作和生活都产生非常重要的影响。

　　二是重视学习活动的科学性。如同人类的其他活动一样,学习活动同样也需要遵照一定的规律,按照一定的规律来进行。只有这样,才有可能事半而功倍,否则,将会导致事倍而功半,降低学习效率,影响学习效果。因此,重视学习活动的科学性,就意味着在学习活动中要运用科学的学习方法、学习程序来进行主动性的、理解性的学习,而不能只是被动地、机械地去学习。

　　当然,除了上述两个方面外,"学会学习"实际上还应该包括对学习活动本身的取舍,即哪些是应该学的,哪些是应该放弃的。这虽然在表面上看来似乎与学会学习关系不大,但实际上反映的也同样是学会学习,而且是一种更高层次的学会学习。

二、学习时间终身化

　　学习时间终身化意味着学习是一项持续于人的一生的活动。这也即,在人的一生之中的所有时间都会发生学习,也都应该学习,"每一个人必须终身继续不断地学习"②。

　　实际上,古人很早的时候就非常精辟地总结出了"活到老,学到老"的至理名言,学习

---

① [美]阿尔文·托夫勒著,孟广君等译:《未来的冲击》,新华出版社,1996年版,第347页。
② 联合国教科文组织国家教育发展委员会编著,华东师范大学比较教育研究所译:《学会生存:教育世界的今天和明天》,教育科学出版社,1996年版,第223页。

时间终身化只不过是对原来经典箴言的现代化表达和进一步的延伸。当然,这种表达和延伸不仅仅只是用语上的转变,还反映着对学习的认识的深入和发展。

一是强调学习的弹性化。学习时间终身化不再把学习看做是人生特定阶段的事情,而是与人终生相伴的事情。虽然在人生中的某些阶段可能会以学习为主,而另外阶段以工作为主,但这种区分只是相对而言的,并不具有绝对的意义。以学习为主的阶段,毫无疑问地当然要有学习,但以工作为主的阶段,也同样需要学习,需要通过学习来更好地完成工作,需要通过学习来过更加美好的生活。

二是强调学习的选择性。学习时间终身化除了表明学习应贯穿人的一生外,还表明学习应该具有选择性,是由学习主体根据自身的需要和时间许可等方面而进行的自主选择。比如,在同样的时间里,不同的学习主体都在进行学习,但他们各自的学习任务、学习形式、学习手段等方面会存在着明显的不同。这种不同有些是多个方面的不同的会集,有些则只是其中的一个方面的展现。

无论是学习的弹性化,还是学习的选择性,都是对传统的"活到老,学到老"的进一步深化,是学习时间终身化的要求和表现。

三、学习制度弹性化

学习时间终身化一方面表明学习是持续一生的活动,另一方面也暗含着要为持续一生的学习提供相应的制度支撑和制度保障。如果没有相应的制度保障,学习时间终身化将难以得到有效的落实,学习活动的形式将仍然非常单一。

学习制度弹性化的实质就是增加学习主体的学习自由权,让他们可以根据自己的实际需要,自主地决定和参加相应的学习活动。学习主体对学习的自由权包括对学习的时间、学习的内容、学习的形式等多个方面。因此,学习制度弹性化实际上也就意味着所有与学习有关的决定,都应该让学习主体根据自己的实际需要来进行安排;而且,这些安排还可以进一步灵活地调整。

当然,为了让学习制度弹性化能够真正得到落实,还需要建立比较完善的选择性学习制度。所谓选择性学习制度,就是为了确保学习主体的学习自由权能够得到实现和落实而建立的一整套比较完善且行之有效的制度。这些制度是为了确保学习主体能够真正自由地进行学习,能够真正地根据自己的实际情况进行学习。因此,选择性学习制度是让学习主体能够灵活地确定学习活动的前提和保障。

综上所述,学习制度弹性化是相对于传统的学习制度线性化、程式化、固定化而言的,传统的学习制度固然对于学习主体的学习活动有着很大的价值,但由于其过于僵化,难以关照到学习主体的学习实际。

四、学习内容国际化

所谓学习内容的国际化,从某种意义上来说,就是不同国家的学习主体各自所学习的内容大体相同,具有高度的同质性。随着科学技术的迅猛发展、互联网技术的运用以及现代交通工具的发达,学习内容的国际化越来越明显。

学习内容国际化的常见表现有:

一是通过网络获取其他地方的学习资源。互联网的发展,使得很多学习主体能够不出国门,甚至不出家门就能与学习资源所在地的学习主体享受同样的学习资源。特别是网络课堂、网络学校,进一步扩展了学习内容的国际化趋势。

二是通过出国到他国开展学习活动。到国外留学、到国外去学习,最近一段时间以来发展的势头相当迅猛,很多国家也非常注重从国外吸引学生到他们那里进行学习。留学生到所在国家去学习也主要是对该国的学习内容进行学习。

三是大量的中外合作办学不断涌现。近些年间,中外合作办学的机构越来越多,形式也越来越多样,除了经济较发达地区和部分高等学校举办一些涉外性质的合作办学外,中外合作办学已经深入到我国内地,甚至连一些中学也加入了中外合作办学的行列。

四是引进国外原版教材。把国外的原版教材直接拿过来,作为学习主体的学习载体,也是近来非常突出的现象。这种把国外的原版教材直接拿来的拿来主义,实际上也就是让学习主体学习与国外学生同样的内容。

所有这些,都表明了学习内容国际化的趋势已经开始;而且,这种趋势在今后还会进一步强化。

五、学习方式多样化

学习方式不再只是传统的文本学习,而是在文本学习的基础上进一步丰富,形成多样化的学习方式。

这首先就是对体验学习的重新提及和强化。体验学习即学习主体通过对特定的活动或情境产生体验来实现的学习。这种学习既有可能是伴生性的,随着其他方面的学习而产生,也有可能是专门性的,是通过专门的活动而实现的学习。这种学习实际上也就是基于主体的直接经历而带来的学习。由于学习主体的情感参与和体验的强化,所以,这种学习比文本学习带来的价值更大,影响也更久远。

另外,学习方式多样化还表现为一些新的学习方式的涌现,如借助于网络而产生的在线学习即是其中之一。所谓在线学习,就是通过网络与网络资源中心进行的人机互动的学习。这种学习的优点有三个方面:一是强调学习的差异性,允许学习主体根据自己的实际学习需要来开展学习;二是强调学习的灵活性,允许学习主体根据自己的实际情况来灵活地安排自己的学习,而且时间可长可短;三是强调学习的反馈性,通过在线学习,有些学习进程及学习结果可以通过网络而实现即时的互动和反馈,从而有助于学习效果的强化。

六、学习空间立体化

学习空间方面也将进一步发生变化,向立体化方向发展。这种发展趋势有以下三个方面的表现:

一是有形空间的相互衔接。在传统意义上,不但学习被看做是人生特定阶段的事情,而且,学习的空间或场所也被人为地隔离、分拆成不同的部分。今后,"教育不应再限于学校的围墙之内。所有现在的机构(无论是否为了教学而设置的)和各种方式的社会经济活动都必须用来为教育宗旨服务"[①]。这虽然是对教育的要求,实际上也是对学习的要求,要求各种机构和场所都应该用于学习、都应该为学习服务。

二是传统的有形空间与无形空间的融合。作为学习的场所而言,除了有形的一面外,还有无形的一面。因此,学习空间立体化还表现为这种有形空间与无形空间的融合。这也即,在有形的学习空间里还应该重视一些无形的空间,如环境的布置、色彩的搭配、光线的选择、温度的调控等,通过对这些无形空间的合理创设,在优化学习空间的同时,也有助于学习活动,提高学习效率。

三是新型的有形空间与无形空间的融合。除了上述传统的有形空间与无形空间的融合外,学习空间的立体化还表现为新型的有形空间与无形空间的融合。这主要是针对一些新的学习手段或学习资源所带来的学习空间,如网络学习、视听学习等所带来的一些学习空间方面的变化。这些空间既不是有形空间,也不是传统的无形空间,而是新型的无形空间,而且,这些方面对学习的影响越来越大。所以,学习空间的立体化还应把它们纳入进来,让它们更好地服务于学习主体的学习活动。

总之,随着社会的发展和学习研究的深入,学习将会呈现出一些新的发展趋势。对于这些发展趋势,一方面要有正确的认识,以便能够把握学习发展的正确方向;另一方面也要能够科学地利用,以更好地运用于学习实践活动之中。

---

① 联合国教科文组织国家教育发展委员会编著,华东师范大学比较教育研究所译:《学会生存:教育世界的今天和明天》,教育科学出版社,1996年版,第224~225页。

第一章 学习内涵

学习,既是一个人们非常熟悉的词汇,也是一项经常置身于其间的活动。但非常尴尬的是,"直到现在为止,在卓有成效的教育计划的制订中,学习理论的贡献还仅仅处于边缘地位"①,这种状况在很大程度上应该与学习内涵的揭示不够深入有关。

第一节 学习的语源

一、在汉语中的语源

在我国古代的甲骨文当中,就已经有了今天所学的"学"和"习"。"𦥯"即今天的"学"字,该字的上部是"爻",是竹子片上刻的经典(爻——音 yao,是组成八卦的长短横道,因《易经》对八卦的论述带有权威性,借爻代表经典);该字的下部是孩子(子)在一定的处所(冂)阅读古代经典文献,获得知识。"習"即今天的"习",该字的下部是鸟的巢(白),字的上部是鸟儿振翅(羽)飞出巢穴,其基本含义是通过练习获得技能,形成能力。

而且,"学"和"习"两个字最初也是作为两个基本概念分别使用的,即"学"是学,"习"是习,如《周易·乾》中有这样一句话:"君子学以聚之……"《周易·坎象曰》中曰:"习坎,重险了。"《象曰》解释说:"水洊(同"荐"——引注)至,习坎,君子以常德行,习教事。"这里,学是用以聚集知识的意思,而习则有反复实践的意思,亦即"学"就是读书,是获取知识或技能,"习"就是练习、实践。《老子·六十四章》中说:"学不学,复众人之所过,以辅导万物之自然而不敢为。"《孟子·离娄章下》中有:"孟子曰:'博学而详说之,将以反说约也。'"《荀子·劝学》中有:"吾尝综日而思矣,不如须臾之所学也。"

到了春秋时期,孔子把"学"与"习"初步联系了起来。《论语·学而》开篇就是:"学而时习之,不亦说乎!"孔子在这里说的"学"是指读《书》、《诗》、《易》、《礼》、《春秋》、《乐》,即"六艺";"习"是对"六艺""温故而知新",反复阅读、吟诵,从而获取新的知识。虽然他说的

---

① [英]邓尼斯·恰尔德著,蔡笑岳、周鸿等译:《心理学与教师》,科学技术文献出版社,1992年版,第61页。

"习"有实践之意,但毕竟不是社会实践,在一定程度上,孔子把"学而时习之"视为人的一种意识活动。

《礼记·月令》中已经开始把"学"与"习"组合成一个概念,如"(季夏之月)鹰乃学习","(季秋之月)上丁,命乐正入学习吹"等。在前一句里,"学"是效仿的意思,"习"是形容小鸟频频飞起的形状,"鹰乃学习"也即小鸟反复地学飞①;而在后一句里,"学"同样是"效仿"的意思,"习"则是指"重复练习,是实践,是锻炼技巧、技能,是巩固、提高学得的东西"②。这里的"学"是效仿,是获取技能,"习"是重复练习,是实践。因此,在这个时期人们把学习更多地定位在直接经验的学习上,强调通过反复的实践操练来形成或获得某种技能。

后来,人们进一步深化了对学习的理解,认为学习的范畴不仅包括直接经验性的练习,而且也包括一些间接经验性的阅读和研究等。事实上,在首次把"学习"初步联系起来的孔子那里就已经有了这样的含义。孔子所说的"学而时习之"虽然有实践之意,但毕竟不是社会实践,在一定意义上,这是人的一种意识活动,是人通过阅读和研究而获得的发展。此后,这种定位被进一步巩固和继承。据《史记·秦始皇本纪第六》记载,在秦始皇举办的一次祝寿会上,丞相李斯面对博士齐人淳于越的谏言进行回应时,基于当时的局势,提出了"士则学习法令辟禁"③,进一步确立了对学习的这种定位。

"学习"就是阅读和研究,而不再单指经验的练习。对学习的这种理解就一直延续下来,宋代叶适所撰写的《毛积夫墓志铭》中写道:"稍长,亲师友,学习今古。"其中的"学习"同样是指阅读和研究。

虽然最初"学习"强调的是直接经验性的练习,但后来,"学习"的范畴进一步扩展,不但包括直接经验性的练习,而且还包括间接经验性的阅读和研究。但不幸的是,人们又进一步人为地把这两类学习割裂开来,片面地强调后者的学习,从而陷入了误区。一直到了明末清初,以王夫之、颜元等为代表的一批思想家倡导注重实学的学风才在一定程度上扭转了这一局面。在知行关系上,他们反对陆九渊、王阳明为首的"以知为行"的主张,强调行是知的基础,"行可兼知,而知不可兼行"。在王夫之和颜元看来,学习首先是一种实践活动,实践出真知,实践中也包含着意识活动,但人的意识活动并不包含实践活动;阅读之意识活动,充其量只能是"温故而知新",并不能获取真知。但遗憾的是他们的"学习思想并未被后人真正继承下来"④。当然,他们的思想之所以未被真正地继承下来,除了与后来我国社会历史发展取向有关外,恐怕还与他们的思想主张本身的局限有关。他们所反对的以知代行犯了以偏概全的错误,而所主张的以行代知也犯了同样的错误。

---

① 参见林明榕主编:《学习通论》,学苑出版社,1990年版,第17页。
② 于云才、董业明著:《学习学导论》,山东人民出版社,2004年版,第18页。
③ 《史记》(第一册),中华书局,1959年版,第255页。
④ 于云才、董业明著:《学习学导论》,山东人民出版社,2004年版,第19页。

二、在英语中的语源

在英语世界里，learn、study、emulate 三个词都可以用来表征"学习"，前两个较为常见，最后一个则不太为人常用。就前两个常用的词而言，虽然都是指"学习"，且一般情况下可以通用，但它们之间还有一些较为明显的区别，概括起来有以下几点。

1. learn 为"学习，学会"，侧重学习的成果，指从不知到知、从不会到会的学习，强调通过学习去获得知识和技能，它没有凭勤奋努力而获得知识的意味。learn 亦可指向某人学习，从某处学习及学习一门技能等，如 learn music、learn new words、learn to skate、learn from experience、learn from Lei Feng。

2. study 为"学习，研究"，强调学习的过程，指深入系统地学习，带有努力、勤奋的意味。其学习对象往往是科学、艺术和需要深入探讨研究的问题及学科，不是单纯地获得技巧，如 study medicine、study science、study a map、study engineering、study painting。

相对于 learn 和 study 较为普遍而言，emulate 一般来说使用得较少；而且，emulate 多指"模仿"、"仿效"的学习，侧重于"自学"。

第二节　学习的概念

研究者们从各自的视角或立场出发，对学习作出了多种各不相同的界定。根据每种界定的立论基点，大体上可以把这些界定划分为六大类型。当然，每一种类型还可以作进一步的细分，概括出多种亚型。

一、活动说

"活动说"直接把学习视为"活动"，认为"学习"就是一种活动。当然，由于对"活动"的理解各不相同，又有一般活动、社会活动及条件活动或目标活动三种亚型。

（一）一般活动

这种亚型只是把学习视为一般的活动，对于这种一般活动，有两个广义的含义：其一，只是指明学习是一种活动，但没有对学习到底是一种什么样的活动做进一步的限制，如"学习是个体对环境或生活条件的一种适应活动"[1]；其二，则是用学习中所涉及的各种行为的列举来说明学习这种活动的一般性，如学习是"从阅读、听讲、研究、实践中获得知识或技能"[2]。

---

[1] 王逢贤主编：《学与教的原理》，高等教育出版社，2001 年版，第 39 页。
[2] 中国社会科学院语言研究所词典编辑室编：《现代汉语词典》（第 5 版），2005 年版，第 1548 页。

(二) 社会活动

这种亚型看到了学习的社会制约性,强调从社会层面上来理解学习活动,把学习看做人类的社会活动之一,如"人的学习的实质是人与人相互进行社会交往,借助语言为传递工具,通过人类智能器官,掌握社会历史经验,形成人的智能的社会活动"①。

所谓学习,是指"人们在为了正确认识和处理人与自然、人与社会、人与他人的关系中获取知识或技能,以确立人的主体地位,充分显示人的主体性的社会实践活动"②。

学习是需要意志的、有意图的、积极的、自觉的、建构的实践,该实践包括互动的意图—行动—反思活动③。

(三) 目标活动

这种亚型认为学习活动往往与目标相联,是围绕或为达成一定目的而展开的活动。当然,不同界定对目标的定位也有所不同,有的定位在经验活动,认为"学习活动应包括学习的主体、客体和学习活动的结果三个基本要素,即学习就是个体与环境接触而获得经验的活动"④;也有的定位在完美生存活动,如"学习是个人和社会以语言为媒介,通过获得一切必要的新经验,以适应环境的变化和对付预期的变化,使个人与社会迈向更完美的生存目标的活动"⑤;还有的定位在知行统一活动,认为"学习就是人们在生活、实践、做人的活动中获得经验,并使身心得到全面发展的'知行统一'的活动"⑥。

二、过程说

"过程说"把学习视为活动或变化发生和发展的"过程",这种类型的定义大多与教育心理学,特别是学习心理学家们密切相关。根据他们对"过程"的把握,又可以将其细分为一般性过程、认知性过程和行为性过程三种亚型。

(一) 一般性过程

与一般性活动一样,这种亚型只是把学习看做过程,但没有明确到底是一种什么样的过程。当然,不同研究者对于一般性过程的定位仍然有一定的区别。根据研究者所持的立场,大体上又可以进一步概括为心理学和教育学两种不同的立场。

教育心理学家或学习心理学家们大多注意行为变化过程的一般性描述,如:学习是"个体后天与环境接触,获得经验而产生行为变化的过程"⑦,"学习就是人在一定情境下

---

① 刘兆吉主编:《高等学校教育心理学》,北京师范大学出版社,1995年版,第162页。
② 于云才、董业明著:《学习学导论》,山东人民出版社,2004年版,第24页。
③ [美]戴维·H.乔纳森主编,郑太年、任友群译:《学习环境的理论基础》,华东师范大学出版社,2002年版,序言第2页。
④ 叶瑞祥编著:《学习学概论》,广东高等教育出版社,1993年版,第26页。
⑤ 转引自谢德民主编:《论学习:学习科学与学习指导的探索》,人民出版社,1992年版,第101页。
⑥ 王泽普主编:《学习学概论》,西南师范大学出版社,1993年版,第3页。
⑦ 中国大百科全书总编辑委员会:《中国大百科全书》(教育卷),中国大百科全书出版社,2004年版,第441页。

掌握一定的知识和由知识所制约的活动系列的过程"①。

而教育学研究者们则注重从教育的视角来描述学习的一般性过程,如:"人类的学习是学习的主客体之间的相互作用,使主体意识、行为产生效应的过程"②,"学习,作为人类的一种实践活动,它是客观世界在主体中内化并使主体发展的过程"③,"人类的学习是学习的主客体之间相互作用,使客体在主体中内化并使主体意识、行为发生效应的过程"④,"人的学习是在社会生活实践中,运用大脑的思维能力,以语言为中介,自觉地、有目的地以个体经验与认识的形式掌握社会历史经验的过程"⑤,"学习是获得新经验并引起内在素质与外在行为变化的过程,是人的经验与素质的奠基、累积、更新、重构的过程"⑥。

(二)认知性过程

这种亚型基于认知层面,把学习看做认知发展或认知展开的过程,如"学习是学习者在教学者的帮助和指导下进行的一种有目的、有计划、有意识的活动,是学习者知识和技能的获得与形成,以及智力(包括能力,主要又是指创造能力)和非智力因素的发展与培养的过程"⑦。

(三)行为性过程

这种亚型则是基于行为层面,侧重于行为的展开而把学习理解为过程,如:学习就是"通过由经验产生的个体行为的适应性变化而表现出来的过程"⑧,"学习是描述那种与经验变化过程有关的一种术语。它是在理解、态度、知识、信息、能力以及经验技能方面学到相对恒定变化的一种过程"⑨,"学习是人和动物凭借经验引起的倾向或能力的相对持久性的变化过程"⑩,"学习是有机体经验的获得、内化、运用的行为变化过程"⑪。

三、结果说

相对于"过程说"注重过程而言,"结果说"往往是从"结果"或"实际发生的变化或结果"的角度来把握学习。当然,由于对"结果"的理解各不相同,又有一般结果、持久结果、行为结果和认知结果四种亚型。

(一)一般结果

这种亚型只是指明了学习的结果取向,但并没有何种结果做出明确的限定,如:"学习

---

① 李伯黍、燕国材主编:《教育心理学》,华东师范大学出版社,1993年版,第177页。
② 谢德民主编:《论学习:学习科学与学习指导的探索》,人民出版社,1992年版,第90页。
③ 谢德民主编:《论学习:学习科学与学习指导的探索》,人民出版社,1992年版,第99页。
④ 王文博主编:《大学学习学》,中国纺织出版社,1996年版,第19页。
⑤ 唐文中主编:《教学论》,黑龙江教育出版社,1990年版,第349页。
⑥ 钟祖荣著:《学习指导的理论与实践》,教育科学出版社,2001年版,第43页。
⑦ 吴沁著:《学习学概论》,东北师范大学出版社,2000年版,第32页。
⑧ 转引自周谦主编:《学习心理学》,科学出版社,1992年版,第3页。
⑨ 转引自周谦主编:《学习心理学》,科学出版社,1992年版,第3页。
⑩ 周谦主编:《学习心理学》,科学出版社,1992年版,第7页。
⑪ 林明榕主编:《学习学通论》,学苑出版社,1990年版,第18页。

是人的倾向性或能力的变化,这种变化能够保持而不能单纯归因于生长过程"①,"学习是指一个主体在某个规定情境中的重复经验引起的、对那个情境的行为或行为潜能变化,不过,这种行为的变化是不能根据主体的先天反应倾向、成熟或暂时状态(如疲劳、醉酒、内驱力等)来解释的"②,"学习是人们在生活中通过实践或培养训练而获得的经验。通过学习,可以形成一种开放的气度,有随时变化的准备,并提高自己的素质,更清楚地认识自身的素质和外界的关系,并正确地协调"③。

(二)持久结果

相对于一般结果而言,这种亚型关注结果的持续性,即学习所产生的结果能够持续一定的时间,或者说是相对比较持久。一般说来,只有那些能够带来持续一定时间的结果的活动才能视为学习,如:学习是"由强化练习引起的有关行为潜能的持久性变化"④,学习是"由练习或经验引起的行为或知识的较持久的变化"⑤,学习是"指学习者因经验而引起的行为、能力和心理倾向的比较持久的变化。这些变化不是因成熟、疾病或药物引起的,而且也不一定表现出外显的行为"⑥,学习是"个体在特定情境下由练习或经验引起的能力或倾向的相对持久变化"⑦。

(三)行为结果

这种亚型是从学习结果的类型来对学习进行界定的,把学习理解为行为的表现,或者说是行为的形成,行为主义心理学家们对于学习的理解多属此种亚型。如美国心理学家爱德华·桑代克认为"学习即联结"⑧,而"联结是通过尝试与错误的过程而建立的"⑨;而美国心理学家阿尔伯特·班杜拉则认为学习是"通过对他人的行为及其强化结果的观察,个体获得某些新的反应,或已有的行为反应特点得到修正"⑩。

(四)认知结果

这种亚型的把握方式与上述的行为结果一样,也是从学习结果的类型来进行的。只不过,这种亚型从行为结果转向了另外一端,强调认知结果,一些认知心理学家多持此种理解,如:苛勒认为"学习是对情景中各种关系的顿悟而形成完形",托尔曼则认为"学习是对符号意义的认识而形成认知地图"。

---

① 转引自周谦主编:《学习心理学》,科学出版社,1992年版,第3页。
② [美]D. H. 鲍尔、E. R. 希尔加德著,邵瑞珍等译:《学习论:学习活动的规律探索》,上海教育出版社,1987年版,第22页。
③ [美]史蒂芬·迪夫著,常桦译:《学习力》,延边人民出版社,2003年版,第7页。
④ 转引自周谦主编:《学习心理学》,科学出版社,1992年版,第3页。
⑤ 转引自周谦主编:《学习心理学》,科学出版社,1992年版,第3页。
⑥ 施良方著:《学习论》,人民教育出版社,1994年版,第5页。
⑦ 皮连生主编:《教学设计:心理学的理论与技术》,高等教育出版社,2000年版,第26页。
⑧ 转引自王丕主编:《学校教育心理学》,河南大学出版社,1988年版,第70页。
⑨ 王丕主编:《学校教育心理学》,河南大学出版社,1988年版,第71页。
⑩ 张卿著:《学与教的轨迹:20世纪的教育心理学》,山东教育出版社,1995年版,第283页。

四、合金说

"合金说"不再把学习单单看做一个方面,而是从两个方面的结合来把握。根据结合的内容,又有过程与结果的合金、结果与手段的合金两种亚型。

(一) 过程与结果的合金

这种亚型从学习活动所包括的过程与结果两个方面同时着手,认为学习既是过程的,也是结果的,把学习的过程性与结果性两个方面统一起来,如"学习:掌握知识的过程或知识的真正占有……指作为被强化练习的结果而发生的反应潜能性上相对永久性的变化"[1],或者是"学习:作为结果,指由经验或练习引起的个体在能力或倾向方面的变化。作为过程,指个体获得这种变化的过程。与成熟、适应、疲劳、药物等引起的变化的不同点是:第一,能相对持久保持,而非短暂保持。第二,由后天的经验或练习引起,不包含由生理成熟引起的变化"[2]。

(二) 结果与手段的合金

这种亚型一方面把学习看做结果,另一方面强调实现结果的手段,认为学习是结果与手段的合金。这种亚型与上述亚型都强调了结果这一方面,但不同的是这种亚型强调实现结果的手段或者说是手段,而前述亚型则注意的是实现结果的过程。比如,有研究就认为"所谓学习,就是求知获能。所谓学习活动,就是人们进行的一种以求知获能为其主要目的、特征的认识活动和实践活动,是人们求知获能的基本手段"[3]。

五、层次说

"层次说"把学习按照层次进行了划分,提出了不同的关于学习层次的见解,比较典型的有三层次、四层次和五层次三种亚型。

(一) 三层次

这种理解把学习分为广义的学习、狭义的学习和次狭义的学习,广义的学习即人类和动物都有的学习,狭义的学习则是特指人类的学习,次狭义的学习则是专指学生的学习。

(二) 四层次

有研究认为,"从广义的学习到最狭义的学习,起码分为四个层面。一是人类和其他动物所共有的学习,这是最广义的学习;二是人类的学习;三是指学生的学习;四是专指某种经验、知识和技能的获得,以及智力和能力的发展和培养而言的学习"[4]。

也有研究与上述研究的表述颇为相似,也把学习分为四个层次,认为"从最广义的学习到最狭义的学习,至少有四个等级:最广义的学习,包括动物在内,是人和其他动物都有

---

[1] [美]阿瑟·S.雷伯著,李伯黍译:《心理学词典》,上海译文出版社,1996年版,第450页。
[2] 顾明远主编:《教育大辞典》(增订合编本),上海教育出版社,1998年版,第1815页。
[3] 谢德民主编:《论学习:学习科学与学习指导的探索》,人民出版社,1992年版,第90页。
[4] 林明榕主编:《学习学通论》,学苑出版社,1990年版,第18页。

的;次一级的广义学习,指人类的学习而言;再次一级的学习,指学生的学习;最狭义的学习,专指知识和技能的获得,以及智力和能力的发展和培养而言"①。

对照上述三层次可以看出,四层次在原来的三层次的基础上,进一步增加了具体领域或方面的学习。

(三) 五层次

五层次则进一步增加了学习层次的划分,认为学习应该包括以下五个层次。但不同的研究者对五个层次所指称的范畴又有不同的理解,形成了各种不同的观点。

有研究认为,学习有以下五个层次②:

第一个层次,是最广义的学习,包括动物和人类的学习活动。

第二个层次,是指人类的学习而言。

第三个层次,是专指在校学生的学习而言。

第四个层次,是指在校学生中不同学段的学习而言。

第五个层次,是特指在校学生学习文化科学知识,培养能力。

也有研究认为,学习的五个层次分别是:

最广义的学习(包括动物的学习和人类的学习),指人和动物在生活中获得个体的行为经验以及行为变化的过程。

次广义的学习(指人类的学习),指人在社会生活实践中,以语言为中介,自觉地、积极主动地掌握社会和个体的经验的过程。

狭义的学习(专指学生的学习),指学生在教师的指导之下,有目的、有计划、有组织、有系统地进行的学习。

次狭义的学习,指知识和技能的获得与形成以及智力因素和非智力因素的发展与培养。

最狭义的学习,专指知识和技能的获得。

还有研究提出了与上述观点有别的关于学习的五个层次③:

第一层次,动物与人共有的学习。这是低层次的学习,主要探讨动物学习和人类学习中共同的部分。

第二层次,人类的学习。这是中层次的学习,主要探讨人类学习的本质和规律,了解人类的学习不同于动物学习的独特之处。

第三层次,学生的学习。这是高层次的学习,主要探讨学生在学校中的学习活动的本质与规律,探讨学生的学习与一般成年人的学习的不同之处,找到学生学习的特殊性。

第四层次,具体领域的学习。这是普通人心目中的学习概念,除了知识学习外,还包括品德学习、技能学习、审美学习、人际关系的学习等。

第五层次,机器学习。这是认知心理学和计算机科学相结合的产物,是人类学习的模拟形式。

---

① 曹迪恩主编:《学习论》,辽宁大学出版社,1989年版,第7~8页。
② 谢德民主编:《论学习:学习科学与学习指导的探索》,人民出版社,1992年版,第93~94页。
③ 李红:《论学习活动的本质》,《心理学探新》,1999年第1期。

第一章 学习内涵

在"层次说"的三种亚型中,无论是哪种亚型,前三个层次除了在定位上不同外,大体相差不大。所不同的则是后两种亚型中各自进一步增加了相应的层次,这些层次的增加一方面反映了人们对学习的认识更加全面(和丰富),另一方面也反映了人们对于学习的把握更加深入。当然,也不得不承认,随着层次的增加,在反映人们理解水平深入的同时,也有繁琐之嫌,而且,所增加的层次与原有层次在内在逻辑上也不一致。所以,从总体上来看,三层次虽然简单,但最为常见,而五层次划分虽然更细,但却有失简洁。相较起来,可能四层次说既不失简洁,亦不过于复杂。

六、手段说

"手段说"把学习看做相应的手段或条件下自然而然就会发生的现象。因此,学习实际上也就是条件或手段的创设与满足。与其他类型界说较多相较起来,这一类型的界说相对较少,只有一种,即"学习是条件作用"①。当然,由于对条件作用的认识不同,又有巴甫洛夫提出的经典条件作用和美国行为主义心理学家伯尔赫·弗雷德里克·斯金纳提出的操作条件作用两种不同的理解。

第三节 尝试性把握

一、学习的定义

根据已有的研究和学习本身的特点,这里把学习简要地界定为学习主体以经验为载体的促进发展的各种活动总和。

这一界定相对于前述的很多关于学习的界定来说显得比较简洁,但其中的含义却比较丰富。概略起来,至少有以下五个方面的要义。

(一)活动总和

首先,学习就其本性而言应该是活动。这是理解和把握学习的最为根本的出发点,无论怎样来看待学习,都应该从这一根本基点出发。需要说明的是,在把学习理解为活动的前提下,还应进一步明确,学习还是一种特殊的活动,不同于人类的其他活动。

其次,学习是各种类型学习活动的总称。由于学习主体众多,学习本身也比较复杂,所以学习包括多种活动。因此,学习作为活动的总和,是对各种学习活动的总括,而不是特指某一特定阶段的学习活动,或者某一特定类型的学习活动。

再次,学习是包含多个学习环节的总称。包括学习在内的任何一项活动,都在客观上包括多个环节或阶段。学习作为活动的总和,也是对这些环节的总括,把各个环节都纳入

---

① 这里所说的"条件"实际上也就是手段。

到其中,而不是只把其中部分环节纳入。

(二) 学习主体

学习是学习主体的活动。所有的学习都是由其发起的,也是由其开展的,如果没有学习主体,学习活动将无从谈起。

对于学习主体,还有两点需要说明:一是只有在学习活动中,真正从事和发生着学习时才能称为学习主体,否则,只能称其为其他主体,而不能称作学习主体;二是尽管有些研究中,把动物中存在着的一些类似人类学习的现象也视为学习,但这只是一种类似学习的活动,与人类的学习有着质的区别。

(三) 促进发展

学习的根本追求就是促进学习主体的发展,包括知识的掌握、智力的发展、能力的培养和品德的涵养等,这在前面的绪言中已经交待过,故不再赘述。

学习以促进学习主体的发展为旨趣,但具体的发展却存在着多种方式,既有显性的,也有隐性的;既有量性的,也有质性的;既有直接的,也有间接的,无论哪种方式,都会给其提供一种不同于其已往的状态。正是这样一种不同于以往的状态,才标志着学习主体的发展。

(四) 经验载体

一方面,经验是人类实践的精华;另一方面,个体实践也会产生经验。这两个方面通常也分别被称做间接经验和直接经验。两种经验虽然在来源渠道、表现方式、价值诉求上都有所不同,但却都是个体发展所不可或缺的。通过文本获得的间接经验,可以节约经验生产成本,提高效率;通过活动获得的直接经验,可以感受经验生产过程,增强体验。因此,经验也就成了支撑学习活动的关键,学习也就是围绕经验展开的活动。各种学习都是基于经验而开展的,是以经验为载体的。

(五) 多个层次

如前所述,学习作为各种学习活动的总称,是对各种学习现象的概括。因此,在学习活动内部,还可以根据不同的标准划分出多个层次的学习,如按程度分为初级学习、高级学习,按方式分为被动学习、主动学习,按范围分为广义学习、狭义学习,如此等等,不一而足。相关内容将在后面进行解析,这里不再说明。

二、学习的规律

在学习活动中存在着一些不以人的意志为转移的、必须遵守的、客观的、必然的要求。这也即学习的规律。对此,很多研究者都进行了探讨,提出了各不相同的见解,如有的研究者认为学习的规律主要包括记忆遗忘规律、序进累积规律、学思结合规律、知行统一规律、环境制约规律五个方面[1],也有研究者认为学习的基本规律主要包括终身学习规律、认识发展规律、知识积累规律、环境制约规律和不可替代规律五个方面[2],还有研究者认

---

[1] 王言根主编:《学会学习:大学生学习引论》,教育科学出版社,2003年版,第7~12页。
[2] 林明榕主编:《学习通论》,学苑出版社,1990年版,第101~126页。

为学习的规律主要包括认知规律、师承规律和志向规律三个方面①。

应该说,上述关于学习规律的探讨很有启示意义,有助于进一步深入思考学习的规律,以更好地把握学习的内涵。

由于规律是事物自身的、本质的、必然的反映,所以对于学习的规律,也应该从其自身出发,从对学习本身的理解,根据学习本身的性质来把握。基于学习本身的考虑可以把学习的规律概括为巩固律、序进律、知行律、学思律和能动律五个方面。

(一)巩固律

学习不是一蹴而就的,而是一个不断地与遗忘作斗争的过程。

巩固律与克服遗忘密切相关。一般来说,遗忘呈现为先快后慢的特点,即早期遗忘得会快一些,后期遗忘得会慢一些。因此,学习的巩固律实际上就是根据遗忘的特点,进行有针对性的巩固性活动。这也即进行及时巩固,从而可以避免遗忘,产生强化;否则,如果等遗忘真的到来之后再来学习的话,实际上也就等于是重新进行学习,而不再是巩固了。

当然,巩固律还不仅仅只是克服遗忘,减少遗忘的出现,降低遗忘的频率。巩固律除了能够克服遗忘外,还有强化之意,可以使其学习主体对一些还未曾遗忘或没有达到遗忘状态的内容做进一步的强化,从而进一步加深其记忆程度,延长记忆时间,从而更加难以出现遗忘。

另外,学习的巩固律除了包括与遗忘作斗争、延长记忆时间外,还包括其理解的深刻性和技能的熟练性方面的增强。

(二)序进律

学习应该遵照一定的次序、依照一定的顺序进行。这就是学习的序进律。即学习活动应根据一定的顺序,遵照一定的次序来展开,不能超越这些顺序,更不能背离这些次序,否则,将会影响学习的效果,影响学习主体的发展。

序进律与个体的身心发展的特性密切相关。众所周知,顺序性是人的发展,也即学习主体发展的一个重要特点。学习主体依照一定的顺序,沿着时间之维而不断地发展,不断地由较低水平向较高水平提升,从初级状态向高级状态迈进。这一演进历程,对其学习活动有重要的影响,无论是学习的进程还是学习的内容,都应考虑这一发展顺序。我国古代最早的教育著作《学记》中就提出了"不凌节而施"的主张。当然,在教育实践中也出现了诸如"拔苗助长"等一些背离这一规律的现象。

(三)知行律

知与行的关系颇为复杂。历史上,既有知先行后的主张,也有行先知后的论点,双方不但各有一大批支持者,而且相互之间还进行了长期的论战。他们之间的争论都是典型的非此即彼的二元对立的思维方式,都把自己所主张的方面拔高到极致,同时竭力否定对方的主张。

事实上,知与行之间的关系不是一个简单的孰先孰后的问题,而是相互依存的关系,行需要知的优化和提升,而知需要行的验证和深化。因此,知行律严格说来应该是知行统一律或者说是知行结合律。

---

① 于云才、董业明著:《学习学导论》,山东人民出版社,2004年版,第103~122页。

学习中也同样存在着这一规律,也应该遵照这一规律。一方面需要通过知其然来使行有所依,另一方面也还要以行而促其所知。所以,知行律不但要以知助行,还要以行促知,通过知行双向互促而生益彰之效。

(四)学思律

学习既是学的过程,也还是思的过程。从某种意义上来说,学主要是自外而内,把外在于学习主体的内容植入到学习主体身上;而思则主要是自内而外,把内在于学习主体的思考外化到相应的载体上。因此必须把两者结合起来,不能只有学没有思,也不能只有思而没有学。

关于学与思的关系,孔子早在两千多年前就提出了"学而不思则罔,思而不学则怠"的主张,已经把学与思紧密结合起来。

反之,学习中无论缺少学还是缺少思,都会使得学习中的这样一种关系性的平衡被打破,关系性状态被扭曲,从而造成学与思的脱节,学习活动也受到影响。如果仅有学而无思,难以超越;而如果仅有思而无学,多属空想。

(五)能动律

如上所述,学习是学习主体所展开的活动,在这一活动中,学习主体起着至关重要的作用。这些作用主要表现在两个方面:一是决定学习活动的发生,学习主体是学习活动的发起者,没有学习主体,学习活动将无从谈起;二是决定学习活动的程度,学习主体不但可以决定有无学习活动,而且也还可以影响到学习活动的程度、达到的效果。这些作用的发挥客观上表明学习主体具有主体性,而且还应在具体的学习实践中把其主体性进一步调动起来,激发出来,这实际上也就是学习的能动律。

另外,学习的能动律还表现为学习主体能够对影响和制约学习的各种条件进行利用和改造,不同的学习主体由于各个方面的原因,在学习时可能会遇到各种各样的困难,如学习方法不当,学习能力不强,学习资源不够充分等,这些困难会干扰甚至阻碍学习活动的发生,影响学习效果。学习主体对这些条件的利用和改造既是其学习能动性的表现,也是完成学习活动、提高学习效率的必然要求。

三、学习的类型

根据不同的标准,可以把学习划分为多种类型。而且,由于不同类型之间的距离还比较大,故很有必要在谈学习的具体类型之前,首先就关于学习分类的两种不同的学科视角作简要的交待。

一种是心理学的视角,特别是一些教育心理学家们根据自己的心理学主张对学习进行了各不相同的划分。我国的如潘菽教授根据学习的不同内容和结果,把学习划分为知识的学习、技能和熟练动作的学习、智能的学习及道德品质和行为习惯的学习四类;冯忠良教授根据教育系统中传递的经验内容不同,将学习分为知识学习、技能学习和社会规范的学习三类。国外的如美国的教育心理学家本杰明·布卢姆根据学习结果,把学习分为认知领域的学习、情感领域的学习和动作技能领域的学习三类;美国教育心理学家罗伯特·米尔斯·加涅也根据学习结果,把学习分为言语信息、智慧技能、认知策略、动作技能和态度五种类型,其中,智慧技能又分为辨别、具体概念、定义性概念、规则和高级规则五个小类;美国的教育心理学家 D. P. 奥苏伯尔分别根据学生进行学习的方式和学习的内容对学习进行了二维的划分,前者划分出接受学习和发现学习,后者划分出机械学习与有意义的学习;乔纳森根据教育研究和教学技术的最新发展把学习分为"结构性知识、心理模型、情境性问题解决、延伸技能、自我知识、执行控制策略和动机形成"七类。

另一种是教育学的视角。由于教育心理学与教育,特别是学习活动密切相关,所以基于这一学科视角的分类,对于学习的分类及研究就显得很有价值。但同时需要说明的是,无论是教育学,还是学习学,在与教育心理学有着密切关联的同时也还有着明显的区别,它们之间的区别也同样表现在关于学习的分类中。因此,关于学习的分类,除了上述基于心理学的视角外,还有一些是从教育学的视角来进行的,而且也还应该从教育学的视角进行。由于教育学视角关于学习类型的划分相较起来更为强调学习活动本身,所以本书关于学习的类型主要是基于教育学的视角来进行。

(一)人类的学习和学生的学习

根据学习的主体范畴,可以把学习分为人类的学习和学生的学习。

人类的学习是指整个人类中所有成员的共性化的学习,是他们在社会生活实践活动中,以语言为中介,经思维活动而自觉积极主动地掌握人类历史的社会知识经验,以积累个体经验的活动与过程。

由于学生是人类中的特定成员,所以其学习也是人类学习中的重要组成部分。一方面,学生的学习与人类的学习具有相同性,如需要以语言为中介,需要经由思维,需要有主动性等;另一方面,学生的学习也还有一些与人类学习不同的独特性,如学习的间接性、有指导性、差异性和专门性等。

(二)文本学习和活动学习

根据学习的经验载体,可以把学习分为文本学习和活动学习。

文本是以符号等形式静态呈现出来的各种关于经验记载的总和。文本学习就是对这些以文本形态呈现的经验的学习,具有符号化、间接性、概括性和高效性的特点。

活动学习则是通过活动展开过程中学习主体的亲身参与、实践和体验,获得直接经验的学习,具有活动性、情境性、直接性和体验性等特点。

(三)理论学习与实践学习

根据学习的活动形式,可以把学习分为理论学习和实践学习。

理论学习主要是通过文本等以间接的方式来进行的学习。因此,这种类型的学习有着与文本学习相同的特点,如符号化、间接性、概括性和高效性等。

实践学习则主要是通过实践活动等以直接的方式来进行的学习。由于同样是以活动为基础,所以也有着与活动学习相同的特点,如活动性、直接性、操作性和体验性等。

(四)课堂学习和课外学习

根据学习发生的空间,可以把学习分为课堂学习和课外学习。

顾名思义,课堂学习就是在课堂上的学习,这种学习具有专业化、专门性、高效性和针对性等特点。伴随着学校教育的发展,这种学习也逐渐普及和发展,成为最为常见的,也是极为重要的学习类型。

而课外学习则是发生在课堂之外的学习,比如在社会上的学习、在生活中的学习等多种形式,具有弥散性、多样性、自由性等特点。虽然这种学习不像课堂学习那样专门,但毫无疑问一直是最为重要的学习类型,与人类的发展始终紧密相伴。

需要说明的是,目前随着信息技术发展所出现的网络学习、在线学习以及欧美的在家学习等兼具课堂学习和课外学习的双重属性。这种学习一方面是在传统的课堂之外进行的学习,应该是课外学习,但同时这种学习也同样有来自于教师等其他专业人员的指导,甚至有同伴互助合作等课堂学习的特性,应该是课堂学习。因此,这些新兴的学习类型不同于传统的学习类型,很难明晰地区分其到底是课堂学习还是课外学习。

(五) 专业学习和闲暇学习

根据学习的任务属性,可以把学习分为专业学习和闲暇学习。

专业学习是学习主体为了获得某一方面的技术、本领等而展开的学习,具有专门性、特定性和系统性等特点,这种学习对于个体的成长和发展,特别是服务和建设社会有着重要的作用。

闲暇学习有两个方面的含义,一方面是为了闲暇的学习,另一方面是在闲暇中的学习。前者主要是指学习主体为了提高自己的生活质量、陶冶自己的情操而展开的学习,具有多样性、愉悦性和弥散性等特点;而后者主要是学习主体在闲暇时间进行的学习,从某种意义上来说是业余性的学习。

(六) 专门学习和业余学习

根据学习所处的时间,可以把学习分为专门学习和业余学习。

专门学习是学习主体在一段特定的时间里以学习为主要任务而集中开展的学习,具有系统性、高效性和集中性等特点。

业余学习是学习主体把业余的时间用来开展学习活动的学习。这类学习所能用的时间和实际用的时间无论是与学习主体在其他方面所用的时间,还是与专门学习所用的时间相较起来都要少很多。因此,这类学习具有辅助性,在工作和生活之外的业余时间来进行。另外,这类学习也往往需要学习主体有更强的自觉性、意志性,才能保证学习活动的顺利进行。

需要说明的是,这里尽管把学习分为专门学习和业余学习,但在未来的学习化社会里,学习和工作、生活会有机地整合在一起,无法把两者进行严格的区分。

(七) 引导性学习和自发性学习

根据学习的支持程度,可以把学习分为引导性学习和自发性学习。

引导性学习即学习主体在老师、家长以及同学等其他主体的支持、帮助下所开展的学习,具有支持性、合作性等特点。

自发性学习是学习主体不需要外在的帮助,完全由自己决定和安排的学习活动,具有自主性、主动性等特点。当然,由于学习主体的自主性程度、自控性能力等有别而往往呈现出水平各异的多种形态:有些自发学习比较自觉、持续和有效,而有些自发学习则显得比较散漫、无序和低效。

第二章 学习主体

学习主体是学习活动中的重要组成部分。没有学习主体，也就无所谓学习活动的发生。非但如此，学习活动本身的质量状况也与学习主体密不可分。

学习主体，即从事学习活动的人，通常称为学习者，或者说是学生、学员。

根据学习主体涉及的范畴，可以把学习主体分为单主体和类主体两大类。单主体，即单个的学习者，而类主体则是指多个同一类的单主体所构成的集合体，学习活动既可能是一个人的事情，也可能是一类人的事情。因此，对学习主体进行研究，既应该研究前者，也应研究后者。

当然，根据学习主体的实际情况，可以分为成人学习主体和学生学习主体。前者主要是在工作中学习，工作和学习兼顾；而后者则主要是以学习为主，专事学习。

为更好地贴近学习实践，引领和指导学习优化，这里拟从身体状态、心理状态和知识状态三个方面来对学习主体进行解读和分析。

第一节 学习主体的身体状态

学习主体的身体状态是学习主体开展学习活动的最为基础的条件，直接影响到学习活动的进行。

学习主体的身体状态涉及多个方面，且在不同阶段学习主体的身上又呈现出明显的区别。故这里在简要地介绍身体状态指标的基础上，对不同阶段学习主体的身体状态分别进行说明。

一、身体状态指标概要

衡量身体状态的指标主要有外在指标和内在指标两大类。

（一）外在指标

外在指标也即人的身体形态等外在特征的指标，包括人的五官、身高与体重的关系、呼吸、脉搏、血压、体温、睡眠、速度、力量、耐力和柔韧性等。根据学习主体的实际情况，着重交待身高与体重的关系、睡眠两个方面。

1. 身高与体重的关系

身高即人体的物理高度,是从头顶点至地面的垂距;体重即人体的重量,是裸体或穿着已知重量的工作衣称量得到的身体重量。身高与体重需要保持一个恰当的比例关系,其中任何一个方面走向极端,比如身高过高或过矮、体重过重或过轻等都是不正常的。身高与体重的关系既可以通过计算法获得,也可以通过常模法来比较。

计算法有简便法和指数法两种。

简便法就是把身高减去一定的常数(男性通常减去105,女性通常减去102),作为理想体重,然后把实际体重与理想体重进行对照,来判断身高与体重的关系。实际体重在理想体重标准上下10%范围内为正常水平,低于标准10%以上者为消瘦,超过标准10%以上者为超重,超过20%者为肥胖。需要说明的是,这种关系指标只适用于成人,并不适用于儿童。

指数法是以个体的实际体重指数(BMI)与体重指数常模进行比较来进行判断。体重指数(BMI)=体重(kg)/身高的平方(m^2)。假设一个人的体重为60kg,身高1.7m,则BMI=$60/1.7^2 \approx 20.76$。

世界卫生组织将体重指数正常值定为25,28以上视为肥胖,一些亚洲国家则将体重指数正常值定为23,25以上即为肥胖。

由于上述关系指标并不适合儿童,这就需要选择常模法来对儿童学习主体的身高与体重的关系进行比较了。

所谓常模,就是"标准化样本在某项测验上的成绩,即有一定代表性且数量足够大的样本在某项测验上的平均成绩"。因此,依据一定代表性样本数量所测量的指标关系就成为衡量学生身高与体重的重要指标。目前,我国已经发布了涵盖小学到大学的国家学生体质健康标准。

最后需要说明的是,无论是用公式计算出来的数值,还是表格中提供的数值,都不是绝对标准指标,而是允许在正常范围内变动的;而且,由于遗传因素,个体的身高与体重的比例与正常指标差距可能会很大,但他们的身体仍然是健康的。

2. 睡眠

作为生命所必需的过程,睡眠是机体复原、整合和巩固记忆的重要环节,是健康不可缺少的组成部分。有调查证明:人只要5天不睡眠,就可能会死去;人体缺乏睡眠时,会导致神疲、体倦、代谢率降低;而人如果睡眠时间过长,不仅会导致与睡眠不足同样的情况发生,心脏的跳动也会减慢,新陈代谢率也会降得很低,肌肉组织松弛下来,久而久之,人就会变得懒惰、软弱无力,甚至智力也会随之下降。

据世界卫生组织调查,全球27%的人有睡眠问题。因此,国际精神卫生组织主办的全球睡眠和健康计划于2001年发起了一项全球性的活动——将每年的3月21日,即春季的第一天定为"世界睡眠日"。而且,每年的世界睡眠日都有与睡眠相关的主题和口号。

从婴儿时期到老年,人每天的睡眠所需要的正常时间是从长到短,再从短到长变化的。刚出生的新生儿要睡20～22小时,2个月大的婴儿要睡18～20小时,1岁的幼儿要睡15小时,2岁幼儿要睡14小时,3～4岁的幼儿需要睡13小时,5～7岁的儿童要睡12小时,8～12岁的儿童要睡10小时,12～18岁的少年要睡9小时,成年人需要的睡眠时间为7～8小时(不宜少于6小时),60～70岁的老年人应该保持9小时睡眠,70岁以上的老人至少要睡10小时。

(二)内在指标

衡量身体状态的内在指标主要包括人体内各个系统、组织以及器官的生理数据,这些数据主要是通过对人的体液以及心电图等的测查获得。

1. 体液

人体内含有大量的液体,统称为体液,它约占人体总重量的65%以上。体液约2/3存在于细胞内部,称为细胞内液;约1/3存在于细胞外部,称为细胞外液,细胞外液又包括血浆、细胞之间的组织液(皮肤撞破后没出血,只渗出淡黄色的液体,这就是组织液),还有淋巴管内的淋巴,体内细胞就浸没在这液体环境中。内环境就是由血浆、组织液和淋巴共同组成的,是细胞赖以生存的液体环境。内环境的化学成分和物理特性保持相对的稳定,是细胞进行正常生命活动的必要条件。

体液中,人们最熟悉的是血液。血液作为流动在心脏和血管内的不透明红色液体,主要成分为血浆、血细胞和血小板三种,血细胞又分为红细胞和白细胞。血液中含有各种营养成分,如无机盐、氧、代谢产物、激素、酶和抗体等,有营养组织、调节器官活动和防御有害物质的作用。人体各器官的生理和病理变化,往往会引起血液成分的改变,故患病后常常要通过验血来诊断疾病。

人体内的血液量是体重的7%～8%,如体重为60kg,则血液量为4200～4800ml。各种原因引起的血管破裂都可导致出血,如果失血量较少,不超过总血量的10%,则通过身体的自我调节,可以很快恢复;如果失血量较大,达总血量的20%时,则出现脉搏加快、血压下降等症状;如果在短时间内丧失的血液达全身血液的30%或更多,就可能危及生命。

与血液有关的指标有血糖、血红蛋白、血脂、血乳酸、血尿素、红细胞、白细胞和血小板等。

2. 心电图

平时的身体检查中,除了对血液的检查外,心电图也是检测健康内在指标的常用指标。

心脏在每个心动周期中,由起搏点、心房、心室相继兴奋,伴随着生物电的变化,通过心电描记器从体表引出多种形式的电位变化的图形就叫做心电图(简称ECG),心电图是心脏兴奋的发生、传播及恢复过程的客观指标。

心电图的长处是可以从不同平面的不同角度,利用比较简单的波形、线段对复杂的立体心电向量环,就其投影加以定量和进行时程上的分析。而心电向量图学理论上的发展又进一步丰富了心电图学的内容并使之更易理解。

典型心电图各波及其时程用标准导联引出的心电图各波,由荷兰生理学家W.艾因特霍芬命名为P、Q、R、S、T波,U波是后来发现命名的。

二、不同年龄阶段学习主体的身体状态

（一）小学生的身体状态

从总体上来说，小学生的身体状态的突出特点就是生长发育迅速，身高和体重都有明显的增加。身高平均每年增长4～5cm，体重每年增加2kg～3kg，尤其是到了小学后期，身高增加尤为明显，被称为第二发展期。

同时，他们的各项身体机能也在逐渐完善和增强。在早期，小学生的心率、血压、肺活量及其他生理指标都不稳定，与成年人的指标有较大差距，骨骼易弯曲，肌肉力量较小；到了后期，肌肉骨骼力量进一步增强，虽然大肌肉动作的协调性比幼儿期有较大的发展，但小肌肉动作的协调性还较差。

（二）初中生的身体状态

初中阶段接着小学阶段的第二发展期趋势继续加速发展，身体机能也得到进一步的发展，逐步向正常成年人的标准接近。

在这一时期，他们的身高、体重及肢体的增长都很快。身高平均每年可增加6～8cm，体重平均每年可增加5kg～6kg，骨骼和肌肉迅速增长，特别是大肌肉急速生长，而在小学阶段较发达的小肌肉则相对处于停滞状态，故而较喜欢大运动量的活动，而对于细小的动作显得笨拙。

同时，他们的心脏发育趋于成熟，在重量、形体等方面都有了较大的增长，心血管系统、呼吸系统、神经系统迅速地发育健全。而且，部分同学开始出现第二性征，如男生喉结突出，嗓音变粗且低沉，长出胡须、腋毛、胸毛、体毛，夜间梦遗；女生乳房发育隆起，阴毛、腋毛长出，皮下脂肪增厚，出现月经现象等。第二性征的出现，有人形象地称之为青少年的"第二次诞生"。

（三）高中生的身体状态

高中生的身高已度过了快速增长期，处于缓慢增长期，一般每年增长不到5cm。而体重继续增长，并且增长幅度大。高中生随着年龄的增长，肌肉的有机物增多，水分减少，肌肉占体重的比重不断增加，肌肉力量也相应增强，小肌肉群迅速发育。

高中生的心率与成人较接近，一般在每分钟78次左右；血压较低，一般在14/9.5千帕左右（1毫米汞柱＝133.3324帕）；肺活量已接近成人水平，男生可达到3700毫升，女生可达到2600毫升。

（四）大学生的身体状态

大学阶段正值人体发育的青春后期，躯体形态的生长发育已进入稳定阶段，体格机能素质和适应能力也已达到较高水平。大学生在校期间身高增长极其微小，体重增长也趋于平衡，但男生体重为平衡增长，而女生则为减重趋势。在这一时期，男生的肌肉占体重的比例达到40%，女生的肌肉占体重的比例约为30%。

男女生的第二性征进一步明显，渐趋成熟。男生表现为体形魁梧，肩部增宽，喉结突出，发音低沉，胡须丛生；女生表现为身材苗条，乳房隆起，嗓音尖细，肢体柔软而丰满，臀部和骨盆增宽，出现阴毛。

在身体机能方面,大学生的身体各器官系统的发育已基本达到成熟水平。

大脑及神经系统已基本发育成熟。脑重量已接近于成年人,约1500克,但脑的机能仍在不断完善和发展,在脑电活动中,已全部完成了由原始的θ波向α波的转化,表示大脑已完全成熟,大脑皮层的沟回组织已完善和分明;神经纤维的髓鞘化、增长和分支已接近完成,脑细胞正处于建立联系的上升期,皮层细胞活动增加,兴奋和抑制过程有较好的平衡,联络神经纤维活跃,特别是第二信号系统迅速增强,抽象思维达到高度水平,为思维的发展创造了良好的物质基础。

心脏的形态和机能方面都接近成人水平。心室壁肌肉增厚,心肌纤维富有弹力,血管富有弹性,心率、脉搏减慢,每搏输出量增加,而且具有强盛的代偿能力和适应能力,胜任较持久的、较剧烈的体力负荷,血压基本稳定。

随着呼吸肌、胸廓的发育,肺小叶结构逐渐完善,肺泡容积增大,呼吸能力随之增强,表现为个体呼吸频率逐渐减慢,而呼吸深度相应增加。心肺功能的增强不但满足了大学生身体的发育和营养的需要,而且血液循环和呼吸系统的变化促使大学生能够从事激烈的活动和承受繁重的学习任务。

第二节 学习主体的心理状态

学习主体的心理状态,即学生在学习活动中的心理活动及变化,主要包括学习需要、学习动机、学习态度和学习兴趣四个方面。

一、学习需要

(一)学习需要概述

学习需要即"学生追求学业成就的心理倾向,是社会、学校和家庭对学生的客观要求在学生头脑中的主观反映"[①],这表明:

一是学习需要从根本上来说是由社会决定的,而不是由其他方面来决定。学生的学习需要是由社会生活条件决定的,社会为了维系自身的存在和促进其发展,必须向所有具备学习能力的人提出学习的要求,要求他们通过各种形式的学习成为符合社会道德规范和具有一定知识、技能、能力的社会成员。

二是学习需要必须是个体对学习的愿望,是个体对学习愿望的一种表征。学习需要是对社会和教育在学习方面要求的反映,这种反映不仅受客观要求的制约,也受学生主观因素的制约。由于不同学生在价值观、生活态度、兴趣爱好等方面各不相同,因此在学习需要的内容、强度上会表现出明显的个别差异。

单纯的社会方面或者说单纯的学生方面,都难以产生学习需要。因此,学习需要是上

---

① 陈琦主编:《教育心理学》,高等教育出版社,2001年版,第129页。

述两个方面共同作用的结果,并在学生身上得到体现。

(二) 学习需要类型

一般说来,学习需要类型从结构上来看,包括认知的需要、自我提高的需要、附属的需要三种。

认知的需要往往是从好奇的倾向与探究、操作、领会以及应付环境等有关的心理因素中派生出来的指向学习任务的需要,自我提高的需要是个人通过自己的成就或学习、工作能力而赢得相应地位的需要,附属的需要是个体为获得赞许或认可而努力学习的需要,这三种需要在不同年龄、不同社会地位以及不同人格结构的人身上各占的比重是不同的。

二、学习动机

(一) 学习动机概述

人们对学习动机进行了既有相同又各有区别的界定。从相同方面来看,这些界定都把学习动机与动力关联起来,把学习动机看做是产生、维持和推动学习活动的重要力量;从区别方面来看,不同的研究者对学习动机所起到的动力作用的定位不同,有的定位为机制,有的定位为条件,有的定位在表现。这既反映了学习动机的重要性和复杂性,也表明了学习动机研究的开放性和丰富性。

根据不同的标准,可以对学习动机进行不同的分类。如根据学习动机的社会意义可划分为正确的学习动机和错误的学习动机,根据动机所起作用的时间长短划分为直接的近景性学习动机和间接的远景性学习动机,根据动机所起的作用大小划分为主导性学习动机和辅助性学习动机,根据动机产生的原因划分为外部动机和内部动机。

(二) 学习动机的结构

学习动机的结构应从两个方面着手:一方面是学习主体自身对学习本身的愿望,即对学习的需要;另一方面是学习活动的刺激,特别是学习活动本身的诱发。这两个方面实际上也就是学习需要和诱因。

学习需要是学习动机产生的基础,是激发学生进行各种学习活动的内部激活动力(即内驱力)。但是,学生有了明确的学习需要和满足学习需要的手段,并不等于他会为满足学习需要而采取行动,只有出现与学习需要相适应的外部诱因时,学习需要才能变成学习动机,导致学习活动发生。

诱因是指与学习需要相联系的外界刺激物,如家长的奖励、教师的表扬、同伴的赞许等。诱因吸引学生进行定向的学习活动,以达到一定的学习目标,从而使需要得到满足。

因此,学习需要作为学习主体的一种心理倾向,只是有可能会产生学习动机,而学习动机能否真正发生还需要一些外在条件的制约。只有这两个方面同时满足,学习动机才能真正发生,并能真正对学习主体的学习活动产生推动作用。

这也即学习主体的学习行为往往取决于需要与诱因的相互作用。没有一定的学习需要,学生就不会通过学习活动去追求一定的学习目标;反过来,没有学习行为的目标或诱因,学生也就不会产生某种特定的需要。当学生达到了某种学习目标,满足了相应的需要后,相应的学习动机就会有所降低。

(三) 学习动机的作用

学习动机的作用一方面表现为对学习行为的调控,另一方面表现为对学习效果的制约。

1. 学习动机对学习行为的调控

概括起来,学习动机对学习行为的调控作用主要表现在以下四个方面:

第一,引发作用。当学生对于某些知识或技能产生迫切的学习需要时,就会引发学习内驱力,唤起内部的活动状态,产生焦虑、渴求等心理体验,并最终激起一定的学习行为。

第二,定向作用。学习动机以学习需要和学习诱因作为出发点,使学生的学习行为在初始状态时就指向一定的学习目标,并推动学生为达到这一目的而努力学习。

第三,维持作用。学生的学习行为水平在很大程度上取决于学习动机的水平,美国心理学家阿特金森发现完成某项具体学习任务所需要的时间与对该项任务的动机水平成正相关。(如图 2—1 所示)

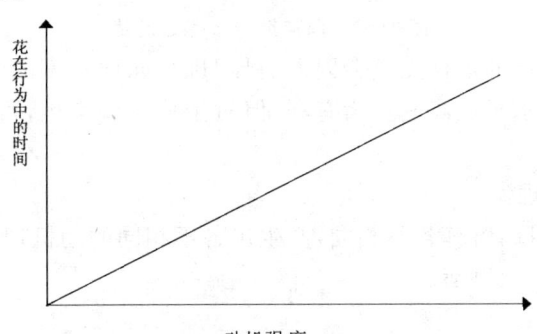

图 2—1 动机强度与花在该行为上的时间的线性关系[①]

第四,调节作用。学习动机调节学习行为的强度、时间和方向,如果学习行为未达到既定目标,学习动机还将驱使学生转换行为活动方向以达到既定目标。

2. 学习动机对学习效果的制约

学习动机不但影响着学习行为,而且还制约着学习效果。美国心理学家洛厄尔曾用实验比较了两组成就动机强弱不同而其他条件相同的大学生的学习效率,他发现,成就动机强的一组在完成学习任务中能够不断取得进步,学习效率相对较高,而成就动机弱的一组则没有取得明显的进步,学习效率相对较低。

虽然学习动机强度会影响学习效果,但这种影响并非完全成正比关系。过分强烈的学习动机往往使学生处于一种紧张的情绪状态之下,注意力和知觉范畴变得狭窄,由此限制了学生正常的智力活动,降低了思维效率。因此,学习动机存在一个动机最佳水平,即在一定范围内,学习效率随学习动机强度增大而提高,直至达到学习动机最佳强度而获最佳,之后则随学习动机强度的进一步增大而下降。当然,学习动机强度与学习效果之间的这种关系因学习者个性、课题性质、课题材料难易程度等因素而有所不同。一般来说,从事比较容易的学习活动,动机强度的最佳水平点会高些;而从事比较困难的学习活动,动机强度的最佳水平点会低些。(如图 2—2 所示)

---

① 转引自陈琦、刘儒德主编:《当代教育心理学》,北京师范大学出版社,1997 年版,第 123 页。

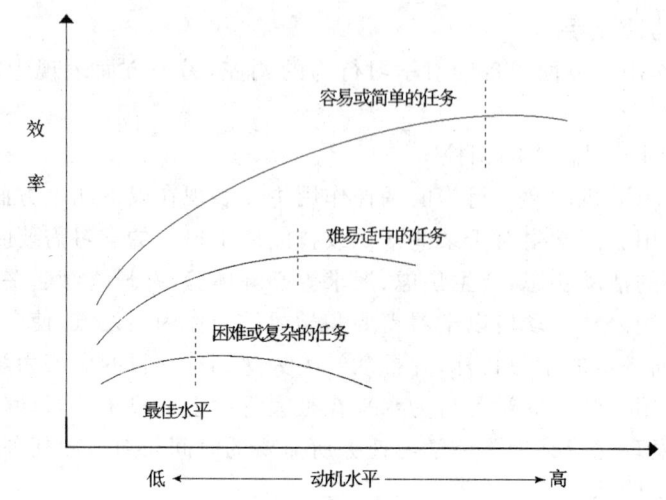

图 2—2 耶克斯—多德逊定律

不仅如此,动机强度的最佳点还会因人而异,进行同样难度的学习活动,对有的学生来说,动机强度的最佳水平点高些更为有利,但对于另一些学生,可能最佳水平点低些更为有利。

（四）学习动机的理论

人们对于学习动机的解释各不相同,产生出各不相同的动机理论,这些学习动机理论分别强调学习动机的不同侧面。

1. 强化论

现代行为主义心理学家不仅用强化来解释操作学习的发生,也用强化来解释动机的发生,认为学习完全取决于先前这种行为和刺激因强化而建立的牢固联系。如果学生因学习而得到强化（如得到好成绩、教师和家长的赞扬等）,他们就会有较强的学习动机;如果学生的学习没有得到强化（如没得到好分数或赞扬等）,就缺乏学习的动机;如果学生的学习受到了惩罚（如遭到同学或教师的嘲笑等）,则会产生避免学习的动机。因此,在他们看来,引起动机同习得行为并无两样,都可用强化来解释,无须将动机同学习区分开来。

2. 需要层次说

在众多的动机理论中,马斯洛的需要层次说有广泛的影响。马斯洛把人的需要分为五种,分别为生理的需要、安全的需要、归属与爱的需要、尊重的需要和自我实现的需要,这些需要按照由低到高的顺序排列。马斯洛认为,前两种需要是缺失需要,必须得到一定程度的满足,一旦得到了满足,由此产生的动机就会消失;后三种需要是生长需要,虽很少能得到完全的满足,但却是更好地生活所不可或缺的,所产生的动机会更持久。

3. 自我效能感理论

自我效能感最早由美国心理学家阿尔伯特·班杜拉提出,是指人们对自己是否能够成功地进行某一成就行为的主观判断。

在美国心理学家阿尔伯特·班杜拉看来,行为的出现不是由于随后的强化,而是由于人认识了行为与强化之间的依赖关系后对下一步强化的期望,是人对自己某种行为会导致某一结果的推测。如果人预测到某一特定行为将会导致特定的结果,那么这一行为就可能被激活和被选择,从而产生相应的自我效能感。

自我效能感能够决定人们对活动的选择及对该活动的坚持性,影响人们在困难面前的态度,影响新行为的获得和习得行为的表现,影响活动时的情绪。

4. 成就动机论

美国心理学家约翰·威廉·阿特金森认为,成就动机涉及对成功的期望和对失败的担心两者之间的情绪冲突。追求成功的动机乃是成就需要、对行为成功的主观期望概率以及取得成就的诱因值三者乘积的函数,即 $Ts=Ms \times Ps \times Is$。在这个公式中,$Ms$ 代表争取成功的相对稳定的倾向(这是用 TAT 主题统觉测验得到的);成功的可能性 Ps 指的是认知目标的期望,或是主体理解到的成功的可能性;Is 为成功的诱因值,这一项被认为是与 Ps 有相反的关系,也就即当 Ps 值减小时,成功的诱因值增加。目标的诱因值是一种叫做对成绩自豪的感情,他认为,一个困难任务取得成功以后所体验到的自豪感比一个容易任务成功后体验到的自豪感更强。

5. 归因理论

所谓归因,是指人们对他人或自己的所作所为进行分析,指出其性质或推论其原因的过程,也就是把他人的行为或自己的行为的原因加以解释和推测。归因理论最早由美国社会心理学家弗里茨·海德提出,后经琼斯和戴维斯、凯利等人进一步发展,而韦纳可以说是归因理论的集大成者,其归因理论在实践中运用得最为广泛。

海德认为,人们为了预见他人行为,控制周围的环境,就需要根据各种线索对已发生的行为或事件进行原因解释。这些解释中有些指向自己,有些指向环境,前者属于内部归因,后者属于外部归因。相较起来,人们对内部归因更加偏好。

琼斯和戴维斯在海德研究的基础上进行了扩充和发展,认为外显的行为是由行动者内在人格特质直接引起的,或者说,一个人的行为与其人格特质是一致的。这也即,一个人之所以采取某种行为是为了达到某种目的,如果我们能够知道其行为的真正目的,那么,对于个性的推断就会更加有把握。

凯利则进一步提出了三维归因理论,认为当我们形成对他人的印象时,会注意并思考三个方面的信息:一致性信息,指对于相同的刺激,其他人做出与行为者相同行为的程度;独特性信息,指某个行为者对于不同刺激做出相同反应的程度;一贯性信息,指在不同时间和环境下,某种行为出现于同一行为者和同一刺激之间的频率。人们往往是根据这三个方面的信息来作出相应的归因分析。

当前对实践应用有较大借鉴意义的是韦纳的归因理论。在早期,韦纳认为能力、努力、任务难度和运气是人们在解释成功或失败时知觉到的四种主要原因,这四种原因可以根据原因源、稳定性两个维度来进行分析,见下表:

		稳定性	
		稳定	不稳定
原因源 (控制源)	内部的	能力	努力
	外部的	任务难度	运气

后来,韦纳又增加了可控性维度,从而形成了原因源维度(内部—外部)、稳定性维度

(稳定—不稳定)、可控性维度(可控—不可控)三个维度的归因分析。可控性维度是按原因是否以人的意志为转移而划分的。原因的可控性关系到一个人是否能够控制其行为的结果,它常成为人们评价自己和他人或决定是否对他人提供帮助的基础。这样,韦纳就提出了与前人不同的三个维度归因模式,这三个维度相互搭配,可以构成八种不同成分的分类组合,见下表:

原因源 稳定性 可控性	内部		外部	
	稳定	不稳定	稳定	不稳定
可控	持久努力	临时努力	教学质量	他人帮助
不可控	能力	心境	任务难度	运气

三、学习态度

(一) 学习态度的定义

学习态度是学习主体对待学习的较为稳定的肯定与否定的内在反应倾向。

这一界定表明,学习态度有以下三个方面的要义:

1. 学习态度是一种"内部状态",是学习行为的倾向性或反应准备状态,不是实际反应本身。学习态度作为一种内部状态,可直接影响某些学习行为的出现,但学习态度与学习行为并不是一一对应的。

2. 学习态度的表现多种多样。在学习活动中,学生由于对学习的看法不同,在学习中的体验不同,就会产生不同的心理反应倾向:可能是肯定的、积极的,也可能是否定的、消极的;可能是主动的、认真的,也可能是被动的、马虎的。不论哪一种内在反应倾向,它们都属于学习态度。这种内在的反应倾向通常可以从学生对待学习的注意状态、情绪状态和意志状态来加以制定和说明。

3. 学习态度是通过经验组织或学习而形成的。学习态度作为一种较为稳定的内在反应倾向,并不是天生的,而是在一定条件下,通过与环境相互作用而形成的。因此,学习态度也必然会随着外在条件的改变而发生变化。虽然学习态度会发生一定的变化,但从总体上来说,还是具有相对的稳定性,当它形成之后,总会持续一定时间,具有一定的稳定性。

(二) 学习态度的成分

学习态度一般由对待学习的认知因素、情感因素和意向因素构成。

学习态度的认知因素是指学习主体对学习的目的、意义的理解,对学习对象、学习内容和学习结果带有评价意义的观念和信念。基于对学习的正确理解,相应的学习态度也往往是积极上进的;相反,基于对学习的错误理解,相应的学习态度也多半是消极的、错误的、不求进取的。

学习态度的情感因素是指伴随着学习态度的认知因素而产生的情绪情感,是学习对象、学习内容和学习结果的客观效价与学习者的主观需要之间关系的反映。凡是有利于满足学习者主观需要的学习对象、学习内容和学习结果,都能引起积极肯定的情绪情感,否则就会产生消极否定的情绪情感。学习对象、学习内容和学习结果能够引起什么样的情绪情感,不仅取决于学习对象、学习内容和学习结果的客观效价,并且在很大程度上取决于学习者的理解程度。

学习态度中的意向因素是指指向学习对象和学习活动的反应倾向,表现为学习的欲求和指向,比如在学习中是集中注意还是分心,在学习遇到困难的情况下,是设法加以克服、坚持到底、完成任务,还是躲避困难、半途而废等。

一般来说,学习态度中的认知因素是其情感因素和意向因素产生的前提,没有认知就没有情感,也无所谓意向。学习态度中的情感因素是认知因素和意向因素的动力,没有情感因素就没有认知因素的深化和意向因素的强化,因而情感因素是构成学习态度的核心要素。而意向因素则是认知因素和情感因素的集中体现,没有意向因素,就没有行动,也就体现不出学习态度的效能。

通常学习态度中的认知因素、情感因素和意向因素之间互为条件,相互制约,协调一致,构成统一的学习态度,对学习效果发生影响。同时三者之间也存在着差异性或矛盾性,比如对学习的重要性是理解的,但存在着厌倦心理,懒于学习,表现为消极的学习态度。这表明对学生进行学习态度辅导要从多方面入手,既要重视提高学生对学习的认知,又要重视在学习的过程中多方面地丰富学生学习的情感体验,强化其学习意向,指导其学习行为,从而形成正确有效的学习态度。

另外,需要说明的是,虽然学习态度都是由上述三种因素构成的,但由于三者在学习主体身上所占的比重各不相同,从而导致了学习者学习态度各异。

(三) 学习态度的形成与改变

学习态度是逐渐形成和发展起来的,这里以美国社会心理学家 H. C. 凯尔曼于 1961 年提出的态度形成或改变的三个阶段来说明学习态度的形成和发展。

1. 顺从阶段

顺从又叫服从,是表面上改变自己的观点与态度,这是态度形成或改变的第一个阶段。在生活中,个体一方面不知不觉地在模仿着他所崇拜的对象,另一方面也受一定外部压力或权威的压力而被迫接受一定的观点,但内心不一定接受该观点,这是形成或改变态度的开端。

2. 同化阶段

同化又叫认同,是在思想、情感和态度上主动地接受他人的影响。这个阶段比顺应阶段进了一步,即态度不再是表面的改变了,也不是被迫的了,而是自愿接受他人的观点、信念、行动或新的信息,使自己的态度和他人的态度(自己要形成的态度)相接近。但在这一阶段,新的态度还不稳定,很容易改变,新的态度还没有同自己的态度相融合。

3. 内化阶段

在思想观点上与他人相一致,将自己所认同的新思想与自己原有的观点结合起来,构成统一态度体系,这是形成态度的最后阶段。在这阶段中,人的内心发生了真正的变化,把新的观点、新的情感纳入自己的价值体系中,彻底形成了新的态度。

四、学习兴趣

(一) 学习兴趣概述

对学习兴趣有两种不同的理解:

一种是从职业准备、职业规划的角度,对个体在某一方面或领域的特定偏好进行测查。通过测查,明确其擅长的领域,从而进行有针对性的培养和教育,这在对学生进行职业选择、定向时会经常运用。同时,在职业人员招聘、选拔中也会进行学习兴趣方面的测试,以选择出与该项职业需要的兴趣更加匹配的人员。

另一种则是把学生在学习活动中所表现出来的带有情绪色彩的认识倾向作为学习兴趣,并进行研究,这里所说的学习兴趣主要是指这一类型的学习兴趣。这种类型的学习兴趣,主要有以下四个方面:

一是学习兴趣的认识倾向。无论哪种关于学习兴趣的界定,都是基于倾向的视角,特别是认识倾向来展开的。相对而言,这种认识倾向更为内在,其对学习主体的影响也更为持久。

二是学习兴趣与情感紧密相关。在上述界定中可以看出情感在学习兴趣中的地位,有的界定把情绪、情感作为对认识倾向的限定条件,有的则是把情绪、情感与认识状态相提并论,也有的则是在认识倾向的基础上,进一步从情感角度进行说明。这些都表明了情感与学习兴趣的紧张关系。

三是学习兴趣是学习主体身上很现实、很活跃的心理成分,对学习活动起着十分重要的影响。影响学习主体学习活动的因素很多,如学习需要、学习动机、学习态度等,但相对而言,学习兴趣的影响更为内在一些。这是因为,学习兴趣是内在动机在学习上的体现,是伴随着求知的动机、理智的情感和积极主动的学习态度而产生的在学习主体身上的综合的心理状态。

四是根据引起学习兴趣的来源,可以把学习兴趣分为直接兴趣与间接兴趣两大类。直接兴趣是由对学习活动本身或学习的内容感到需要而产生的兴趣,这种学习兴趣对学习具有较强的推动力,但往往缺乏持久性;间接兴趣是由对学习目的或结果感到需要而产生的兴趣,这种兴趣能使学生的学习具有自觉性,并能对学习产生持久的推动作用。学生在学习中如能把这两种兴趣结合起来,就会产生更大的效能。

(二) 学习兴趣的形成与发展

1. 学习兴趣的形成

人的兴趣不是天生的,而是在后天的生活过程中逐渐形成和发展起来的。兴趣也是以需要为基础的,虽然不是所有的需要都会产生兴趣,但是符合需要的事物,都可能引起人的兴趣。

学生的学习兴趣正是基于对知识的需要而发生的,同时,兴趣又是通过实践活动而形成的。人在实践活动过程中,总是不断发现问题并不断解决问题,也就不断产生新的需要,因而兴趣也就在实践过程中不断地扩大,不断地丰富,不断地形成和发展起来。因此,学习兴趣总是在求知需要的基础上发生,并通过学习的实践活动逐步地形成和发展,它既是过去学习的产物,也是促进今后学习的手段。

学习兴趣发源于内部动机愿望。学习兴趣以在学习的行动中获得满足而巩固、加深,仅有学习的动机和愿望,没有学习的行动,不会产生学习兴趣;有愿望也有行动,但行动结果不令人满意,也难以产生兴趣,即使产生也不能维持长久。

学生学习行动的满足感受由两方面因素支配:因学得好而受到称赞、奖励,获得荣誉,这是外在因素;通过学习,获得某种启迪和灵感,受到教益,思想开了窍,或学会某种技能,有了真本领,从而有了获得知识与技能的满足感,这是内在因素。

对行动的反馈,会使由学习需要产生的学习动机、愿望得到强化,使兴趣转化为动机,或直接加强动机。这样,就形成了"需要—学习动机—学习行动—结果满足—学习兴趣"这一模式,这就是学习兴趣产生的过程。

2. 学习兴趣的发展

学习兴趣是逐渐形成和发展的,根据其水平和深刻性,一般划分为有趣、乐趣、志趣三个阶段。

(1)"有趣"——学习兴趣的初级形式

一般来说,人从儿时开始都带有一些"研究"精神。比如,小皮球拿在手里,他就要拍它、捏它、看它滚动、看它跳;若是捉到一只蝴蝶,就把它的翅膀拉下来,看看它的躯体究竟是怎么构成的。从儿童眼光来看,宇宙中的万物,每一种都是新鲜有趣,值得玩弄、观察、研究的。可见,有趣往往是人为客观世界所吸引而产生的结果。

教师要从"有趣"开始,激发学生的学习兴趣。例如,初二物理讲到"沸腾与蒸发"一节时,教师这样激发学生的兴趣——教师在讲台上放一盏酒精灯,然后举起一张纸问:"这张纸,放到点燃的酒精灯上会不会燃烧?""当然会。""那么,用纸折成一只盒子放在灯上会不会燃烧?""肯定会。"教师将纸盒里装满了水,待纸盒湿透了,倒出水,放到点燃的酒精灯上,结果纸盒没有燃烧起来。学生说:"这有什么稀奇,纸盒湿掉了,当然不会烧起来。"教师问:"为什么纸盒湿掉了,就不会燃烧呢?"此时,学生已处于心求通而不解、几欲言而不能的"愤"、"悱"的状态,急切地等待教师讲解。这已激起了学生浓厚的学习兴趣。老师这时来讲授新课内容,教学效果必然会大大提高。

(2)"乐趣"——学习兴趣的中级形式

研究表明,学习兴趣与学生的基础知识有关,只有那些学生想知道而又不知道的东西才能激起其学习兴趣。一种想要知道奥秘的愿望变成不可遏制的愿望,会激发人去行动。比如,伽利略年轻时,偶然看到教堂廊檐下挂的灯正在摆动,他出神地凝视着,觉得来去摆动的时间都一样,他按着自己的脉搏计算来往摆动的时间,这种学习兴趣,使他发明了摆钟。

兴趣往往也称为爱好,沿着爱好深入下去,就会使专一的兴趣变成癖好。我们从一些科学家成才的例子中看到,一个天文学家,在学生的时代夏夜纳凉,指北斗而定方向,按中星而记时辰,开始不过是觉得有趣而已;他进一步考察星座、认识星云、辨别行星、观测月球,见到四时不同,晨昏互异,兴趣就产生了,再进一步了解日食月蚀的原理,查证光年的距离,并且发现火星上的"运河";这样深入研究,趣味更浓,于是对天文学发生了兴趣。兴趣是一种高尚的情操,兴趣是追求真理的第一步,学生产生了学习兴趣,就能唤起废寝忘食的学习劲头。兴趣具有专一性和坚持性的特点。

（3）"志趣"——学习兴趣的高级形式

具有个性特征的学习兴趣，与高尚的理想和远大的奋斗目标相结合时，兴趣就发生了飞跃，进而成为志趣，志趣是学习兴趣的归宿。志趣可以决定一个人的进取方向，奠定他事业的基础。因此新颖有趣、逻辑性强的教学内容，丰富多样、生动活泼的教学方法和格式变化的作业内容都可以不断地引起学生新的探究活动，从而激发起更高水平的求知欲。

有趣是一种由新异对象所引起的时间短暂的兴趣，这种兴趣的特点是缺乏目的性、具有易变性，是一种低水平的兴趣。乐趣是一种专一的、富有强烈情绪色彩的兴趣，它同有趣相比，具有专一性、稳定性和深刻的情绪体验。志趣是一种与人的崇高理想和远大志向相联系的兴趣，它具有很强的自觉性、明确的方向性和高度的稳定性，这种兴趣无论是对学生的学习还是对将来在事业上取得成就都会有强大的推动作用。

第三节　学习主体的知识状态

学习主体的知识状态对学习活动的进程和质量有着至关重要的影响。对学习主体进行研究，还必须分析他们的知识状态，只有清楚他们的知识状态，才有可能更好地设计有效的学习活动。

对于学习主体的知识状态，可以从其基础状态和发展状态两个方面来进行把握。前者主要是指学习主体实际拥有的，已经掌握或具备的知识状态，而后者则是指学习主体在知识方面可能达到的领域或程度，表明他们未来在知识状态上的发展空间。

一、基础状态

学习主体知识的基础状态，实际上也就是其原有的知识基础，这是学习主体的学习活动赖以开展的根本前提。如果基础状态不牢固，学习活动的开展会受到影响；同样，如果不了解基础状态，学习活动的开展同样也会受到影响。

对于学习主体的原有的知识基础，有两种把握方式：一种是从整体上对其知识基础进行概括的把握，这种把握的优点是从整体上把握，比较全面，但缺点是不够具体；另一种则是将学生的知识基础分成多个方面逐一来把握，这种把握的优点是比较具体，但容易缺乏整体性。因此，在对学习主体的知识基础进行把握时，既要有整体的观念，注重从整体上来把握，又要从多个方面来进行具体的了解。

（一）基础状态的范畴

一般说来，学习主体原有的知识基础，主要涉及三个方面：

一是特定学科领域的知识基础。在目前的教育和学习实践中，学习往往首先与一定的领域或学科相联系。学习主体的学习活动，特别是学生这一类学习主体，在一定意义上来说，主要是指特定的学科领域的学习。对于这一特定学科领域的学习，一个至关重要的前提条件是应该有相应的知识基础,如果没有相应的知识基础,在该领域的学习活动将难以取得令人满意的效果。

对此,古今中外的很多教育家和教育工作者都非常清楚,并在各自的研究和实践中身体力行。

二是相邻学科领域的知识基础。知识并不是孤立的,而是相互关联的。学生在相邻学科领域的知识基础,会对他们将要学习到的内容起到积极的推动作用。

也正因如此,目前在我国的教育实践中,非常注重从综合的角度来安排和设计课程与教学。在基础教育课程改革中,学科课程本身的综合化以及综合实践活动领域的开设等,实际上都是力图让他们的知识能够相互关联起来。

三是社会生活实践的知识基础。从广义的角度来看,知识来自于实践,因此,不同的社会生活实践也会带来相应的知识基础。这些知识同样也会对学习主体的学习活动有着重要的影响。比如,对于雪、冰等方面的知识,由于生活条件不同、生活实践有别,南方的孩子和北方的孩子的感受和理解自然也各不相同。

(二)基础状态的类型

关于学生原有知识状态的类型,可以从以下两个方面来进行分析。

1. 共性与个别

共性的知识基础主要是针对一类特定学习主体而言的,这类知识基础带有普遍性、整体性,反映他们的共同情况;个别的知识基础则主要是针对特定的学习主体而言的,是具体的某个学习主体的知识基础的情况。前者有助于从整体上把握,而后者则有助于理解个体差异。

对学习主体的知识状态的基础,既要从整体上了解他们的共性,以便能够高效率地安排学习活动,同时也要从个体上了解各自的差异,以便能够有针对性地安排学习活动。因此,单纯地从共性或者单纯地从个别来开展学习活动,都对学习活动不利。

2. 已知与未知

人们经常还用已知与未知,特别是已知来作为衡量学习主体知识状态的重要指标。了解学习主体的现实状态,明确他们的未知状态,对于学习活动来说是非常有价值的。当然,需要说明的是,未知本身有多种情形,比如有一种是全新的未知,这是一种有待学习和掌握的未知,从学习主体的知识基础方面来看,这还不是他们已经具备的,故这里不予讨论。还有一种是似知的未知,这是一种他们虽然有所了解,但还不够熟练和正确理解,以至于经常会出现混淆和错误的情况,这种情况虽然表面上看来已经了解了,属于已知的情形,但实际上并没有真正理解,仍然处于未知的状态,这一类的未知应该是重点考虑的方面,应给予高度关注。

在学习实践中,经常会发现一些学习主体似知而其实未知的现象——对于有些内容,他们虽然表面上看起来好像是理解了、掌握了,但实际上并不是真正地理解和掌握,从而使得他们在运用时经常会出现各种各样的问题行为。这些现象也反过来从另一个侧面证明了学习主体原有的知识基础对其学习活动的影响。

二、发展状态

关于学习主体的知识状态,除了了解其已有状态外,还应该了解其发展状态。只有了解了其发展状态,才能为他们的学习活动提供切实有效的帮助和指导。

学习主体知识的发展状态包括发展领域和发展程度两个方面。

(一)发展领域

发展领域即学习主体所可能发展的方面。众所周知,由于遗传、环境等各个方面的原因,不同个体之间具有多种多样的差异,这种差异也就决定了他们各自发展领域并不完全相同。每一个学习主体都有其擅长的发展领域或优势的发展领域,在他们所擅长或优势的领域,学习活动的效率往往很高,能够在较短的时间内正确理解和掌握所要学习的内容,而在不太擅长或非优势的领域,学习活动的效率则刚好相反,往往事倍而功半。因此,了解学习主体所擅长或优势的发展领域,对学习主体的学习活动大有裨益,对他们未来的发展也大有裨益。

测查学习主体所擅长或优势的发展领域,有多种方式,比如有一种是对其所依赖的认知风格,包括其优势的感觉通道的测查来进行、对于这种测查方式,将在学习风格中进行讨论。还有一种则是根据多元智能理论,对其所擅长的智能领域的空间进行分析,这里简要对之进行介绍。

多元智能理论是美国著名发展心理学家、哈佛大学教授霍华德·加德纳博士提出来的。在1983年出版的《智能结构》中,加德纳提出了7种智能类型,在1995年增加了自然认知智能,后来,智能的类型又进一步扩展,增加了存在智能。目前,多元智能的范畴有语言智能、数学—逻辑智能、身体运动智能、视觉—空间智能、音乐智能、人际智能、内省智能(又称自我认知智能)、自然认知智能及存在智能9种。

加德纳的多元智能理论目前更多地被运用于证明个体智能差异的存在上。事实上,多元智能理论除了能够证明个体智能差异的存在外,还进一步表明了个体智能发展的空间,表明个体具有发展潜能的优势方面。

(二)发展程度

发展程度,即学习主体发展所可能达到的水平。学习主体的发展,除了发展领域外,还涉及发展水平,通过对其发展水平的了解和提升可以实现学习主体的发展。

对于学习主体发展所可能达到的水平,学术界常用"最近发展区"一词来表征。

"最近发展区"是由苏联著名心理学家维果斯基提出来的。在他看来,"我们至少应该确定儿童发展的两种水平,如果不了解这两种水平,我们将不可能在每一个具体情况下,在儿童发展进程与他受教育可能性之间找到正确的关系"。P. Eggen 等认为,"最近发展区是指儿童能够独立完成的学习任务水平与在有能力的教师或同伴的帮助下方能完成的学习任务水平之间的区域"。而我国的《教育大辞典》(增订合编本)中则进一步认为,最近发展区"指儿童在有指导、有成人帮助的情况下所能达到的解决问题水平和在独立活动中所能达到的解决问题水平之间的差异。也就是两个邻近的发展阶段间的过渡状态"①。

要想理解这一概念,必须明确以下几个方面:

第一,最近发展区是一个动态的可能区域。这个区域是对现有水平的超越,并朝向理想状态的迈进,但在迈进的过程中,理想状态只是一种可能的,而不是必然的。所以,在向这个状态逼近的过程中,有的刚好重合,而有的则可能会有一定的距离。

第二,最近发展区的前提是对现实或者说是实际起点的明确。只有明确了他们的现实起点,知道了他们的真实情况,才有可能确立适当的可能达到的状态;否则,所确立的可能达到的状态要么过高,要么过低。而无论哪一种情形,都不符合最近发展区的内涵,也会影响到学习主体的发展。

第三,最近发展区的关键是确立最佳的可能达到的水平。这一水平既是学习主体发展的空间,是他们发展的领域,也是最近发展区的最为关键的方面。如果没有确立最佳的可能达到的水平,即使对学生的现实水平分析的再到位,可能也难以实现所确立的水平状态对学习主体的发展的带动。

第四,最近发展区的实现过程不一定是学习主体单方面的事情。最近发展区的实现可以借助他人如教师、同伴等的帮助来实现。

第五,最近发展区本身也是动态的、发展的、演变的。学习主体的发展过程实际上就是他们最近发展区的不断演化过程,是不断地由现实水平走向可能达到的水平,然后把可能达到的水平变成现实水平,进而确立新的最近发展这样一个循环往复的过程。

第六,最近发展区的超前性。这也即,最近发展区应该是在现有水平上的更高要求,而不能低于或等于儿童的现实水平。维果斯基强调,"教学不能走在发展的后面,而应创造最近发展区,从而走在发展的前面"②。同时,他还对教育学提出了新的要求,即"教育学不应当以儿童发展的昨天,而应当以儿童发展的明天为方向。只有这样,教育学才能在教学过程中激起那些目前尚处于最近发展区内的发展过程"。

---

① 顾明远主编:《教育大辞典》(增订合编本),上海教育出版社,1998年版,第2172页。
② 顾明远主编:《教育大辞典》(增订合编本),上海教育出版社,1998年版,第2172页。

第三章 学习风格

人们一般认为学习风格是由美国学者哈伯特·塞伦在 1954 年最早提出的。需要说明的是,也有研究者认为最早是由荣格在 1927 年提出来的。

后来,学习风格逐渐成为教学心理学、学习理论和教学论等学科共同关注和探讨的一个重要领域,被誉为"现代教学的真正基础"。当然,学习风格的提出和被关注,还与一系列的理论研究的进展和教育实践的需求密切相关。对此,有研究认为,学习风格的提出与人本主义心理学影响、教育理论的缺陷及国际个别化教学的趋势密切相关①。

第一节 学习风格的内涵

一、学习风格的定义

(一)学习风格的多重定义

关于学习风格的界定及解释,观点纷呈,正如托马斯·贝勒(Thomas Bello)所指出的:学习风格的定义差不多与对这一课题的研究者一样多。下面列举出其中一些比较有代表性的界定:

学习风格是学生学习新材料时习惯使用的学习策略与学习过程的独特结合。

学习风格是学生集中注意并试图掌握和记住新的或困难的知识技能时所表现出来的方式。

学习风格是个体与教学刺激相互作用的方式及其特征,这一方式导致作为刺激函数的各不相同的学习成就。

学习风格是学生在学习情境中对刺激作出反应并运用刺激的一贯方式。

学习风格是学生对学习方法的定向或偏爱,它表明某特定学生在教学过程上通常喜欢采纳的学习方式。

学习风格是在特殊且被认定的学习活动中,学生个人与课程、教材结构的交互作用过

---

① 谭顶良著:《学习风格论》,江苏教育出版社,1995 年版,第 1~3 页。

程中,可能偏好一种或多种教学策略的学习方法。

学习风格即学习者特有的认知、情感和生理行为,是学习者知觉、与学习环境相互作用并对它作出反应的相对稳定的指标。

学习风格是个体用来处理教育信息的稳定的行为表现方式,在家庭、学校和社会文化等制约人发展的各种变量影响下形成并贮存在个体神经组织和个性的深层结构之中。

学习风格是学习者持续一贯的带有个性特征的学习方式,是学习策略和学习倾向的总和。

学习风格是"指学习者在长期的学习活动中表现出的一种具有鲜明个性的学习方式和学习倾向。这种学习方式指学习者为完成学习任务而采用的方法、策略、步骤;这种学习倾向指学习者对学习活动的动机、态度、情绪体验、坚持性以及对学习环境、学习内容的偏爱"。

(二)学习风格定义的内涵

对于上述关于学习风格的不同定义,有以下三个方面的结论:

一是不同的定义,所依据的理论基础不同。借助不同的心理学理论,从不同的角度对学习风格进行了定义,这也可以说是导致关于学习风格的定义众说纷纭的重要原因之一。

二是尽管界定各不相同,但仍然可以简要地概括为两大类型,一类侧重于从行为表现上来进行定义,把学习风格定位在学习行为层面上,如有的直接就把学习风格说成是行为,有的则相对间接一些,或用学习方式,或用学习方法等与行为密切相关的范畴来表述;另一类是用组合的方式来进行定义,即把学习风格从不同的方面进行组合,形成关于学习风格的"合金"式定义,如有的认为是学习策略和学习过程的独特结合,有的认为是学习策略和学习倾向的总和,还有的认为是学习方式和学习倾向的总和等。

三是不同的界定仍然存在着一定的共同性。这也即,尽管学人对于学习风格内涵定义的着眼角度不同,但在本质的分析上仍有许多共同点。概括起来,这些共性主要有以下五个方面:

第一,学习风格与学习主体,特别是学习主体的学习活动密切相关。从某种意义上来说,学习风格就是学习主体在学习活动中所呈现出来的学习主体性向,不同的学习风格,往往会带来不同的学习主体性向,而且,与学习风格相应的学习主体性向还会影响到学习主体的学习行为和学习方式。

第二,学习风格带有鲜明的个体性。虽然学习风格可以进行一定的类型上的划分,形成不同的类型,但在学习主体身上,由于学习主体之间的个体差异,也会使得他们的学习风格呈现出一定的差异,所以,不同学习主体都有自己擅长或偏好的学习风格。另外,学习风格本身作为多方面因素综合影响的后果,也往往因人而异,在不同的学习主体身上各不相同。

第三,学习风格带有一定的偏好性,为学习主体所喜欢或经常使用。

第四,学习风格带有较强的稳定性,是在长期的学习实践和生活实践中逐渐积累形成的,一经形成即相对稳定,较难改变。

第五,学习风格与学习中的其他方面,如学习方式、学习策略、认知方式等密切相关,以致人们对与学习风格密切相关的概念之间的关系经常发生分歧;而且,不同的研究者对学习风格在总体保持相对一致的前提下,又有一定的不同。

二、学习风格的结构

学习风格是由学习者的认知、情感和生理等行为构成的集合体,反映学习者感知信息以及与学习环境相互作用并对之作出反映的相对稳定的学习方式。

为更好地把握学习风格,克里(Curry)把学习风格的结构看成是由三个层面组成的,并将这种模型命名为"洋葱"模型。

(一) 最外层——学习偏好

最外层是最容易观察到的,同时也是最不稳定的、最容易受到外界影响的层面,包括学习环境、学习期望、教师期望和其他外部特征。

(二) 中间层——信息处理方式

中间层主要关注个体吸收信息时所用的智慧方法。这也即个体具体的处理信息的方式。对此,格雷戈克(Cregorc)将学习风格分为具体—序列、具体—随机、抽象—序列和抽象—随机四种类型。

这四种风格类型学习主体的信息处理方式各不相同:具体—序列型风格的学习者喜欢通过直接的动手经验学习,希望教学组织得井然有序,采用学习手册、程序教学、演示和有指导的实验练习,可使他们的学习效果最佳;具体—随机型风格的学习者能通过试误法,从探索经验中迅速得出结论,他们喜欢教学游戏、模拟,愿意独立承担设计项目;抽象—序列型风格的学习者善于理解以逻辑序列呈示的词语或符号信息,他们喜欢通过阅读和听课的方式进行学习;抽象—随机型风格的学习者特别善于从演讲中抓住要点,理解意思,并能对演讲者的声调和演说风格作出反应,对这类学习者来说,参加小组讨论、听穿插问答的讲授或是看电影和电视,可以取得较好的学习效果。

(三) 里面层——认知个性风格

"洋葱"模型的里面层主要是指为吸收新信息而选择个人的方法,不同个体吸收新信息的方法各不相同。根据美国心理学家 H. A. 威特金的研究可以看出,个体吸收新信息时有场依存性和场独立性两种不同的方式。

场依存性的学习者在认知活动中,不那么主动地对外来信息进行加工,倾向于以外在参照作为信息加工依据,通常很难从包含刺激的背景中将刺激分辨出来,所以他们的知觉很容易受错综复杂的背景的影响(例如,如果在他们熟知图形的背景上添加一些纵横交错的线条,他们则可能感到难以认出这个原来熟悉的图形)。他们在受到批评时,学习效果会显著下降。这种学习者喜欢有人际交流的集体学习环境,对社会学科材料的学习与记忆效果较好,较依赖于学习材料的预先组织,需要明确的指导和讲授,喜欢结构严密的教学。

场独立性的学习者在认知活动中倾向于更多利用内在参照作为信息加工的依据,通常总是把要加工的刺激同背景区分开来,他们的知觉比较稳定,不易随背景的变化而改变。他们比较自主,当情境需要或内在需要时,能对所提供的信息进行改组。这种学习者善于学习理工学科内容,往往能明确提出自己的学习目标,能较深入地进行分析,愿意个人独立钻研,对所提供的学习材料能重新组织,较适应结构松散的教学方法。

三、学习风格的相关范畴

为更好地把握学习风格,还有必要对与学习风格密切相关的范畴进行辨析。

(一)学习风格与学习策略

学习风格与学习策略的关系颇为复杂。在前面列举的关于学习风格的定义中,一些界定就试图把学习策略作为学习风格的一个组成部分,由此可以看出其间的密切关系。但事实上,学习风格与学习策略除了上述界定中的包含表现外,两者的关系还有其他方面的表现。

1. 学习风格已被证实具有生理基础,而学习策略并不直接建立在生理上

已有的实验已经证明两个风格维度与大脑皮层的活动之间存在一种清晰的关系,只是尚不能完全弄清风格维度的具体位置。或许,学习风格并不是以大脑皮层的活动为基础,而是以大脑更深层的活动为基础,还需要使用一些其他脑地图方法的研究,来探明大脑中某些部分的活动。而学习策略本来是不存在的,是在学习过程中逐渐形成与发展起来的,并不由大脑皮层或大脑深层的活动直接决定。

2. 学习风格是相对稳定的,而学习策略相对灵活

风格具有生理基础,因此对个体——尤其对成年个体来说是相当稳定的,甚至有人认为人一出生,其学习风格就已经确定了,是言语的还是表象的、是整体的还是分析的都一目了然。但是由于儿童的认知风格很难被真实测量,因此,当儿童成长为成年人时,学习风格是否会发生变化,很难通过风格测量实验测得。相比较而言,学习策略是习得的方式,其形成是为了应对情境和任务,尤其是那些能够充分应对与风格不相适宜的情境的方法。随着年龄与经验的增长,学习策略更为丰富、成熟,学习策略的储备库更加充实。

3. 学习风格具有两极性,而学习策略是单极性的

在学习风格的每一个维度中,都有两个相反的极,如整体与分析位于一个维度的两端,而言语与表象位于另一个维度的两端。学习策略则不存在截然相反、相对的两极,如关系搜索策略、刺激分析策略、检查策略等都是如此。

4. 学习风格没有好坏之分,而学习策略有好坏之分

从学习风格方面来说,一个人完成某些任务的难易取决于任务的性质,学习风格与学习任务相符合的,完成任务就容易,反之,则会比较困难。而从学习策略方面来看,完成任务的好坏取决于学习策略选择与实施的水平,即对于同一任务,相同认知风格的人会由于使用策略的差异而造成任务达标度的不同。

5. 发挥功用的环境不同

学习风格与学习策略发挥作用,特别是作用最大化时的环境或者条件不同。一般说来,学习风格在情境匹配时发挥功效最大,而学习策略则在情境差异时发挥功效最大。

(二)学习风格与认知风格

为更好地把握学习风格与认知风格的关系,有必要先列举出一些关于认知风格的定义,如:认知风格是对信息和经验进行组织加工的方式;认知风格是学习者的认知过程和

解决问题的方式;认知风格是信息加工的习惯方式,反映学习者知觉、思维、记忆和问题解决的典型方式;认知风格是人们对信息进行知觉、编码和存贮的稳定方式。

由此可以看出,人们在很多情况下都把学习风格与认知风格当做同义语在使用,对两者并没有进行严格区分。这表明两者之间具有高度的共同性,都与学习主体的行为方式等方面密切相关,都与学习主体的认知加工方式或类型相关。

需要说明的是,两者在具有共同性的同时仍然存在着一定的区别,这些区别可以从以下两个方面来把握:

一是认知风格是学习风格的组成部分。认知风格主要是指个体加工信息的方式,而学习风格除了信息加工的过程外,还表现出学习者个体生理的、心理的(除认知外,还有情感和意动的)和社会性特征的偏爱。因此,认知风格只是学习风格的一个重要组成部分,而学习风格包括的内容更为广泛。

二是学习风格是认知风格应用的组成部分。从运用范围上来看,认知风格除了表现在学习领域外,还可表现在管理、生活等其他领域,但学习风格则只是指向于学习领域,与学习活动密切相关。因此,从运用的角度来看,学习风格只是认知风格应用的一个方面,认知风格应用的范围要较学习风格的应用范围更广。

(三) 学习风格与学习倾向

学习风格与学习倾向的关系也很复杂。

一是两者都是学习主体身上呈现出来的特殊而稳定的偏好表达。无论是学习风格还是学习化倾向,都是学习主体身上稳定的、持续性的偏好。

二是两者虽然同属学习主体的偏好,但各自的指向范畴有所不同。学习风格的偏好虽然包括学习主体在生理的、心理的和社会性等方面的偏爱,但更多功能是以这些方面构成为基础的集中表现为在行为上的偏好;而学习倾向的偏好除了生理、心理和社会性方面的偏好外,则主要表现为对学习内容的偏好。

(四) 学习风格与学习方式

学习风格与学习方式的复杂关系将在学习方式一章中进行叙述,故这里不再赘述。

第二节　学习风格的构成要素

关于学习风格的构成,不同研究者提出了不同观点。例如,有人将学习风格分为环境、情绪、社会、生理四大类要素[1],也有人将学习风格分为认知风格、情感风格和生理风格三大类[2]。由于人具有生理、心理和社会的特性,所以,有研究对学习风格的构成要素从生理、心理和社会三个层面进行了研究[3]。

---

[1]　谭顶良著:《学习风格论》,江苏教育出版社,1995年版,第18页。
[2]　谭顶良著:《学习风格论》,江苏教育出版社,1995年版,第19~20页。
[3]　谭顶良著:《学习风格论》,江苏教育出版社,1995年版,第21~26页。

一、学习风格的生理要素

学习风格的生理要素主要指个体对外界环境中的生理刺激(如声、光、温度等),对一天内的时间节律以及在接受外界信息时对不同感觉通道的偏爱。例如,在生理刺激方面,有的学习者学习时需绝对安静,有的则喜欢在背景音乐中进行学习;在时间节律方面,有些人喜欢清晨学习,有些人则喜欢在晚上或深夜学习。

(一) 学习时间的偏爱

根据学习者对不同学习时间的偏好,可将学习者分为四种类型:清晨型(百灵鸟型)、上午型、下午型和夜晚型(猫头鹰型),当然也有些学习者属于混合型。学习者在他们偏爱的学习时间内头脑清醒、反应敏捷、记忆和思维效率高。

(二) 知觉反应偏好

首先我们将知觉优势和知觉反应作一个细微的区分:知觉优势反映了学习者对一种和多种信息获取方式的功能水平,通过让学习者完成一项知觉任务,了解他们知觉的效率和感知觉水平;而知觉反应表明一个学习者对一种或者多种感知觉方式的反应倾向,是喜欢听觉的、视觉的还是动觉的。一般说来,有某方面的知觉偏爱,就可能在这方面表现出一定的优势。但这也并非绝对,一个人有某方面的知觉优势,并不一定表明他有这方面的知觉偏爱而作出相应的知觉反应;反之,一个人偏爱的知觉方式并不一定有最好的知觉效率,两者不一定总成正比关系。

(三) 声音偏爱

学习者个体在学习新东西与集中注意于难度较大的任务时,对声音刺激有着不同的反应,大致可分为三类:有的需要环境极为安静,有的则需要利用背景声音掩盖学习时其他声音的干扰,还有的则根本没有明显意识到背景声音的存在,即可容忍一定程度的噪音。

(四) 光线偏爱

研究表明,对光线明暗的偏爱个别差异显著,且光线能影响一个人生理的、情绪的和认知的功能。学习时有人喜欢明亮的环境,有人喜欢较暗的灯光。

所以根据学习者对光线明暗的偏爱,安排他们坐在不同的座位上,是一种基本手段,如安排偏爱强光的学生坐在教室最明亮的部位或者紧靠窗口的位置。

(五) 温度偏爱

学习环境中适宜的温度有利于学习效率的提高,而室温偏高或者偏低,则不利于学习,一般以室温29℃为标准,所以在安排座位时也要最大限度地考虑到学习者对温度的偏爱。

(六) 活动性和坐姿偏爱

在学习过程中,各学习者有不同的表现,有些人学习一段时间后喜欢做些短暂的休息或活动活动身体,而有些人则不需要休息或活动身体直至最后完成学习任务。一般来说,年龄较小的学习者和男性在学习过程中喜爱较多的活动。

学习者对学习时的姿势也有不同的偏爱,有些人喜欢正规的坐姿,而有些则偏爱非正规的、较随便的坐姿。

二、学习风格的心理要素

学习风格的心理要素,包括认知、情感和意动三个方面。

(一) 认知要素

认知要素具体表现在认知过程中归类的宽窄、信息的同时加工与继时加工、场独立性与场依存性、分析与综合、沉思与冲动等方面。

1. 归类的宽窄

所谓归类,即运用精确的或含糊的标准对信息进行分类,或者说是将感知到的信息归入长时记忆已有结构的过程或活动,归类的实质是形成精确、全面、有组织的信息类别。根据学习主体具体的归类方式,可以划分为窄归类与宽归类两种,前者倾向于运用精确的标准识别信息,并使新信息归入它应属的合适类别,而后者则是运用模糊的标准,将信息归入外延过宽的列表中。前者注重事物间的细节及相互之间的关系,故归类精确,日后提取方便;后者易注重事物的相同点和联系,而忽视事物间的差别和细节,由于归类含糊,日后提取有关知识时困难较大。

2. 同时加工和继时加工

同时加工指学习主体在同一时间内对多个信息作出加工,并将它们联合成整体,从而获取事物的意义,因此,同时加工的实质就是在同一时刻把握事物的整体和系统;而继时加工是指学习主体对外界信息逐一进行加工而获取其意义,擅长这种加工方式的学习主体倾向于以按部就班的、线性的方式来处理所获得的各种信息。

需要说明的是,每个人都具有对信息进行同时加工和继时加工的能力,但出于种种原因往往较多地依赖一种而忽视另一种。

3. 场独立性与场依存性

这是认知风格中研究得最早、最多的一个领域,也是认知风格的核心。美国心理学家威特金根据一个人从一个复杂图形中找出一个简单图形的能力,将其归属为场独立性和场依存性的不同类别。

场独立性学习主体往往倾向于以内在参照而不是以外在参照知觉事物,即能以自己独立的标准觉察、判断事物;而场依存学习主体则较多地依赖外在参照知觉事物,或者难以摆脱外在环境的影响,不能在复杂环境中区分事物的若干要素或组成部分。

4. 分析与综合

分析指学习主体在脑中把认识的概念、观念或问题分解为若干部分、特征或方面,思维的准确性和深刻性较高,但知觉性和模糊性较低;综合则是指学习主体面对一个事物,不把它分解为各个部分、特征或方面,而是把它作为一个整体笼统地加以把握,思维的准确性和深刻性较低,知觉性和模糊性较高。

5. 沉思与冲动

沉思与冲动反映个体信息加工、形成假设和解决问题的速度和准确性。沉思型学习主体运用比较充足的时间考虑、审视问题,权衡各种问题解决的办法,然后从中选择一个满足多种条件的最佳方案,因而只要他们作出反应,往往是正确的,但所花时间长;而冲动型学习主体则倾向于根据问题的部分信息或未对问题作透彻地分析就仓促作出决定,反映速度较快,但容易发生错误,准确性有待提高。

(二) 情感要素

情感要素具体表现在理性水平的高低、学习兴趣或好奇心的高低、成就动机水平的差异、内控与外控以及焦虑性质与水平的差异等方面。

(三) 意动要素

意动要素则表现为学习坚持性的高低、学习探索性的高低等。

三、学习风格的社会性要素

学习风格的社会性要素,包括个体在独立学习与结伴学习、竞争与合作等方面所表现出的特征。例如,有些人喜欢独立学习,与其他人一起时则难以集中注意力;有些人则相反,喜欢和他人一起学习。

第三节 学习风格的类型

根据不同的标准,可以对学习风格进行不同的分类。

一、根据感知方式分类

人们通过不同的感官进行学习,人人都有自己偏好的学习感官及学习方式。按照学习者对外部信息的感知方式可以把学习风格划分为视觉型、听觉型和动觉型三种类型。

(一) 视觉型

视觉型即喜欢用眼睛学习的人。视觉型的学习者善于通过"看"来接受信息,直观形象的视觉材料能在学习者脑海中形成清晰的视觉形象。他们通过看书本、黑板以及屏幕上的文字材料、图片、图表以及录像就能获得良好的学习效果,通过阅读能够更好地理解和记忆所学的信息。课堂上,如果老师只是单纯地口头讲授知识,对视觉型的学习者会很困难,他们更愿意"看到"所学的知识,因此老师的板书会对他们十分有帮助。这种类型的学习者愿意记笔记,喜欢独自学习,擅长快速浏览学习材料,接受视觉材料效果好,易看懂图表,书面测验得分高。

(二) 听觉型

听觉型即喜欢用耳朵学习的人。听觉型的学习者善于通过"听"来接受信息,听口头解释就能获得良好的学习效果。他们喜欢通过听录音带、听报告、听对话等方式获取信息。在学习新材料时,通过大声朗读或在阅读过程中进行默读可以更好地储存信息。课堂上,听觉型学习者能轻松地听懂老师的口头讲授,他们擅长语音辨析,口头表达能力强,但是书写对他们来说通常有一定困难。这种类型的学习者喜欢在有背景声音的环境中学习,喜欢小组活动。

(三)动觉型

动觉型即喜欢通过实践和直接经验来学习的人,他们喜欢通过参与活动,通过自己动手或亲身体验来获得知识,喜欢动手尝试,乐于在"做中学",善于执行计划并愿意参与新的富有挑战性的活动。动觉型的学习者在操作性技能的学习中表现突出,他们的特点是运动感强、平衡感好,通过亲身参与课堂活动、角色扮演、实习活动和做实验等能获得良好的学习效果。

对于语言学习者来说,应该充分利用自己的感官偏爱和风格优势,多感官多渠道地接受语言信息,这样才能有效地将语言知识消化吸收。大多数优秀的语言学习者既善于通过"看",又善于通过"听"来获得语言输入。所以,在语言学习中,要了解自己感知方式的特点和倾向,尽量发挥自己的优势,同时又要有意识地扩展接受信息的渠道,最大限度调动自己学习的潜能。

二、根据认知方式分类

认知方式是指人们组织、分析和回忆新的信息和经验的方式,在认知方式上,学习者表现出不同的倾向性,主要有以下几种方式。

(一)场依赖型与场独立型

场依赖与场独立指的是学习者对自身依赖的程度,代表了人们在处理信息方面的两种截然不同的倾向:场依赖者往往依靠外部提供的有关信息,倾向于从整体认知事物,他们易受外界因素的干扰,不善于独立分析问题;场独立者往往依靠自己内部具有的知识框架,倾向于自己独立分析问题,他们不易受外界因素干扰,能洞察出超越事物本身的事物间的相互关系,能够很容易地把重要细节从复杂的背景中区分出来,善于借助视觉和直觉线索。一般来说,场依赖型的学习者社交能力强,场独立型的学习者分析能力强。场依赖和场独立是一个连续体,在连续体的一端是场依赖,另一端是场独立;大多数的学习者介于两种类型之间。只要创造适当的条件,场独立和场依赖型的学习者都可以获得成功。

场依赖型的学习者对于周围的环境和人有着强烈的兴趣,他们善于利用周围的情境,与人在交流中学习;而场独立型的学习者虽对周围情境表现得疏远,甚至冷漠,但具有极强的分析能力和独立思考能力。

(二)思考型与冲动型

思考型的学习者一般能够约束自己的行为,能够抗拒外界诱惑,他们在碰到问题时倾向于深思熟虑,用充足的时间考虑、审视问题,权衡各种问题解决的方法,然后从中选择一个满足多种条件的最佳方案,因而错误较少。他们在学习过程中的思维方式以反省为特征,逻辑性强,有较强的批判性,乐意在合作的情境中学。而冲动型学习者则倾向于很快地检验假设,根据问题的部分信息或未对问题作透彻地分析就仓促地凭借自己的直觉推测答案,他们反应速度较快,但容易发生错误。冲动型的学习者在学习过程中的思维方式以冲动为特征,直觉性强,乐于在竞争的情境中学习。

（三）整体型与细节型

按照学习者接受信息的方式，有整体型与细节型之分。整体型的学习者学习时喜欢抓住重点或者大意，全面看待问题，思维的深刻性、准确性较低，直觉性、模糊性较高，即使遇到不认识的词汇或不懂的概念也能很好地与别人进行交流，他们能从几个角度对问题进行预测和观察，并与其他问题联系起来考虑。细节型的学习者则关注具体的规则和细节，善于记住具体的信息，而且擅长逻辑分析和对比，善于以精细的逻辑形式理解各种信息，经常把宽泛的概念分解成若干小的单位来学习，擅长发现事物之间的差异。在语言学习中，细节型的学习者关注语法规则，对新的词组和单词比较敏感。

（四）左脑主导型与右脑主导型

根据人们左右脑处理信息的倾向，学习风格可以分成左脑型与右脑型。有人把语言学习比喻成可变焦距的照相机，你能通过放大镜关注每个词的意思及语法规则是如何应用的等语言细节，你也可以通过广角镜头来识别别人讲话的大意。前一种学习者属于左脑型，他们喜欢使用放大镜来学习，喜欢关注细节，有很强的逻辑性和分析能力，擅长学习数学；后一种学习者属于右脑型，他们善于用广角镜头来学习，他们喜欢抓大意，相信直觉，有很强的灵活性，喜欢音乐和艺术。

左脑和右脑是一个统一的整体，无论学习什么，都会同时用到左脑和右脑。当我们在分析问题，发现规律，注意细节，利用直觉找出大意的时候，往往是左右脑并用才能找到解决问题的最佳答案。语言学习者要正确处理好学习中左右脑的关系，根据具体情况使用"放大镜"或者"广角镜"来解决问题，发挥两侧大脑的优势，这样才能成为有效的学习者。

三、根据个性特点分类

根据学习主体的个性特点，学习风格也可以分为外向型与内向型、封闭型与开放型、随机—直觉型与具体—程序型。

（一）外向型与内向型

外向型的学习者关注外部世界，他们开朗、热情，喜欢与人交流，兴趣广泛，给别人以较好的印象。内向型的学习者一般关注内部世界，能够集中注意力，喜欢独处，不愿意与人多接触，兴趣不多但对个人喜欢的却很精通，沉默寡言，不善于表达自己的思想。

（二）封闭型与开放型

按照接受信息的方式划分，学习风格有封闭型与开放型之分。

封闭型的学习者善于决策和行动，他们善于制订计划并按规定的期限完成任务，希望掌控并且尽快完成学习任务。开放型的学习者善于收集信息，不急于下结论，通常会在广泛地获取信息和经验的基础上才下结论。

（三）随机—直觉型与具体—程序型

根据加工信息的方式，学习风格又可以分为随机—直觉型和具体—程序型两种。随机—直觉型学习者是面向未来的，爱推测可能性，善于发现事物的主要规律，常以随机的方式处理事情，喜欢抽象的思考。具体—程序型学习者是面向现在的，他们只关心眼前的任务，喜欢按部就班的学习活动，善于使用各种记忆策略。学习上讲究先后步骤，会严格遵照指令办事,往往将教师的话当成真理,刨根问底。

四、学习风格的其他分类

还有些研究者提出了一些不同于上述的其他分类。

(一) 维特金的分类

维特金把学习风格分为环境独立型和环境敏感型两类。

环境独立型,是一种在观察几何图形时不会被周围复杂的东西分散注意力的类型;而环境敏感型由于不能在复杂环境中轻易排除静止视觉的干扰,所以在观察几何图形时显得有些困难。前者倾向于通过理性的思考和推理来独立地完成学习任务,而后者则倾向于通过团队或小组合作的方式来完成学习任务。

(二) 科尔布的分类

美国学者戴维·科尔布则把学习风格分为聚合型、分散型、同化型和调和型四类。

聚合型的学习主体依赖于抽象概念的形成和主动的实验来进行学习,他们往往喜欢寻找明确的答案或快速寻找问题的解决方法,善于阐明问题并作出决定;分散型的学习主体主要是根据具体的经历和观察结果等的思考而形成一系列观点,他们往往会乐于发表各自的见解;同化型的学习主体主要依赖于抽象概念的形成和思考性观察,他们往往喜欢吸收大量的信息,然后对这些信息进行重新整合,形成一个简明的符合逻辑的形式,他们擅长做计划、发展理论、构建模式;调和型的学习主体最善于利用具体的经历和主动的实验进行学习,他们经常运用尝试错误法或直觉法解决问题,也常常敢于冒险,对问题进行不懈地思考和尝试。一般说来,聚合型学习主体比较喜欢对付有明确答案的问题;分散型学习主体往往从小组讨论和共同合作中受益;同化型学习主体更喜欢进行课堂观察、观看角色表演或参加模拟活动,然后总结一系列概念;调和型学习主体则更加偏好动手活动,借助于具体的动手活动来进行学习。

第四节 学习风格的理论

对于学习风格,除了在定位上的不同外,还表现为对学习风格本身及其发展和类型有不同的认识和把握,形成各不相同的学习风格理论。

一、荣格等人的学习风格理论

瑞士心理学家荣格注意到了人在知觉方式上、制定决策以及相互交流时所持态度等方面的差异,提出了基于人格理论的学习风格理论。

美国的凯恩琳·布里格斯和她的女儿伊莎贝尔·布里格斯·迈尔斯则根据荣格的人格理论进一步创立了迈尔斯-布里格斯类型指标,并成立了心理类型学会。

迈尔斯-布里格斯类型指标是一种自我报告式的人格量表,旨在给出人们有关心理类型倾向的信息。在他们看来,人们的心理倾向可以概括性地归纳为四个维度,而且,每一维度都包括两种极端的、相互对立的情形,从而形成八种不同类型的学习风格:外倾型(E)或内倾型(I)、感觉型(S)或直觉型(N)、思考型(T)或情感型(F)、判断型(J)或感知型(P)[①]。

有研究概括出了四个维度所形成的八种类型的学习风格在学习中的典型特征,见下表[②]:

E(外倾型)	I(内倾型)
喜欢变化和活动	喜欢安静以集中注意
讨厌长时间进展缓慢的学习	不介意长时间从事一项学习活动
对自己的学习过程和他人如何学习感兴趣	对学习中有关现实的理论感兴趣
快速反应,有时甚至不加思考	三思而后行
通过讨论获得新思想、新观念	通过沉思获得新思想新观念
外表热情、善于与人交往	外表冷淡,不善交往
健谈	寡言
寻求小组交流的机会	寻求个别交流的机会
喜欢面对面的口头交往	喜欢书面交往
爱在作决定前滔滔不绝	作决定后再表达
S(感觉型)	N(直觉型)
爱用经验或常规方法解决问题	喜欢尝试用新方法解决问题
爱运用已获技能而不愿学习新技能	爱学习新技能
不相信、忽视灵感	追随灵感
学习中难得出错	学习中经常出错
学习爱从细节问题入手	学习爱从整体入手
喜欢持续稳定的学习,爱提供证据(事实、细节、实例)	喜欢变化——甚至是根本的变化
	爱列出总的主题
喜欢实际的应用	喜欢提出挑战
依赖直接经验进行学习	依赖直觉和想象进行学习
学习循序渐进,按部就班	学习喜欢跳跃式或迂回式
喜欢接受现实可行的建议	喜欢接受新奇的建议

---

① 这些含义分别是外倾型(extraversion)、内倾型(introversion)、感觉型(sensing)、直觉型(intuition)、思考型(thinking)、情感型(feeling)、判断型(judging)、感知型(perceiving)。
② 谭顶良著:《学习风格论》,江苏教育出版社,1995年版,第197~198页。

续 表

T(思考型)	F(情感型)
通过逻辑分析得出结论	通过价值判断得出结论
会无意伤人	善讨好别人
决定的作出往往对人的需要重视不够	决定的作出往往受自身或他人态度的影响
意志坚定,善于批评	富同情心,不愿告诉他人不快之事
爱分析各种选择的利与弊	想知道所作选择的价值及对人的影响
理智感强	人际关系、欣赏力强
易被冷静的、实事求是的推理所说服	易被热情的、富于个人意义的劝说所说服

J(判断型)	P(感知型)
喜欢结构严谨、计划周密的工作	喜欢灵活性强的工作
喜欢按时或提前完成任务	喜欢将任务拖到最后时刻以期待情况发生变化
觉察不到需要干哪些新事	对新异的东西敏感好奇
快速决策后结束工作	为广泛征求意见而延迟决策
把计划和要做的工作安排在有限的时间内完成	对有限的时期和紧张的安排觉得不快
不喜欢惊讶,需提前提示警告	喜欢惊讶,并能急中生智
强调学习任务本身	强调学习过程

通过上表可以看出,不同类型的学习风格,尤其是每一个维度相对立的两种极端的学习风格之间有着非常明显的不同。但就学习主体而言,只有极少数学习主体属于上述八种类型的学习风格,绝大多数学习主体所拥有的学习风格在很多情况下都是几类学习风格的混合体。

如果把上述倾向进行相互综合,会产生16种可能的方式组合,从而形成16种不同的学习风格类型:内倾感觉思考判断型(ISTJ)、内倾感觉思考感知型(ISTP)、外倾感觉思考感知型(ESTP)、外倾感觉思考判断型(ESTJ)、内倾感觉情感判断型(ISFJ)、内倾感觉情感感知型(ISFP)、外倾感觉情感感知型(ESFP)、外倾感觉情感判断型(ESFJ)、内倾直觉情感判断型(INFJ)、内倾直觉情感感知型(INFP)、外倾直觉情感感知型(ENFP)、外倾直觉情感判断型(ENFJ)、内倾直觉思考判断型(INTJ)、内倾直觉思考感知型(INTP)、外倾直觉思考感知型(ENTP)和外倾直觉思考判断型(ENTJ)。

需要说明的是,这16种学习风格的类型也只是相对而言的,因为有很多因素都会对人的行为、价值和态度产生影响,从而左右着其行为方式,使不同学习主体的学习风格呈现出千差万别的情形,但这16种类型基本上对人的行为及其方式进行了比较全面的描述和概括。所以,经过50多年的研究和发展,"迈尔斯—布里格斯类型指标"成了运用最为广泛的理解人格差异的工具[①]。

---

① http://www.aptcentral.org/aptmbtiw.htm.

二、麦卡锡的 4MAT 系统理论

4MAT 系统理论又称为自然学习风格理论,是美国教育家麦卡锡基于以下两个假设提出的。

一是假设人们感知和处理信息的方式不同,有些人倾向于直接经验,而另一些人则更倾向于抽象概念。也就是说,前者对信息的感知和理解是通过具体的经验——感觉、情感、记忆等来完成的,而后者则是通过抽象的概念化——思想、语言、层次结构等来实现的。人们感知与理解信息的不同方式可以用一条直线来表示,每一个人可能处于这条直线构成的连续体的某一点上。

二是假设人们在对新信息进行加工或运用新信息完成某事时,有些人倾向于观察思考——将信息组织起来、给它们排序或进行推理思考,而另一些人喜欢积极地实验——把新信息运用到真实世界中去进行检验和处理。同样,不同的人对信息加工应用的方式可能处于这一连续体的某一端点上。

麦卡锡基于上述假设和思考,并将信息加工理论、世界著名教育心理学家霍华德·加德纳的多元智能理论、戴维·科尔布的学习风格理论和脑科学的研究成果综合在一起,提出了 4MAT 学习风格理论,把学习风格分为想象型、分析型、常识型和动力型四种。每一种类型的学习风格无论是在学习上的表现,还是对关键问题的分析都有着明显的不同。(如下图所示)

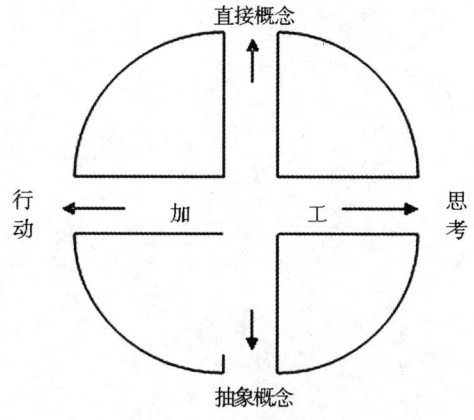

4MAT 系统的假设分析

想象型学习风格的行为表现是:感受并观察,寻求与学习者个人有关的联系、意义和参与;找出各部分之间的联系。其所关注的关键问题是:为什么?

分析型学习风格的行为表现是:倾听信息并对获得的信息进行思考,寻求事实,思考各种想法以得出结论,学习专家是如何思考的,明确表达思想。

常识型学习风格的行为表现是:思考和行动,实验、建立、创造、可塑性,修补,实施想法。其所关注的关键问题是:怎样做?

动力型学习风格的行为表现是:行动和感受,寻找隐藏的可能性,探索,通过反复试验来学习,自我发现,做出独特新颖的调整。其所关注的关键问题是:假如?

当然,这些关于学习风格的理论一方面各不相同,都是基于研究者各自的立场和见解而提出的;另一方面,这些理论之间也还具有高度的相关性或相似性。

以麦卡锡所作的四种类型与其他研究的相关性就可以看出这些理论之间的相通之处

第一种类型:想象型学习者(麦卡锡)、抽象—随机型学习者(格雷戈里)或感觉型学习者(荣格)。这一类型的学习者联系自己的经验、找出信息和经验的意义、对材料作出情绪反应。

第二种类型:分析型学习者(麦卡锡)、抽象—序列型学习者(格雷戈里)或思考型学习者(荣格)。这一类型的学习者喜欢顺序清晰的、通常通过语言传授知识的传统教学方法。

第三象限中的第三类学习者是常识型学习者(麦卡锡)、具体—序列型学习者(格雷戈里)或知觉型学习者(荣格)。他们喜欢动手、喜欢具体的实践和对信息与观念的运用。

第四象限的第四类学习者是动力型学习者(麦卡锡)、具体—随机型学习者(格雷戈里)或称为直觉型学习者(荣格)。他们喜欢独立探索外部世界,喜欢超越已知信息去开创新的观念,创造性地运用信息。

第四章 学习资源

除了学习主体、学习内容会影响到学习活动外,学习资源同样会影响到学习活动,而且,学习资源对学习活动的影响还非常大,甚至起到决定性的作用。

第一节 学习资源概述

一、学习资源的内涵

(一)学习资源的概念

从本义上来看,资源与财、物等有关。《辞海》中,资源首先就被解释为"资财的来源。一般指天然的财源"[①];而在《现代汉语词典》中,资源也被解释为"生产资料或生活资料的天然来源"[②]。后来,随着人们认识的深入,资源的内涵也在逐渐扩大,从一般的财与物扩展到凡是与活动相关(或者说是对活动起到影响作用)的各个方面的条件,认为资源是"一国或一定地区内拥有的物力、财力、人力等物质要素的总称,分为自然资源和社会资源两大类。前者如阳光、空气、水、土地、森林、草原、动物、矿藏等,后者包括人力资源、信息资源以及劳动创造的物质财富"[③]。

无论是早期的从财物视角所作的解读,还是现在从要素视角所进行的概括,都表明资源具有价值特性,这也即资源的有用性或有效性。没有价值或者用处,难以称为资源。同时,也正是由于发现了一些物质或因素新的用处或价值,才会不断地扩充资源的范畴。

根据上述关于资源的界定,可以把学习资源理解为在特定的时空里所有能够促进学习主体学习的各种要素的总称。

---

① 辞海编辑委员会编:《辞海》(1999年版缩印本),上海辞书出版社,2000年版,第4082页。
② 中国社会科学院语言研究所词典编辑室编:《现代汉语词典》,商务印书馆,2005年版,第1801页。
③ 辞海编辑委员会编:《辞海》(1999年版缩印本),上海辞书出版社,2000年版,第4082页。

(二) 学习资源的特点

1. 学习资源的奠基性

学习活动离不开各种要素的支撑,如果缺乏了这些相关要素,学习活动不但难以正常进行,甚至还有可能根本不会发生。同时,这些相关要素还包括有量上的要求,需要达到一定的程度才行,否则也会影响到学习活动的正常进行,降低学习效益。

2. 学习资源的多样性

学习资源包括很多方面,如时间、空间、人力、信息等,学习活动正是在这些资源的协同下进行的,它们各自在学习活动中起着不同的作用。因此,如果离开了某些方面的资源,学习活动也同样会受到影响。

3. 学习资源的差异性

从总体上来说,不同学习主体的学习活动中所需要的资源在类型上并没有太大的差别,无外乎时间、空间、环境等方面,但从学习资源的分配和提供来看,由于各个方面原因的制约,实际提供给学习主体或者说学习主体所实际运用的学习资源却存在着明显的差异。这些差异主要有以下三个方面的表现:

一是学习资源价值上的不同。尽管不同的学习资源共同推动学习活动的进行,但事实上,它们各自在学习活动中发挥着不同的作用。

二是学习资源类型上的不同。在不同的学习活动里,所得到和需要的学习资源并不相同,在学习活动中还呈现为学习资源类型上的差异,如在线学习、远程学习等就需要电脑及网络等资源。

三是学习资源组成上的不同。在不同的学习活动中,可能都需要同样类型的学习资源,但这些类型的学习资源所占的比例并不完全相同。在有些学习活动中,某些学习资源的比例大一些,提供得充分一些;而在另外的学习活动中,另一些学习资源的比例大一些,提供得充分一些。总之,从学习资源的实际呈现或提供的情况来看,在不同的学习活动中存在巨大的差异。

4. 学习资源的开发性

在学习资源中,有些无须开发,可以直接拿来使用,如时间资源;也有些学习资源需要进行相应的开发和加工,通过对这些学习资源的开发和加工,可以更加有效地提高学习活动的效率和效益。而且,即使是一些无须开发、可以直接拿来使用的学习资源,如果经过开发和加工后,也会带来更高的价值。

5. 学习资源的实效性

对于学习资源,一方面要考虑提供的程度和状况,尽可能地满足学习活动对各种学习资源的需求;另一方面还要考虑学习资源的实际使用状况,同一般资源一样,学习资源也具有稀缺性,需要考虑提高学习资源的使用效益,让同样的学习资源发挥出更大的价值。

6. 学习资源的发展性

人们对包括学习资源在内的整体资源都有一个认识的过程,不断扩充学习资源的范畴。具体说来,学习资源的发展性有三种情形:一是学习资源数量上的增加,二是学习资源的认识和使用上的优化,三是学习资源种类上的增加。

二、学习资源的类型

（一）物质资源、人力资源和时空资源

根据资源自身的属性可以把学习资源分为物质资源、人力资源和时空资源。

1. 物质资源

物质方面的学习资源主要包括在学习中使用的各种物质材料和物质设施，因此，占据一定的物理空间，并以有形的形态呈现是这类资源的突出特点。物质资源主要包括文本资源、器材设备、学习设施等，对于这类学习资源，将在下面进行专门分析。

2. 人力资源

人力方面的学习资源主要是指能够支持学习活动顺利开展的有关人员，这些人员包括很多方面，但主要是教师和学生。对于这两类人员在学习和教学以及教育活动中的重要性，已经有过很多的讨论，这里仅从学习资源的角度作一简要补充。

教师不仅决定教学资源的鉴别、开发、积累和利用，而且教师自身就是使学习活动得以开展和进行的基本的学习资源，因为他们的观念、知识、技能、经验、感情、个性、性别等都有可能成为支持教学和引领学习的重要条件。

学生作为学习主体，他们自身也是极为重要的资源。他们既是学习主体，同时也对学习活动起着重要的决定作用，比如他们的学习态度、已有经验、学习习惯和学习偏好等都对学习有着重要的影响，甚至是影响学习活动的根本性的、能动性的因素。很多学生在学习上的差异，实际上也正是他们在自身作为学习资源上的差异的反映。

当然，学生作为学习资源不仅限于其对自己的学习的影响（自己是自己的学习资源），而且，他们还会对他人的学习产生影响，对他人的学习活动起着引领、支持和帮助的作用。因此，学生也是他人的学习资源，为他人的学习提供榜样、参照，有助于他人的学习活动。

3. 时空资源

任何学习活动都需要一定的时间和空间，没有离开时间和空间的学习活动。因此，时空教学资源是指在一定条件下可以提供给学习主体所能使用的时间和空间，这是学习活动得以进行的根本性条件之一。对于这一类资源，下面将分别从时间资源和空间资源两个方面进行分析。

（二）本体资源与条件资源

根据资源在学习活动中所起的作用可以把学习资源分为本体资源和条件资源。

1. 本体资源

本体资源，即学习活动中最为根本性的学习资源，这类资源是学习活动赖以进行并展开的根本。如果缺少了这些资源，学习活动难以发生；即使发生了，也难以持续和深入。

在学习活动中，如果没有学习内容，学习活动就失去了航向和走向；没有学习主体，学习活动根本不会发生；同时，如果没有学习时间、学习空间，学习活动将无从开展，亦无依托。因此，学习的本体资源主要涉及学习内容、学习主体、学习时间、学习空间等方面。

2. 条件资源

相对于本体资源的必备性而言，条件资源则是指作为学习活动中的学习资源，虽然对学习活动有着重要影响,但它们对学习活动的影响并不一定表现为必然的正相关。这也即:这类学习资源对学习活动的影响并不一定呈现为必然性的,特别是在有些时候,通过增加或减少等手段来改变它们,对学习活动的影响关系不大。更有甚者,通过增加或减少使之以更加不利的形势出现,不但不会产生不利影响,反而会起到促进作用。当然,也有些刚好相反,有利形势却带来负面影响。前者如"逆境成才",后者如"乐极生悲"等。

(三) 有形资源与无形资源

根据学习资源的表现形态,可以把学习资源划分为有形资源和无形资源。

1. 有形资源

有形资源,即占有一定的物理空间、具有一定实物或实体形态的、能够直观地观察到的学习资源,各种物质资源都属于有形资源。此外,人力资源中一些带有物化的、占据一定空间的部分,如教师的举止、学生的榜样等也都属于有形资源。

2. 无形资源

与有形资源相对,无形资源即不占据一定的物理空间、不具有实物或实体形态的、无法通过直观的方式观察到的学习资源。一般说来,这类资源往往无法直观地观察到,而只能通过间接的方式感受到。这类学习资源在学习活动中也很普遍,比如信息资源、时间资源、环境资源(甚至包括空间资源的部分)等。

有形资源固然重要,无形资源也不可轻视。无形资源的作用方式具有间接性和隐蔽性的特点,虽不能构成学习活动的直接内容,但对学习活动的质量产生着持久且潜移默化的影响。所以,隐性资源的开发与利用更需要付出艰辛的努力[①],在很多时候,同样的有形资源,但由于无形资源的不同而带来巨大的差别就进一步证明了这一点。

第二节　学习的物质资源

如前所述,学习的物质资源主要是指学习中所使用的各种物质材料和物质设施,这些物质材料和设施主要包括文本、实物、图表与模型、现代媒体及学习设施等方面。

一、文本

在学习活动中,文本有广义和狭义两种理解。广义的文本包括语言文本和人际文本等,前者以语言文字为载体,通过书面语言符号来进行信息传递;后者以人际交往为载体,通过表情动作符号来进行信息传递。虽然这两类文本在学习活动中都很重要,但相较起来,前者更为根本一些,故这里主要论述以语言文字为载体的狭义文本。

狭义的文本包括教科书、学习参考书等。教科书一般包括目录、课文、练习、实验、图

---

① [美]科恩、罗登布什、保尔著,彭胜来译:《资源、教学与研究》,《华东师范大学学报》(教育科学版),2001年第4期。

表、注释、附录、索引和说明等内容,它是根据课程标准系统表达教学内容的教学用书,既是教学的工具,更是学习的对象;学习参考书及其他图书资料,不仅具有一般教育价值,而且有扩大师生视野、提供更深刻的内容、满足不同的兴趣爱好等特殊的教育价值。文本,特别是狭义的文本,不但是传统的学习活动中最主要的学习资源,而且也是现代学习活动中的不可缺少的支持条件。

文本具有逻辑性强、科学性高、结构明确、便于保存与提取、可以反复使用、使用方便且耗费少等优点。当然,由于篇幅、信息存储、更新速度及展现能力等方面的限制,文本的"形象性"与"动态性"往往不大充分,这也正是另一物质资源,即现代媒体近年来颇受关注的原因之一。

二、实物、图表与模型

实物、图表与模型是除了文本外的另一类重要的物质方面的学习资源。

实物是真实的物体的简称,根据学习活动的需要和条件的许可,学习活动中的实物各不相同。

图表是图画、挂图和表格的统称。在学习活动中,图画、挂图能对人物、环境和事物等予以生动、形象的表达,有助于说明学习主体对文本的理解和把握;而图表则通过一些表格把某些学习内容变繁为简、化抽象为具体,使学习主体能够一目了然。

模型即以实物为原型、经过模拟性加工而成的学习用具。模型作为对实物的加工和概括,一方面,保留了实物的主要特征;另一方面,也使其便于存贮和循环使用,较少受外界条件的制约。模型不仅能够帮助学习主体认识事物的立体外形,而且能够使他们获得与实际比较一致的知识,有时甚至可以取得比使用原型(真实事物)更佳的教学效果。对此,有研究指出,由于有些模型中的各个成分在原型中很难直接观察到,通过模型能使许多不能直接观察到的现象具体化①。

虽然在学习活动中,实物、表格和模型不像文本那样普及,但亦颇为多见。一般来说,实物与模型在学习活动中的作用主要表现为通过与文本的相互配合来帮助学习主体增强对文本的理解。

三、现代媒体

现代媒体又叫电子技术媒体,是指利用现代技术储存和传递信息的工具,包括电化媒体、电子媒体和以计算机、通讯技术、网络技术为基础的多媒体等,这是随着科学技术发展而来的新型的物质方面的学习资源。19世纪90年代幻灯开始用于教学;20世纪初发明的无声电影和留声机唱片以及20世纪20年代发明的无线电收音机也先后用到教学之中;20世纪30年代生产的有声电影,50年代的电视、磁带录音机、语言专用教室、程序教学和教学机器,60年代的闭路电视和70年代的电子计算机系统、卫星传播教学系统和网

---

① 吴庆麟等编著:《认知教学心理学》,上海科学技术出版社,2000年版,第371页。

络系统等都在教学中得到了应用;特别是20世纪90年代开始盛行的计算机多媒体技术,包括多媒体、互联网络、信息高速公路等在教学中得到了较好的应用。

具体说来,现代媒体主要有如下七类:

1. 幻灯和投影

幻灯是一种非常普及的现代化静止视觉媒体。

2. 收录机和CD机

这是作用于人的听觉通道的教学媒体。

3. 电影和电视

这些都是既作用于人的视觉通道,又作用于人的听觉通道的教学媒体。

4. 摄录像机

摄录像机有存贮和再现功能,可以记录和存贮信息,以供需要时再现。

5. 视频展示台

又称实物展示台,把它连接在投影机和电视机上时,就可以将资料、讲义、实物及幻灯片等清晰地展示出来,是多媒体教室不可或缺的教学设备之一,在教学过程中具有真实性、直观性和高效性。

6. 计算机多媒体系统

利用计算机的视、听、说并通过人与机双向交流为教学提供逼真的表现效果,使学生通过各种灵活方便的交互界面(如文字、图形、影像、动画、声音等)来操纵控制学习,提高教学效果。

7. 网络环境

计算机之间连接起来的局域网以及与国际互联网(因特网)、中国教育与科研网等的连接,构成了一个完善的网络环境,创造了所谓的信息高速公路。网络环境具有信息传输和资源共享功能。计算机网络能为人们提供下列服务:软件资源服务、图书资料服务、文件服务、视听教材服务、电子邮件(信箱服务)、移动通信和广播服务。网上的教育信息资源可以划分成八大类:电子书籍(EBs)、电子期刊(Eps)、数据库、虚拟图书馆、电子百科、教育网站、虚拟软件库和电子论坛[①]。现在,不少有条件的学校建成了校园网络,并进入国际互联网,相当多的学生家中有上网的条件,这些服务项目大都是学校可以利用的教学资源[②],对于学习主体而言,实际上也就是可以让他们利用或使用的学习资源。

现代媒体的优点主要有以下四个方面:

第一,生动形象,可以化难为易。借助于现代技术,带来更为逼真的视觉图像,使部分学习内容更加生动形象地展现,有助于对学习内容的理解。

[①] 祝智庭主编:《现代教育技术:走向信息化教育》,教育科学出版社,2000年版,第106页。

[②] 网络能使一些资源在最快的周期内得到利用,避免通常在出版、印刷和发行方面的时间耽搁。通过多种形式,网络交互式的功能能够增强学生与学生之间、学生与教师之间的互动。互联网能够提供更多的关于学生学习进展的信息,并即时反馈给师生,所以网上的资源能够被广泛接受。(Stephen Hartley et al. *Enhancing teaching using the Internet*:*Report of the Working Group on the World Wide Web as an Interactive Teaching Resource*, Proceedings of the 1st conference on integrating technology into computer science education in June 1996)

第二,节约时间,扩大信息容量。借助于网络的快速检索和迅速反馈,往往能在很短的时间内获得大量的相关信息,可以节约大量的时间,扩大信息容量。

第三,超越时空,便于学生转化。网络使得地球正在成为地球村的同时,也使得学习活动同样能够超越时空的限制,可以实现时间与空间的穿越,能够使学习主体对学习内容的理解更加容易,便于实现信息的转化。

第四,灵活方便,利于因材施教。现代媒体,特别是借助于网络环境的媒体,只要接通网络就可以随时随地开展学习,学习活动的发生和进行非常灵活方便。而且,有些学习形式,如远程学习、在线学习等更可以使学生根据自己的实际情况选择相应的学习内容,恰当地安排学习进程。

四、学习设施

学习的物质资源,除了上述的三个方面外,还包括一些其他辅助设施,如学习的物理环境、实验室、植物园、图书馆、科技馆及体育场等大型的实物资源。这些实物资源同样也对学习活动产生着重要影响,发挥着学习资源的作用。

而且,除了上述辅助设施外,校外教育基地、公共场所和公共设施也可以被学习主体利用来支持他们的学习活动。因此,这些方面也在一定条件下可以纳入到学习资源的范畴。

第三节 学习的时间资源

一、学习时间的含义

(一)时间简述

很多优秀人士对时间给予了高度的重视,要求要重视时间的价值,充分利用时间。比如,马克思认为"一切的节约都是时间的节约";有的学者在提出的现代人至少应该具备的12项"特质"中,有两项与时间直接相关:"乐于面向现在和未来,不守旧和复古,时间观念强,守时惜时","讲求效率,以有力地应付来自个人生活、社会生活乃至国际生活的节奏加快"[1]。

从本源上来说,时间是"物质运动的延续性、间隔性和顺序性。表明一事物和另一事物、一运动过程和另一运动过程先后顺序,过程之间的间隔长短、事物存在和过程的延续久暂"[2]。因此,时间也就是"事件先后顺序的量度"。

---

[1] 转引自孙孔懿著:《教育时间学》,江苏教育出版社,1993年版,第295页。
[2] 金炳华等编:《哲学大辞典》(修订本),上海辞书出版社,2001年版,第760页。

当然,需要说明的是,时间虽然是在物理量上的测度,但同时也是心理上的体验,最为明显的莫过于对于同样的物理时间,不同人的体验差异可能会很大。

(二) 学习时间的内涵

普遍存在的时间,除了可以在物理和心理意义上划分为物理时间和心理时间之外,还可以根据其所运用和发生的领域来划分,比如教育时间、运动时间、休闲时间等,学习时间也是其中之一。

根据上述理解,这里把学习时间理解为学习主体用于学习活动的时间。当然,这里所说的学习时间主要是指学习主体所占用的物理时间,或者说是他们给予学习活动所分配的时间。

因此,学习时间作为学习活动中所必不可少的因素,自然也成为学习的资源之一。而且,实践证明学习时间不但是学习活动中必不可少的因素,也是非常能动性的因素。学习时间利用的质量情况决定着学习活动效率的高低,影响着学习活动的成败。

二、学习时间的类别

根据不同的标准,可对教学时间进行不同的划分:如根据学习时间的长度可以分为宏观学习时间、中观学习时间和微观学习时间,根据学习时间的安排可以分为制度化学习时间和自主性学习时间,根据学习时间的效率可以分为高效学习时间、低效学习时间和无效学习时间,根据学习时间的使用把学习时间分为名义学习时间、分配学习时间、实用学习时间、专注学习时间和学术学习时间。

(一) 名义学习时间

名义学习时间是学习主体名义上所获得的学习时间总量,如学年天数、学日时数等。名义学习时间既包括学习活动的时间也包括非学习活动的时间,因此,它的实际利用程度难以确定,对学习主体的学业成绩的实际意义也是不确定的。

(二) 分配学习时间

分配学习时间是指名义学习时间中专门分配用于特定学习活动的时间。分配学习时间实际上就是把名义学习时间中的非学习活动的时间去掉后,用于学习活动的时间。当然,分配学习时间还包括从名义学习时间中抽取一部分专门用于某一方面的学习活动的时间。与名义学习时间相比,分配学习时间与学生学科成绩的关系比较密切,是他们能够用于学习活动的时间。然而,由于心态调整,甚至自觉性不够强以及无意识的浪费等原因,分配学习时间实际上并不能完全用于拟订的学习活动之中。因此,这些分配的学习时间中,一部分学习时间实际上并没有真正用于学习活动之中,而是形成了"流失时间"。

(三) 实用学习时间

实用学习时间是指在分配时间中扣除了"流失时间"后剩下的供学习主体真正从事相关学习活动的时间。实用学习时间虽然扣除了"流失时间",似乎是完全可以用于学习活动之中,但事实上,这仍然是一种理想意义上的学习时间类别。因为,在学习活动中,一方面学习主体不可能一直专心于学习活动上,另一方面他们也还要为学习活动进行必要的准备或转换。这些有意或无意地把一些学习时间浪费掉的现象使得一部分时间虽然在表面上看来似乎是实际使用着的、与学习活动密切相关的,但事实上并没有真正用于学习活动之中。

当然,对不同学习主体来说,每个个体实用的学习时间也同样存在着个体上的差异,有的多一些,有的少一些。

(四) 专注学习时间

专注学习时间是指在实用学习时间中扣除一些有意或无意的浪费后,真正用于学习活动的时间。严格地说,只有这一类型的学习时间才具有促进个体发展的现实意义。但是,不同学习主体的专注学习时间不仅有量的多少,更有利用率的高低,也就是说,专注学习时间或个体实用学习时间并非总是产生预期效果的。实际上,学生有时即使专注于某一活动,也只是表面地理解了所学的内容,这种学习的质量是可想而知的。

(五) 学术学习时间

学术学习时间是指学生在其个体专注学习时间中完成与其自身"最近发展区"相一致的任务并取得了较高成功率的学习时间。换言之,学术学习时间就是给学生带来学术进步的学习时间。研究证实,学术学习时间的多少直接影响着学生的学业成绩。上述价值递增的时间环链启示我们:不能总是期望大量地增加学习时间,而应通过在已有的学习时间的内部"挖潜",将学生的课堂学习时间最大化。

需要说明的是,这五种不同类型的学习时间具有一定的包容和从属关系。因此,它们各自所指涉的范畴和容量上也有明显的不同。关于它们各自的指涉范畴在上面已经分析过了,这里只再对其容量上的不同进行简要交待。从总量上来看,这五种类型的学习时间呈现出逐渐递减的趋势,即名义学习时间最多,分配学习时间、实用学习时间、专注学习时间和学术学习时间依次递减,所以,学术学习时间最少。由此也可以看出,学习时间中越能用于学习主体发展,促进学习主体提高的那部分学习时间也就越少。所以,专注学习时间和学术学习时间就成为提高学习时间的效率、提高学习效益的关键所在。

三、学习时间的利用

(一) 学习时间利用的要求

1. 坚持"抓大放小"

这里的"大"通常指学习中的重点、难点,"小"则指学习中的一些次要的、个别的问题。"抓大放小"也就是要求在学习过程中要抓住重点、难点以及一些带有全局性的方面,而不要在一些个别性学习内容或者细枝末节的问题上下过多工夫。

这表面看来似乎是对学习内容的驾驭和把握,实则反映了学习时间资源的有效利用。因为在等量的学习时间中,能否做到"抓大放小"极有可能形成截然不同的学习效果,也即产生不同的教学时间价值。可以说,比起不分轻重缓急面面俱到的学习来说,那种抓住关键、突破难点的学习,无形中提升了学习时间的使用价值,这种价值本质上也就是学习效果的体现。

因此,"抓大放小"的实质表现为密切相关的两个方面:一是不要简单地平均分配学习时间,二是抓住重点的学习内容并给予足够的时间。

2. 把握最佳学习时间

把握最佳学习时间即把最有利于学习的时间用于学习活动上,换句话说,就是要把效率最高、状态最好的时间用于学习。

在一天的不同时期,大脑活动的效率是不同的,学习时间的最佳选择应该是一天中大脑最清醒的时候。

生理学家研究认为,人在一天中有 4 个学习的高效期,如果使用得当,可以轻松自如地掌握、消化、巩固知识。第一个高效期是清晨起床后,大脑经过一夜的休息,消除了前一天的疲劳,脑神经处于活动状态,没有新的记忆干扰;第二个高效期是上午的 8～10 点,这一时期,体内肾上腺素等激素分泌旺盛,精力充沛,大脑具有严谨而周密的思考能力、认知能力和处理问题的能力;第三个高效期是夜里 6～8 点,大脑在长期进化过程中形成节奏性,使人在睡眠以前有一个超常的兴奋过程,成为人脑记忆的又一个高峰期,在这段时间的记忆效果要超过 6～7 小时;第四个高效期是入睡前一小时,此时大脑对接收到的信息印象深刻,适合复习一些难以记忆的东西。

除以上一般性的学习时间规律外,不同的人一般都有自己独特的生理时钟。为了提高学习效率,我们要善于发现并充分利用自己独特的最佳时间段,同时,要养成在固定的时间进行学习的习惯。

(二) 巧妙分配学习时间

对于学习时间的利用,除了应遵守上述要求外,还应根据具体情况,对学习时间进行科学合理的分配,从而合理利用学习时间,提高学习效益。

1. 根据整体情况分配

学习时间的分配首先需要从整体上进行考虑,这里所说的整体包括两个方面:一方面是整体时间,即所有的用于学习活动的时间,比如时间的长度、时间的安排等;另一方面是整体任务,即所拟学习的范围、学习的程度、学习的难度等。对整个学习时间和学习任务的明确,有助于对学习活动的统筹安排,也是提高学习效率以及顺利进行一系列后续时间设计的基本前提。

2. 根据活动过程分配

从流程上来看,学习时间大体上有准备时间、开始时间、进行时间和结束时间等不同的时间段。由于每一个时间段里要解决或完成的任务不同,所需要的时间也各不相同,所以在进行学习时间的分配时,还要把这些时间段和相应的任务匹配起来。

另外,这里所说的根据活动过程分配,只是从大的方面来对教学时间进行的分配。实际上,在每一个阶段内部还可以对教学时间进行再次细分。

3. 根据活动任务分配

在一般情况下,难度比较高的学习活动需要的时间相应多一些,因为学习任务难度越大,意味着越需要更多时间与精力去探讨与解释;相反,难度比较低的活动学习任务需要的时间要少一些。

另外,要把一些难度比较高的学习任务安排在自己注意力相对集中、学习效率比较高的时间区间。有研究表明,每天学习效率比较高的时间区间是上午 9～11 点,较差的时间是下午 3 点左右;每周学习效率比较高的时间是周一和周二,从周三开始下降。

再者从课堂的角度来看,每堂课的学习时间也同样存在着效率高低不同的若干时间区间。通常情况下,课的前大半段时间的学习效率比较高,而临近结束的后小半段时间的学习效率比较低。也有研究表明,7岁的小学生在一节课(45分钟)的末尾10分钟已有明显的疲劳现象:选配字母组成单词和解答算术题的速度比上课初期慢一半多,而发生错误者则比上课初期多数倍;大多数学生(平均58%)不但自己不能注意听课,而且常常妨碍别人[①]。

4. 根据活动性质分配

从活动性质来看,学习活动主要有以动为主、以静为主和动静平衡三大类型,这三类学习活动的活动性质不同,对教学时间的要求也不相同。一般说来,动静平衡型的教学活动是适应大多数学习活动的形态。循此而为,教学时间通常按照动静交替原则分配,既不宜久动不静,也不宜久静不动,而是不断地由动趋静、由静趋动。

另外,在动静交替的过程中,由以动为主转向动静平衡再转向以静为主,或者反过来,从以静为主转向动静平衡再转向以动为主。

5. 根据活动主体分配

不同学习主体存在着明显的差异,在对学习时间的分配上也应考虑学生的个体差异,根据各自的实际情况进行分配。

6. 留出必要的空闲时间

对学习时间的分配切忌全部瓜分,安排得满满当当。这样的安排,看似很充分,没有浪费学习时间,但事实上则不然。在很多时候,学习活动作为一项高强度的脑力劳动,每过一段时间就需要进行必要的休息,连续长时间的学习,容易导致身心疲惫,学习效率并不高。

另外,作为学习主体来说,除了学习之外还有其他一些需要,比如娱乐、闲暇等。而且,随着人们对于闲暇认识的深入,越来越发现闲暇的价值很大。古希腊哲人认为"闲暇出智慧",苏联著名教育家苏霍姆林斯基也认为"自由时间是丰富学生智力产生的首要条件"[②]。

再者,之所以要留出必要的空闲时间,也是出于灵活安排的需要。在学习时间的分配上,经常会出现冲突的现象,即:在同一个时间段里,虽然原来已经分配给了某些方面的学习,但由于种种原因,现在这一时间段需要完成另一个更为重要的事情或活动,从而导致原来安排的学习活动无法进行。如果没有一定的空闲时间、机动时间,被挤掉的那部分学习活动恐怕就难以重新安排。

---

① 瞿葆奎主编,朱家雄、陈玉林选编:《教育学文集·体育》,人民教育出版社,1988年版,第482页。

② [苏]苏霍姆林斯基著,杜殿坤编译:《给教师的建议》,教育科学出版社,1984年版,第71页。

第四节　学习的空间资源

空间是与时间相伴而生的一对关系密切的概念,两者间的密切关系同样表现在学习活动中。在学习活动中,除了有学习的时间资源外,还有学习的空间资源。与学习的时间资源一样,空间资源也对学习活动有着重要的影响。

一、学习空间的含义

(一) 空间概述

空间作为运动着的物质存在的基本形式,是"一切物质系统中各个要素的共存和相互作用的标志"[1]。现代科学不断证明,没有在空间之外存在的物质和物质运动,法国哲学家、数学家勒内·笛卡尔认为"空间的主要特性是广延性"[2],广延性也就成了空间本质的重要表现。

随着人们认识的深入和空间自身内涵的深化,空间的范畴也在不断地扩大,已经从物理层面延伸到精神层面上。

(二) 学习空间的内涵

根据空间的本质,结合学习活动的特点,这里把学习空间理解为为满足学习活动的进行而占用的广延性以及依附于广延性的精神性。因此,学习空间一方面表现为一些学习材料所占用的具有广延性的空间,如桌子、椅子、书架等;另一方面还表现为依附于广延性的、学习活动自身所需要的空间,如用于学习的环境、学习的气氛等。前者主要表现为物理层面上的空间,后者则主要表现为精神层面上的空间。

学习活动既表现为对物理空间的依赖,需要具体基本的供学习进行的物理空间,也表现为对精神空间的推崇,通过精神空间可以带来更有效的学习活动。而且,相对于物理空间而言,精神空间具有更大的能动性。同样的物理空间,如果精神空间不同,将会产生不同的学习效果,这已经为包括学习活动在内的教育实践所证实。也正因如此,现代教育(包括学习在内)特别重视对精神空间的培养和利用。

二、学习空间的类别

尽管根据不同的标准,可以对学习空间进行不同的划分,但相对而言,上述物理空间与精神空间的划分方式一直是空间类别划分的最主要方式,故这里以此来对学习的空间作进一步分析。

---

[1] 金炳华等编:《哲学大辞典》(修订本),上海辞书出版社,2001年版,第760页。
[2] 金炳华等编:《哲学大辞典》(修订本),上海辞书出版社,2001年版,第1328页。

（一）学习的物理空间

学习的物理空间主要表现为学习活动所依存的能为学习主体所能直接感知到的场所及与之相关的属性。因此,学习的物理空间还可以进一步细分为本体物理空间和演化物理空间。

1. 本体物理空间

本体物理空间即学习活动所占用场所的物理属性。这些属性主要有：

第一,空间的大小。学习需要一定的空间,但这一空间既不要过大,也不要过小,适中即可。当然,这里所说的"适中"要根据学习内容本身的性质、学习主体的数量、学习资源的实际等方面来进行不同的把握。在有些学习中,所需要的空间要大一些,而另一些则不然。

第二,空间的方位。有些学习活动对学习空间的方位也有一定的要求,一些特殊的学习方式对学习场所的位置和方向都有一定的要求。为了更好地搞好学习活动,有研究指出,场所与朝向都要满足"有良好的位置和方向"[①]。

第三,空间的结构。学习活动空间的整体布局会影响到学习行为的便捷性,从而也会在一定程度上影响学习活动的效率。如果学习活动空间的布局合理,往往会带来学习行为的便捷,有益于学习;如果布局不够合理,则会影响到学习行为的正常进行,从而影响学习活动的进行。

2. 演化物理空间

相对于本体物理空间而言,演化的物理空间则主要表现为学习空间的物理场所的优化与美化。实践经验证明,优雅、温馨的环境会有利于学习活动,使学习活动的效率倍增。也正因如此,人们从很多方面对学习活动的本体性的物理空间,即学习的场所进行美化和优化。

第一,适当的光线。适当的光线强度是影响学习活动效率的重要因素之一。一般说来,环境光线过强会给脑细胞以烈性刺激,使人感到烦躁甚至头晕,影响思维判断力;光线过弱则不能引起大脑足够的兴奋强度。沃尔特的研究发现教室内过强或闪烁频度过度的光线会给学生的脑发育带来极大危害,它往往造成学生头痛恶心,产生幻觉,严重的甚至能使3%~4%的正常儿童呈现癫痫症状。为保证有合适的光线,除了采光方向要正确外,还应注意窗口与地面的距离,在单侧采光时不应小于进深的1/2,两侧采光时不宜小于1/4。

第二,适当的颜色。学习环境的有关研究表明,颜色在促进人的智力活动方面也起着重要作用:浅绿色和浅蓝色可使人平静,易于消除大脑疲劳,提高用脑效率;而深红色、深黄色可使人大脑兴奋,随后则趋向抑制。据有关专家的研究发现,学习场所的墙壁和家具的色彩过于强烈和鲜艳,容易使学习主体兴奋好动,注意力分散,不专心听讲。

第三,适宜的温度。保持环境的适宜温度,可以提高大脑处理和解决问题的能力。古利兰德关于环境温度的实验研究表明,最适宜的教室温度是20℃~25℃,环境温度每超过这一适宜值1℃,学生的学习能力相应降低2%;超过35℃以后,学生大脑的消耗会明

---

① 吴也显主编:《教学论新编》,教育科学出版社,1991年版,第306页。

显增加,智力活动水平和活动持续时间会大大降低和减少,而且容易使学生烦躁不安,不友善行为和冲突性行为随之增加,学习秩序不易维持。

第四,适度的声音。声音的大小对于教学活动也有着重要影响:经常处在70分贝以上的音响环境中,人容易头晕乏力,兴奋性减弱,记忆力衰退,注意力不集中,思维发生紊乱;音量适中、悦耳动听的声音则可以使人轻松愉快,易于使人在无意中进入智力活动的佳境。"暗示教学"中创造的音乐环境之所以能提高教学效率,主要原因就在于它成功地运用了这一原理。

第五,优美的墙饰。在学习场所的墙壁上张贴一些名言锦句、风景图片等,一方面可以美化学习空间,另一方面也可以激发学习主体的热情与学习动力。在"理解教育"的实验学校里张贴了一些比较有个性的锦言,如"教育本是脑力活,巧用情智才成功"、"熟读精思诚可贵,标新立异价更高"、"心中苦闷及时吐,常让愉悦驻心田"、"'恨'铁不成钢,'爱'是炼钢炉"等,就是想通过这些锦言创造适宜的学习空间。实践证明,这种理解性氛围的营造也确实有效地消解了师生之间的一些误解,增进了理解。①

(二) 学习的精神空间

相对于物理学习空间的实体化形态而言,学习的精神空间具有明显的潜隐性。虽然人们能感受到无形教学空间的存在和影响,但却往往无法很直观地抓住它。学习的精神空间主要包括群体层面的学习风气和个体层面的学习自觉两个方面。

1. 学习风气

学习风气通常简称为学风,是经过长期的积淀而形成的一种较为稳定的学习习惯和行为倾向,是该组织中绝大多数成员共同自觉遵守和维护的在求学治学上的具体体现。学习风气具有群体性、稳定性、规范性、发展性等特点。

学习风气对学习主体的学习起着一种无形的约束力。当然,由于学习风气本身的性质不同,其对群体中的成员所产生的约束力也各不相同:有的是正面的推动作用,有的则是反面的干扰作用。因此,学风实际上也就是学习主体群体对群体成员的学习活动的影响。这种影响表现在很多方面,比如学习主体学习机会的分配、学习行为的表现、学习主体的学习动力等。而学习动力更多的是属于学习活动的精神空间,对此,将留在以后进行分析,这里只对前两者进行简要交待。

(1) 群体规模会影响学习主体学习机会的分配。一般说来,学习主体人数适宜的话,每个学习主体都有机会参与讨论,相互进行交流;而人数过多、规模较大的学习群体里,只有一部分,甚至一小部分学习主体才能参与正常的学习活动,而相当一部分的学习主体则被剥夺了这种权利。罗纳德·S.凯恩的研究发现,在规模较大的学习群体内,被剥夺参与发言机会的往往是那些性格内向或能力较差的学生,因此,学习群体的规模所影响的不仅仅是学生行为和表现,而且它无形中造成了学习机会的公平性问题。

(2) 群体规模会影响学习主体学习行为的表现。环境心理学的研究表明,在日常交往中,每个人都有自己的活动空间,人际间保持着一定的距离。当学习群体规模增大而学习的物理空间没有同比增大时,个人活动空间将相应缩小,学习主体心理上的压力会莫名

---

① 参见熊川武、江玲著:《理解教育论》,教育科学出版社,2005年版,第87~92页。

增加,其行为也会随之发生一系列的变化,将会降低学习的效率。有人曾在五岁儿童的学前班做过一项实验,结果发现,随着班内儿童人数的增加,儿童表现得好动,注意力分散,攻击性行为明显增加。日常教学经验也表明,人数较少的班级课堂纪律往往较好,教师用于课堂管理的时间较少。而在人数较多的大班中,由于单位面积内学生密度过大,学生的个人活动空间相对受到他人挤占,争吵和破坏课堂纪律的行为容易发生。

2. 学习自觉

相对于学习风气是从群体层面上对学习的精神空间所进行的把握,学习自觉则是从个体层面上对学习的精神空间所作的把握。虽然学习主体的学习活动会受到学习群体的影响,但事实上,学习活动更多地取决于学习主体的自身,是由学习主体的自觉性所决定的。

所谓学习自觉,简单地说就是学习主体的学习不是在外在的压力、督促下进行的,而是完全由学习主体自发地、自觉地、自愿地去进行的,这实际上也就是学习主体在学习上的内在自由的体现。一般说来,也只有在这样的情况下,学习主体的学习活动才往往是最真实的,也是最有效的。这在第二章已经有过叙述,故不再赘述。

从学习空间方面来看,具有学习自觉的学习主体,其对学习的物理空间及学习的物质资料的要求并不高。这也即,外在不利的物理空间或学习的物质资料不会对其学习活动产生多大的干扰作用。甚至有些学习主体在面对这些不利时,还会进一步激发出更强的学习主动性、自觉性。有些时候,他们还有可能会主动地创造条件来克服这些不利以实现自己对学习的主动追求,我国古代的凿壁借光、囊萤夜读等实际上就是学习自觉的经典事例。

第五节 学习的网络资源

随着信息技术,特别是互联网的迅速发展,除了传统的物质资源、时间资源和空间资源外,学习资源的范畴进一步拓展,涌现出了新型的网络资源。

需要说明的是,网络资源与物质资源、空间资源有着密切的关系,但也有着明显的不同。从关联上来看,网络资源需要利用一部分物质,如电脑、机房、网线、交换器和服务器等设备。这些设备既是物质的,又占一定的空间,具有空间资源的属性。但从区别方面来看,网络资源除了物质的成分外,还有非物质的一面;除了有空间的一面外,还有非空间的一面。所以,这里把网络资源单列出来,进行简要交待。

一、网络资源的内涵

(一) 网络资源的概念

所谓网络资源,简单地说就是指可以通过网络获得的各种信息资源。因此,网络资源与网络的发展密不可分,没有网络就没有网络资源,没有网络的发展就没有网络资源的丰富和便捷。

internet 是目前全球最大的、开放的、由众多网络互连而成的计算机互联网,全世界采用开放系统协议的计算机都能互相通信。internet 最初的宗旨是用来支持教育和研究的活动,随着 internet 规模扩大、应用服务的发展,以及市场全球化的需求的增长,internet 也在不断地商业化。

目前,internet 的应用主要分为三类:

一是通信,如电子邮件 e-mail、网络传真、网络电话、电子新闻 usenet、对话 talk、电子公告牌系统 BBS 等。

二是管理、获取、发布信息,如万维网 WWW、分布式文本检索 gopher、索引检索数据库 archie、匿名文件传送 anonymous FTP 等。

三是共享计算机资源,如虚拟终端 telnet、客户机/服务器系统等。

随着网络技术的进一步发展以及人们对网络资源建设的更加关注,网络资源化的现象将越来越突出,网络资源也将越来越丰富。这些都将给人们的工作、学习和生活带来更大的影响。

(二) 网络资源的特点

由于网络资源涉及网络与资源两个层面,所以网络资源的特点既有网络层面的,也有资源层面的。前者实际上也就是网络资源的技术特点,而后者则是网络资源的资源特点。

从技术层面来看,网络资源的特点有以下四个方面:

一是数字化。这与计算机的工作原理密不可分。众所周知,计算机是运用二进制数值表示法来进行工作的,在工作时,计算机把所有的指令全部都转化为基于 0 和 1 为基础的二进制数。

二是网络化。网络资源是基于网络的,没有网络,就没有网络资源。早期的计算机主要是进行信息的存储和输入,后来随着网络技术的发展,计算机的网络运用才有了较大的发展。

三是异构性。网络使得网络资源的所有和使用并不在同一时空之中,尤其是在空间方面的不同更为明显。有些网络资源只是在小范围、局域内使用,其空间方面的差异并不是很大,但有些网络资源则是在区域之间,甚至国家之间,其空间方面的差异将非常大。

四是虚拟化。利用于技术提供的网络资源是借助于数字表达的非实体化的真实,是一种虚拟的真实。

从资源层面来看,网络资源的特点有以下五个方面:

一是教育性。网络资源,特别是用于教育和学习的网络资源,具有一定的教育意义,对网络资源使用者的发展具有一定的促进作用。

二是开放性。网络资源不仅局限于某个资源本身,还可以通过相应的技术支撑,进一步扩展到整个互联网。同时,网络也允许网络资源的使用者自己进行方便、灵活的更新,以及重组、加工、整合。

三是交互性。从交互性上来看,网络资源的使用主要是人—机交互,即人与机器通过二进制符号来进行信息的交流和互动。当然,从具体的交流方式来看,又有同步交互和异步交互两种不同的情况。

四是共享性。网络的特点决定了网络资源具有共享性的特点,只要满足了最基本的条件,人们可以迅速、快捷地通过网络从他者那里获取自己需要的网络资源。

五是两分性。虽然从总体上来看,网络资源具有教育性,但是由于网络资源的开放性,一些网络资源的教育性也会受到影响,从而降低其教育性,甚至有些网络资源还会带来一些副作用。

(三)网络资源的局限

网络资源在给人们带来海量信息、快速便捷等优点的同时,也不可避免地会带来一些问题。概括起来,这些问题主要表现在以下三个方面:

一是信息迷失,难以选择。信息浩瀚、资源丰富可以说是网络的最大优势之一,但这种优势有些时候也会成为劣势,使人们陷入迷茫的境地,不知道该如何进行选择,也不知道该如何处理。这在那些学习能力欠佳、缺乏相应的知识背景的学习主体身上表现得尤为明显。

二是过度依赖,迷失自我。网络的兴起和发展以及网络资源的优势使得人们对于网络资源逐渐从不适应到适应,进而逐渐走向依赖。这一发展趋势一方面证明了网络资源的价值和魅力,另一方面也隐含着巨大的危机。随着对网络资源的依赖,人们逐渐放弃了其他方面的能力的发展。这在短时间内是没有问题的,但长久下去,不但会对个体,而且还会对整个社会带来发展上的后患。

三是网络成瘾,陷入泥潭。网络资源借助于虚拟手段提供的"超真实",使得人们在网络中感觉到如同在生活中一样,让人们流连、沉湎于其中,特别是一些游戏,带给人们更大的视觉刺激和感觉体验,更让人难以自拔。

二、网络资源的应用

学习活动中对于网络资源的应用也非常广泛,概略起来,主要有以下两种。

(一)信息检索

学习,从某种意义上来说,就是对信息的获取。网络资源的优势在于为人们的信息获取提供便捷的信息检索。

常用的信息检索方式有:

1. 搜索引擎检索

搜索引擎是 internet 上的一个 WWW 服务器,它在 internet 中主动搜索其他 web 站点中的信息并对其自动索引,其索引内容存储在可供查询的大型数据库中,用户访问搜索引擎的站点时,通过使用分类目录查询、关键字查询或特殊搜索等功能来查找自己需要的信息。目前较常使用的搜索引擎有谷歌(www.google.com)和百度(www.baidu.com)等。

2. 基于 agent 技术的智能检索

与传统的搜索引擎相比,智能代理不是对整个网络进行索引,而是在接到一个新任务时出发,去搜索网上资源并提取有价值的信息。

智能代理是利用神经网络技术进行搜索,将具有信息提取功能的 agent 派遣到一台至多台服务器,执行分布式计算,试图去发现自然语言与样本网页的模式及它们之间的相互关系,不断完善自己的知识库,将这些与新近发现的网上资源相匹配,最后以一串 URL 的形式供用户访问。

用户在创建了智能代理之后、进行首次搜索之前,需要对这些代理进行"训练",训练包括描述查询主题的简单的文本输入。训练之后,该代理将独立地对网络进行浏览,根据它自身内部的相关性对各种资料进行分级。

3. 基于 XML 的检索

XML 是一种可扩展的元标记语言,集 SGML 和 HTML 的优势于一身,其设计目的是为了克服 HTML 语言的缺陷,将网络上传输的文档规范化,并赋予标记一定的含义,同时,还保留了 HTML 所具有的简捷、适于网络传输和浏览的优点。

XML 语言的关键点是对文档的内容本身进行标记,它能使用户实现在互联网上对学习资源进行基于内容的检索。

信息检索是网络资源在学习中最为经常、最为普及的应用,也是最为初级的运用。

(二) 在线学习

网络资源除了为学习活动提供信息检索外,还可以直接用来进行学习活动,开展学习,带来学习方式的根本性转变。对于这种基于网络资源而引发的学习,不同的研究者的表述各不相同,如"电子学习(e-learning)、基于网络的学习(web-based learning 即 WBL)、基于网络的教学(web-based instruction 即 WBI)、基于互联网的培训(internet-based training 即 IBT)、分布性学习(distributed learning 即 DL)、高级分布性学习(advanced distributed learning 即 ADL)、远程学习(distance learning)、在线学习(online learning 即 OL)、移动学习(mobile learning 或 m-learning)、游学(nomadic learning)、远距离学习(remote learning)或者不在场的学习(off-site learning)、a-learnig(anytime,anyplace,anyone learning,任何时间、任何地点、面向任何人的学习)"[①]。

如此复杂的称谓,难免会让人陷入如上所述的迷失之中,难以选择。所以,这里只是根据其对网络的依赖而简单地选择在线学习这一称谓。

对于在线学习,有研究概括出了其所具有的五个特征:一是有限学习资源趋向海量学习资源,二是远程学习的弱控制转向于强支持,三是注重知识传授趋向设计教学活动,四是在线学习者变身为创作和共享者,五是网络教学向社会化方向转向。[②]

---

① [美]Badrul H. Khan 著,张建伟等编译:《电子学习的设计与评价》,北京师范大学出版社,2005 年版,第 2 页。
② [美]Badrul H. Khan 著,张建伟等编译:《电子学习的设计与评价》,北京师范大学出版社,2005 年版,第 17~18 页。

第五章 学习过程

无论何种层面的学习,都会有学习活动的发生和展开,都会有一些具体的过程。因此,从某种意义上来说,学习也就是一个过程。当然,在不同的学习活动里,各自的过程并不完全相同。

第一节 学习过程概述

一、学习过程的争论

关于学习过程的理解各不相同,这里根据不同理解的学科依据,将学习过程的理解简要地概括为以下三种类别。

1. 哲学视域下的特殊认识说

把学习过程看做"一种在特殊条件下所进行的认识过程"[①]。如果科学发现是人类的第一次认识,那么学习就是学习主体对社会文化的再度认识。这种认识虽然也包含着儿童探究世界的过程,但与科学认识还是有着明显不同的。这种不同,实际上就是学习主体的认识是在他人的指导下完成的,而且,在此过程中,他们的认识能力也在不断地得到发展。因此,这种理解实际上也就是把学习过程理解为掌握间接经验的过程。

这种发端于苏联关于学习过程的认识也在我国得到广泛流传和推广,但随着学习观念的变革及新学习观的涌现,其影响越来越弱化。

2. 心理学视域下的联结与认知的争鸣

心理学,特别是教育心理学借助于观察、实验等研究手段,对学习过程进行了较为深入的研究,提出了不同的解释及划分,大体上可以概括为行为主义的联结说与认知主义的认知说两种不同的流派。这两种流派都对学习过程进行了较为深入的研究,而且相互之间关于学习过程的认识存在着较大的分歧。

---

① 转引自李志厚等主编:《学习论与新课程学习理念研究》,广东教育出版社,2004年版,第127页。

联结派认为学习过程就是刺激与反应之间的联结,而联结是通过尝试与错误的过程而建立的。持联结主张的代表桑代克认为:"学习就是联结,心即是一个人的联结系统,这些系统,下自26个字母,上至科学或哲学,其本身都是联结造成的。"① 桑代克还指出:"学习即形成联结……人是伟大的学习者,主要是因为人可以形成非常多的联结……一个人的联结可以分为四个或多或少相对独立的部分:理智方面的、性格方面的、技能方面和气质方面的。"②

而认知派则认为学习过程就是学习者头脑内部的活动过程。当然,对于这样一个内部的活动过程,不同的认知派的表述不尽相同,这里仅以影响较大的加涅的观点为代表来进行说明。在加涅看来,学习过程就是信息的接受和使用过程,所以通常也称为信息加工过程,图5-1即为加涅的信息加工模型。

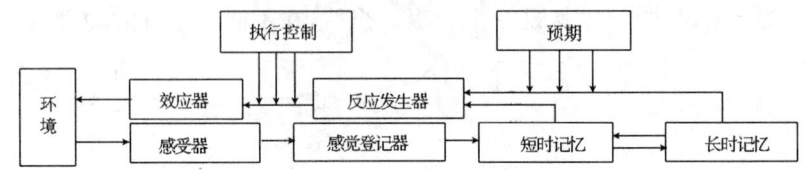

图5-1 加涅的信息加工模型

加涅的信息加工理论由三部分组成:

第一部分是信息流在神经系统中的传输过程。学习主体从环境中接受刺激,这个刺激作用于感受器并转变为神经信息而进入感觉登记器。

信息在这里经过短暂初步的选择处理后,进入短时记忆,然后再进入记忆的永久性贮存"仓库",即长时记忆。当需要回忆时,信息就从长时记忆中提取而回到短时记忆,再到反应发生器。

第二部分是学习者自身对信息流的一种控制过程,包括执行控制和预期。执行控制起着调节、控制作用,使学习活动得以实现;预期则起着定向的作用,使学习活动沿着一定的方向进行。这一部分一方面能够引起或促进学习主体的学习,另一方面可以使信息流激化、消弱或改变方向。

第三部分是外部活动的影响过程。前两个部分反映的是学习的内部加工过程,而第三部分则反映的是学习的外部影响过程。学习的内部加工过程和外部影响过程之间密切的交互关系可以用下表来示意:

---

① 转引自张大均主编:《教育心理学》,人民教育出版社,2005年版,第103页。
② 转引自施良方著:《学习论:学习心理学的理论与原理》,人民教育出版社,1994年版,第33页。

学习的内部加工过程和外部影响过程的关系表

内部加工过程	外部影响过程
接受	刺激变化产生唤醒
选择性知觉	物体特征的增强或差异促进选择性知觉
语意编码	言语指导、图片、图表、可提供编码方式
提取	提供线索帮助提议
反应组织	就学习目标进行言语指导,告诉学习者行为反应类型
控制过程	通过言语形成定势以激活并选择合适的策略
预期	告诉学习者目标,形成对行为表现的具体预期

3. 系统科学视域下的过程结构分析

也有一些研究者借助于系统论等系统科学的成果对学习系统中各个要素的结构关系和矛盾运动进行了分析,提出了不同的关于学习过程的理解。有的研究者认为"学习过程是一个复杂的系统,是一个非线性的动态结构……是动力系统与认识系统相互作用的统一体"①,有的研究者认为"学习系统包括身体素质系统和心理素质系统……而心理素质结构的进化反映了学习系统的自组织性"②。

从系统科学的角度出发,对学习过程进行系统化的分析,注重影响学习过程的各种因素及其间的结构关系,在一定程度上抓住了学习过程的结构性、复杂性。

二、学习过程的内涵

(一) 过程的概念

关于过程的定义,不同的学科领域及不同的研究者存在着各不相同的理解。也许美国教育哲学家詹姆斯·麦克莱伦运用分析哲学的方法提出的解释更有助于对之作进一步的深入理解。

在他看来,"F 是一个过程,当且仅当 F 是一个在条件 $C_1, C_2, \ldots C_n$ 下有秩序的变形序列,是一个由元素 $e, e'\ldots$ 所组成的结构,并且存在着一套规律 L,从而根据规律 L,若条件 C_1 在时间 t_1 出现,则元素 $e, e'\ldots$ 的属性使条件 C_2 在时间 t_2 也必然出现,条件 C_3 在时间 t_3 必然出现,以此类推,直到条件 C_t,即 F 的终结条件"③。

基于上述关于过程的定义,麦克莱伦提出这样的疑问——学习可以称得上是一个过

---

① 转引自李志厚等主编:《学习论与新课程学习理念研究》,广东教育出版社,2004 年版,第 129 页。

② 转引自李志厚等主编:《学习论与新课程学习理念研究》,广东教育出版社,2004 年版,第 129 页。

③ [美]詹姆斯·麦克莱伦著,宋少云、陈平译:《教育哲学》,生活·读书·新知三联书店,1988 年版,第 30 页。转引自李志厚等主编:《学习论与新课程学习理念研究》,广东教育出版社,2004 年版,第 129 页。

程吗?他认为"如果仅仅看到学习或教学占用一定的时间,并在当中开展一系列的活动,那么学习是否称得上是一个过程就不大重要了"①。

麦克莱伦之所以得出上述结论,是因为他认为,对于学习过程中的规律性的把握应更为重要,而其他的都是一个外在的方面。

需要说明的是,虽然麦克莱伦认为从时间与活动两个方面来理解过程(特别是学习过程)似乎没有必要,但事实上,这是理解所有过程(包括学习过程)的最为基本的前提。任何学习过程都不可能没有时间,也都不可能没有活动。撇开这些,而一味地去寻找所谓的规律,似乎也是缘木求鱼。所以,对于学习过程的分析还是应该从活动与时间来开始,在此基础上对学习过程作进一步把握。

(二)学习过程的概念

学习过程即学习主体学习活动持续性、具体性的展开。对于这一界定,可以从以下五个方面进行解析。

1. 学习主体参与

如前所述,任何学习都是学习主体的活动,因此,学习过程也应该是学习主体参与的活动。如果离开学习主体,或者没有学习主体的参与,学习及学习过程将难以发生。特别是学习主体的参与,不但决定着学习过程的发生与否,而且还决定着学习过程的质量,影响着学习过程的效率。

2. 反映学习活动

学习过程作为学习主体学习活动的展开,还可以表明学习活动的发生。如果没有学习过程,将难以发生或出现真正的学习活动。

而且,学习过程还可以作为观察和评判学习活动发生的依据。特别是对于一些没有明显的外显性指标和表现的学习活动来说,学习过程,特别是伴随着学习过程的方式及任务将成为判断学习活动的重要依据。如果没有学习过程,学习活动的发生将难以进行具体的观察和评判。

3. 基于学习任务

作为表现学习活动展开的学习过程,还必须基于学习任务而进行。学习任务是构成学习过程的内在的、根本性的因素。所有学习过程都应基于学习任务而展开,基于学习任务而进行。如果没有学习任务,尽管可能会在形式上满足学习活动的展开,但这种展开并不能称之为学习过程,而只能称之为相应的其他方面的过程。

4. 依托学习时间

如前所述,学习时间是学习活动的重要资源之一,所有的学习活动都离不开学习时间的运用。学习过程作为学习活动的展开实际上也正是基于学习的时间资源而言的,是学习主体的学习任务在具体时间范围内所进行的持续性的、具体性的展开。离开学习时间资源,谈不上学习;离开学习时间的展开,也就谈不上学习过程。

---

① [美]詹姆斯·麦克莱伦著,宋少云、陈平译:《教育哲学》,生活·读书·新知三联书店,1988年版,第30页。转引自李志厚等主编:《学习论与新课程学习理念研究》,广东教育出版社,2004年版,第129页。

第五章　学习过程

5. 展开方式不同

虽然学习过程作为基于学习时间而进行的持续性、具体性的展开,但在不同的学习过程里却有各不相同的展开方式。从大的方面来看,这些方式大体上可以概括为两种不同的范型:一种是预设性展开,另一种是生成性展开。前者的展开过程相对清晰,但显得不够灵活;而后者的展开过程相对灵活,但容易陷入放任误区。

对于学习过程来说,除了理解其内涵外,还应考虑具体环节。对此,古今中外很多研究者都进行了研究,提出了各不相同的划分。这些划分对于学习过程的深化、落实及展开来说是有意义的。但事实上,由于学习实践本身的复杂性、多样性而作出简要的规律性的概括本身很难,人们对于学习过程环节划分上所存在的争论实际上也就从另一个侧面证明了这一点。

因此,在对学习过程环节的把握上,从学习实践本身出发来进行描述也不失为一种更加贴近现实的举措,也许对学习实践的价值会更大一些。

第二节　预　习

一、预习的内涵与意义

(一)预习的内涵

顾名思义,预习就是预先学习。也正因如此,有研究者认为"预习是课前自学的简称,一般是指在教师讲课以前,学生自己独立地阅读新课内容,做到初步理解,并做好接受新知识的准备工作"[①]。

需要说明的是,预习并不等于自学。一般说来自学持续的时间更长一些,任务难度更高一些,独立自主性也更强一些;而预习则不然,预习虽然说是属于自学过程,但这种自学过程只是整个学习活动的前奏,是为提高学习活动而进行的提前性筹划,而学习活动并不仅仅只是预习。

预习的实质或者说核心就是"知",这包括两个层面:一个层面是对已知的知,即知道哪些是自己已经知道了的;另一个是对未知的知,即知道还有哪些自己不清楚。通过预习,达到这两种"知"可以有效地提高学习效率。因为知已知,可以减少学习投入,节约学习资源;而知未知,可以提高学习的针对性,扩大学习成果。

(二)预习的意义

1. 熟悉学习内容,提高听讲效率

由于预习往往发生在新的学习活动之前,是其预备环节(或者说是起始环节),所以预习的最为基本的作用就是让学习主体熟悉和了解学习内容,为后续的学习活动打下坚实

---

① 叶瑞祥编著:《学习学概论》,广东高等教育出版社,1997年版,第271页。

的基础。

预习可以使学习主体知道所要学习内容的基本信息,如学习的范围、学习的重点和难点等。熟悉学习内容,可以帮助学习主体明确听讲的重点,这样他们就可以带着问题有针对性地去听讲,解决预习中所遇到的疑难问题;熟悉学习内容还可以在一定程度上使学习主体与教师的思维处在同一水平和过程中,减少思维落差,缩短思维反应时间。这些实际上也有助于学习主体能够高效率地进行听讲。

2. 锻炼自学能力,增强学习自觉

预习还可以锻炼学习主体的自学能力,增强他们的学习自觉性。

一方面,预习是学习主体在新的学习活动开始之前对学习进行的筹划性安排,这种筹划性安排主要是学生独立自主地进行的。因此,这实际上也是他们学习自主性养成的过程。而且,预习还可以减少学习主体对其他主体(如老师和家长)的依赖,进而更加自主地筹划并实施自己的学习活动。

另一方面,预习还有助于学习主体学习能力的提高。一些预习的行为和方法,如阅读、思考、记忆等不但在预习过程中会使用到,而且在听讲、自学等活动中也都需要。因此,预习过程中对这些方法的使用可以使他们更好地理解这些方法,为他们在其他学习活动更好地运用这些方法打下基础。

另外,预习也是学习主体自学能力得到锻炼的过程。如上所述,预习并不等于自学,不能把预习完全看做自学,但预习也确实具有自学的一些基本元素。因此,在这一过程中,可以使得学习主体的自学能力得到一定的锻炼,有助于他们自学能力的的提高,增强学习的自主性。

二、预习的环节与技术

(一) 预习的环节

预习作为预先学习,主要包括以下四个具体的环节。

1. 概览

概览即学习主体对将学习的内容进行快速浏览。这既可以了解所要学习和掌握的大致内容,也可以了解哪些内容还不太理解,并对这部分内容进行标记。

2. 列纲

列纲就是在概览的基础上,对学习内容作进一步的深入理解,把它们的内在逻辑关系找出来,形成简要的知识网络图。

当然,为了更好地把握学习内容的逻辑关系,还可以在知识网络图中加上与本内容有关联的以前学习过的内容。

3. 试练

试练是对学习内容浏览之后,把所附的一些练习进行尝试性的回答。因此,在这一阶段,预习主要是完成与学习内容有关的练习,通过这些练习的完成,进一步巩固预习的效果,明确学习的重点。

当然,试练不一定局限于学习内容后面所附的练习,也可以选取与预习内容有关的其他练习来进行。

4. 拓展

在上述环节的基础上,为进一步理解和把握所要学习的内容,还需要对所预习的内容进一步拓展。这既可以选择一些相关的材料进行阅读,也可以选择一些课外的材料进行练习。这些阅读和练习都是课本以外的内容,有助于学习主体对这一内容的深入理解和熟练运用。

因此,上述四个环节既是预习的阶段,也能反映预习的水平。当然,不同的学习内容,预习的过程也不完全相同。对于有些内容来说,只需要一个阶段,而有些内容却需要两个或两个以上的阶段。

另外,不同学习主体的预习水平也决定着他们预习过程的阶段。一般说来,预习水平越低,所运用的预习过程的阶段就越少;预习水平越高,所运用的预习过程的阶段也就越多。

(二) 预习的方法技术

这里所说的预习的技术主要是指预习的方法,通过对不同预习方法的分析来说明预习的要求。

1. "3分钟预习法"

首先需要说明的是,这里所说的"3分钟预习法"是相对而言的,并不意味着是真的3分钟。"3分钟预习法"的实质就是要利用比较短的时间把即将学习的内容快速地浏览一下。

这种方法的优点是简便易行,耗时较少,能够达到预习的基本要求,有助于对学习内容的熟悉和了解,能够迅速进入持续的学习状态,提高整个学习活动的效率,在学习主体的学习负担较重的情况下,这种方法尤为合适。当然,这种方法也存在着明显的缺点,由于预习时间较短,往往会使得预习不够深入、全面。

2. 扫障预习法

扫障预习法就是在预习过程中对于一些影响学习的障碍(如语文中疑难的字、词,英语中的生词等)进行清扫,这些障碍的扫除有助于学习活动的顺利进行。

当然,这种方法主要是为学习过程的顺利进行打好基础,做好铺垫。

3. 归纳预习法

归纳预习法是在预习的过程中对将要学习的内容进行简要概括,以把握学习内容的主旨,形成对学习内容的整体把握。运用这种方法,一是要细心,归纳时要反复思考,不能粗枝大叶,否则就可能理解错误;二是要耐心,在一步步地对学习内容进行归纳时往往需要花较多的时间,要有足够的耐心。

4. 问题预习法

问题预习法是指在预习的过程中带着问题来进行预习,通过问题的引领来进行预习。这种预习方法往往随着问题的提出开始,随着问题的解决结束。当然,这种方法中的问题既可以是自己提出的,也可以是老师提供的。

问题预习法使得预习的针对性更加明确,即在预习的过程中要解决这些问题。但这种方法也容易使预习过程仅仅盯着问题,而忽略问题之外的其他方面。

5. 现疑预习法

现疑预习法是指在预习的过程中,学习主体除了了解和熟悉将要学习的内容外,还要从这些预习内容中找出自己的疑问,并把自己的疑问记录下来。一方面,这种方法对学习主体的要求很高,确保找出关键的问题、真正的问题;另一方面,这种方法也会使得学习主体能够在后续的学习过程中集中精力,加深对学习内容的理解和认识。

6. 标记预习法

标记预习法是指在预习时要在书中的空白之处将自己的预习心得、发现的疑点以及应着重注意的地方,用一些符号标示出来。这种方法简便易行,能够使学习主体的多种感官协调并用,不仅读后不易忘记,而且把重点、难点勾划画出来,从而使得预习的效果更加突出。

7. 解题预习法

解题预习法,顾名思义就是指通过尝试性地完成一些练习来进行预习的方法。所选择的练习既有可能是书后的,也有可能是老师补充的。这种方法优点有二:一是通过习题有助于把握学习内容的重点和难点,从而可以提前了解学习内容的重点和难点;二是尝试解题所带来的成功体验会带给学习主体更大的信心和兴趣。当然,如果失败,也会提醒他们认真学习,力求弄懂。

8. "四字预习法"

四字预习法即运用读、画、写、记四种行为或四种形式来进行预习的方法。读,即课前预读,对学习内容及与之相关的内容进行阅读;画,即在阅读时对学习内容进行相应的标记;写,即写预习笔记,以笔记的方式对学习内容进行整理和归纳;记,即基本记住,把学习内容的重点,如关键的字、词、句和段落以及重要的概念、定理、结论等能够做到基本记住。

读、画、写、记四字所构成的"四字预习法"实际上是对多种预习方法的综合运用,所以也可以看做综合预习法,或复杂预习法。

(三) 预习的行为技术

为提高预习的效果,优化预习习惯,预习时还应利用以下技术,注意以下事项。

1. 多种行为同步进行

虽然预习看起来很简单,即提前学习,但这一学习过程事实上并不简单。为提高预习效果,要把阅读、标记、思考、问题和记忆等多种学习行为都用上。一般说来,所运用的学习行为越多,对学习内容的预习效果也就越好。

2. 明确预习任务

在预习时,还应明确预习的具体任务。比如,预习的内容到底要完成哪些任务?这些任务的性质是否为同一类的?如果不是同一类的,预习的任务都有哪几类?只有明确预习任务,才会使得预习过程有的放矢,提高预习的针对性,提高预习效果。

3. 妥善安排时间

预习过程需要占用一定的时间。但对于学习主体的学习活动来说,除了预习过程外,还有其他一些过程,这些过程也都需要一定的时间。所以,在预习时还应妥善安排预习时间。

对于预习时间的安排,应注意以下三个方面:

一是时间不可太多。首先,安排较长时间用于预习活动很不现实。如上所述,各项学习过程都需要学习时间,但对于学习主体来说,其所能拥有的学习时间资源总量是一定的。另外,安排较长时间用于预习活动也不必要,这将会使预习过程发生性质上的改变,使预习成为自学,从而影响后续学习活动的效果。

二是预习应放在完成作业后进行。预习作为事先对将要学习内容的初步了解和掌握,尽管对于学习主体的学习活动很有价值,但与其他一些重要的学习过程(如巩固性的作业练习)相较起来,显然后者的价值更大一些。因此,预习应该放在作业完成之后进行。

三是尤其要避免为预习而不去完成作业。预习不但应放在作业完成之后,而且还更应避免只是为了预习而根本不去完成作业的现象。否则虽然注重了预习,但却失去了其他有价值的学习过程,得不偿失。

4. 灵活选择预习方法

如上所述,预习方法多种多样,在预习时,应结合预习内容、预习条件等方面进行综合考虑,选择切合实际、富有成效的预习方法。

5. 不要太过全面

预习作为事先学习,是对学习内容的初步了解。因此,在预习时还需要把握预习的程度,不能太过全面。全面预习,深入理解,对于学习主体来说也是很不现实的,一方面,时间上难以保障,没有足够的学习时间;另一方面,精力也难以保证,没有足够的精力。另外,全面预习在质量上也难以保证。虽然预习有助于学习活动,但全面预习则并不一定必然会使学习效果提高。有些时候,过于全面的预习,还会降低学习的效果,降低预习的价值。

第三节 听　　讲

一、听讲的内涵与意义

(一) 听讲的内涵

听讲,简单地说就是听老师讲课,是听和讲的结合体,这既是学习过程中非常重要的环节,也是学习活动中非常重要的行为。

从学习实践来看,听讲主要是听老师讲,但同时也包括听同学讲。在听的过程要对老师或同学所讲的内容进行分析、判断,以汲取精华,抓住重点。所以,在听讲的过程中,要一边听一边想,不能只听不想或者只想不听。只有边听边想,才能保证听讲的效果,保证听讲过程的价值。

具体说来,听讲过程有三个关键方面:

一是要专心听讲。要集中注意力认认真真地听讲,只有这样,才有可能保证听得真切。

二是要听得明白。在听讲时,除了要专心听外,还要做到听得明白。如果没有听明白,听讲也就只是一种形式而已。所谓听得明白,就是指在听讲时要能够做到知其所以然,知道其前后的逻辑关系、内在关联等。

三是要善于听讲。除了要专心听、听明白外,还要善于听。所谓善于听,就是指在听讲的过程中能够做到明察秋毫,洞悉其关键所在。

这三个方面不但都指向听讲过程,而且也相互配合。其中,专心听是前提,听明白是关键,善于听是保障。

（二）听讲的意义

听讲一方面是完整学习过程的重要组成部分,另一方面也会使学习主体在知识和情意等方面获得进一步的发展。具体说来,听讲过程有以下六个方面的意义。

1. 保证课堂教学活动的顺利进行

课堂教学是教师和学生双方共同努力的活动,既包括教师的教,也包括学生的学。离开了其中的任何一方,课堂教学活动都将会受到影响,自然也会影响到课堂教学这一学校的中心工作能否落实。因此,听讲作为学生学的重要组成部分,是影响课堂教学活动能否顺利进行下去的关键。离开了听讲行为,课堂教学的定位难以落实,课堂教学活动也难以正常进行。

2. 是学习过程最为重要的组成部分

听讲过程与其他过程（如前面的预习过程、后面的复习过程等）共同构成了完整的学习过程。因此,听讲过程是学习过程中的重要组成部分。而且,听讲过程也是学习主体的学习活动中除了自学等个别的学习形式外,几乎所有学习活动都会有的过程。所以,听讲过程也是学习主体学习活动中不可或缺的过程。同时,由于听讲过程涉及从其他主体——特别是教师那里获取信息,支撑自己的发展。所以,这也是一种最为重要的过程。

3. 能够系统地获取相关知识信息

听讲过程能够使学习主体系统地获取相关的知识信息。这一方面与课堂活动的特性有关,另一方面也与课堂上呈现的知识有关。从前者来看,课堂本身是系统地、连续地进行的活动。在这样的活动中会按照一定的顺序,借助于一堂堂课把知识系统、连续地传递给学生。因此,在每一堂课上教师都会围绕某个方面的学习内容进行全面、系统的剖析。所有这些,都需要借助于听讲过程,把教师所传播的知识内化为学习主体自己的知识。

从后者来看,学习所获得的知识类型也是系统的。根据知识分类理论最新进展,可以把知识分为陈述性知识、程序性知识和策略性知识三类。在听讲过程中,学习主体所获得的知识是多重类型的交织与叠加。学习主体在听讲过程中所得到的不单单都是陈述性的知识信息,而是陈述性知识、程序性知识和策略性知识三者的融合。

4. 解决预习时面临的疑惑

预习作为事先学习,总会遇到或遗留下来一些不大容易弄懂的问题。这些问题往往是学习内容中比较重要且关键的方面,会影响到对整个学习内容的深入理解、全面掌握。在听讲过程中,学习主体就可以通过对这些内容给予进一步的关注,从而把这些疑惑化解掉。因此,听讲的过程还把预习的过程有机地关联了起来。

5. 调动学习主体的积极性

如前所述,听讲不只是听的过程,同时也是思的过程,是听和思的有机结合。因此,在听讲过程中,除了注意听外,学习主体还会不断地进行思考和判断。这实际上也是学习主体积极性的调动过程,是他们的学习主动性发挥的过程。

6. 养成良好的学习习惯

良好的学习习惯对于学习主体来说至关重要。但良好学习习惯的养成是一项长期的过程,需要多个方面、多个环节的共同努力。听讲过程也同样有助于良好学习习惯的养成。因为,听讲过程总需要持续一段时间,而且这一段时间,往往会对学习主体的学习意志、学习态度、学习品质等多个方面进行锻炼。经常的、长期的听讲过程,将有助于良好的学习习惯动力定型的养成。

二、听讲的阶段与要求

(一)听讲的阶段

从过程上来看,听讲的环节可以从两个方面来进行分析:一方面是从听讲行为本身的发生顺序来进行分析,大体上可以把听讲过程划分为听讲准备阶段和听讲实施阶段;另一方面是从听讲与教学这种同步的活动来进行分析,教学和听讲在课堂教学活动中同时发生,从教的方面来看是教学的过程,从学的方面来看是听讲的过程,这种分析需要明确教学的过程,根据教学的过程来把握听讲的过程。由于后一种分析在教学过程中的分析中将会涉及,所以这里就只从前一个方面来进行分析。

1. 听讲准备阶段

虽然从表面上看来听讲很简单,就是听教师讲,但事实上,听讲过程同样需要做出一系列的准备和认真的筹划。有些学习主体之所以有学业困难,听讲效率不高、效果不好,很大程度上与他们没有做好听讲的准备有关。因此,听讲准备阶段就是听讲行为发生前的预备阶段,是为听讲的顺利进行而做的筹备阶段。

在听讲准备阶段,学习主体为听讲所要进行的准备主要包括以下四个方面。

(1)心理准备

在听讲阶段,心理准备就是要积极迎接听讲,这既是搞好课堂学习的内因,也是开展听讲的必备前提。

(2)知识准备

知识准备是指对即将听讲的学习内容的准备,这主要通过预习来进行。在预习过程中了解即将学习内容的知识系统,排除听讲过程中的知识障碍。如果听讲时因为涉及的一些旧知识、旧概念而使自己出现听"天书"的现象,那就说明听讲前的知识准备没有做好,听讲准备不够充分,需要及时加强。

(3)物质准备

听讲的物质准备主要是指准备好听讲用的各种材料上的准备,如书、笔记本和其他学习用具。如果没有做好这些方面的准备,到需要时再去找这些材料,既浪费时间,也会影响听讲过程,影响听讲的效果。

(4) 生理准备

听讲的生理准备主要是指要让大脑处于最佳的听讲状态。如上所述,听讲不仅要听,还要思,而思考主要是用大脑来进行的,大脑的机能状态直接关系到听讲的效果。所以,在听讲的准备中还包括生理准备,使大脑处于最佳的机能状态,即要通过充分的睡眠和休息来进行准备。因此,这种准备不同于前面所说的其他方面的准备,这种准备需要更早着手,需要准备得更充分。

2. 听讲实施阶段

听讲实施阶段即把听讲的愿望和准备付诸实践的阶段,也是具体的听讲的过程。这一阶段是听讲行为的关键阶段,直接决定着听讲行为的效果,影响着学习活动的顺利进行。

在听讲实施阶段,为保证听讲过程的顺利进行,切实提高听讲的效果,需要从以下三个方面着手。

(1) 注意听讲

听讲与注意密切相关。从某种意义上来说,注意力的高低反映着听讲水平的高低,反映着听讲效果的差异,注意力与听讲呈现出密切的正相关。因此,必须采取一些切实有效的措施来提高听讲的注意力,以便能够集中注意力专心听讲。

(2) 善于听讲

对于学习主体来说,不但要注意听讲,而且还要善于听讲。善于听讲包括端正的听讲态度、有效的听讲技巧、广泛地听取信息、听出背后的道理及抓住关键方面听等。

(3) 听行结合

虽然对于学习主体来说,听讲过程主要表现为听,但需要说明的是,听讲并不只是听。事实上,听只是听讲过程中的一个部分,尽管是一个主要的部分。但除此以外,还有其他一些行为,它们与听讲共同结合起来,构成一个完整的听讲过程或者说是听讲行为系统。

听行结合实际上反对那种只是一味去听,而缺乏其他相关行为的现象,因为此种现象不利于听讲,难以保证听讲的效果。

听行结合的关键是能否做到同时兼顾,即能不能做到一边听讲一边进行其他一些相关的、有益于听讲的行为。如果能够做就做好,否则应以听讲为主。

(二) 听讲的要求

要想搞好听讲活动,切实提高听讲效率,除了按照上述阶段进行相应的准备做好相应的要求外,还应遵守听讲的一些基本要求。这些基本要求与上述听讲阶段的准备和要求一起共同致力于听讲过程的顺利进行,促成听讲效率的提高。

听讲的基本要求主要有以下内容。

1. 重视听讲

对待听讲的态度要端正,要正视和重视听讲过程,不要认为学习活动主要是靠自学而把听讲看做可有可无的事情,或者把听讲看做浪费时间的事情。重视听讲要避免想听就听,不想听就不听以及喜欢听就听,不喜欢听就不听等不够端正的态度和行为。

2. 专心听讲

所谓专心听讲,也就是指高度集中注意力,在整个听讲过程中始终围绕着听讲内容进行认真的听讲。因此,专心听讲,实际上也就是不要做与听讲无关的事情,不要产生与听讲无关的想法。需要说明的是,尽管听讲要专心,但这并不意味着学习主体在听讲时只是一味地去听。事实上,在专心听讲时同样需要思和记等,只不过这时的思和记等与听讲融合在一起,而不是与听讲无关的、另外的思和记等。

3. 听讲为主

如上所述,在听讲时要专心,但往往还需要有一些相关的行为,如记笔记、虑联系等。尽管这些行为与听讲过程密切相关,但还必须做到以听讲为主,在听讲的同时兼顾其他行为。特别是当这些行为与听讲产生冲突时,更应注意做到听讲为主,切记不能本末倒置。

4. 抓住关键

在听讲时,还应抓住重点、抓住关键去听。切记不分主次、不分轻重,一股脑儿地去听,以免增大听讲的负荷,降低听讲的针对性,从而影响听讲的效果。一般来说,在学习内容中的基本概念、基本原理和基本关系等都是比较重要的、比较关键的方面,对于这些内容在听讲时应给予高度的关注,一方面要确保当场弄懂,另一方面还要理解其间的内在关联。

当然,在听讲时要抓住关键并不意味着只关注关键方面。事实上,这里所说的抓住关键是在全面掌握的基础上来进行的,如果做不到这一点,抓住关键可能也就只是一句空话。

第四节 复 习

一、复习的内涵与价值

(一) 复习的内涵

复习是指学习主体在特定的时间里对所学习的内容进行温习的活动。复习和预习听讲一样,也是学习主体学习活动中的过程之一。

理解复习过程,还需要注意以下两个方面:

一是复习虽然温故,但同时也知新。通过复习,学习主体可以找到一些新的发现,如发现学习内容之间新的联系,或新的解决方案等。

二是复习过程作为整个学习过程的重要组成部分,有其独特性。复习、预习和听讲共同构成了完整的学习过程。但三者间既各有分工和侧重,也相互联系和配合。因此,对于复习过程的理解,一方面要把它放在整个行为过程中,将其与预习过程和听讲过程联系起来,可以看做是它们的继续;另一方面也还要看到复习过程的独立性,它不同于预习过程和听讲过程,具有独特的价值,是对预习过程和听讲过程的深化,不能把它看做是可有可无的活动。

（二）复习的价值

如上所述，复习过程具有独特性。这不但表现在其过程上，而且也表现在其价值上。概括起来，复习的价值主要有以下四个大的方面。

1. 系统价值

复习过程能够保证学习过程的系统性。复习过程是学习主体整个学习活动中的重要组成部分，与其他的一些过程（如预习过程和听讲过程等）共同构成一个完整的学习过程系统。在这一相对完整的学习过程系统中，不同的学习过程分别从不同的方面推动学习活动的顺利进行。复习过程作为其中的一个组成部分，一方面具有自身的独特价值，另一方面也保证学习过程的系统完整。如果离开了复习过程，那么学习过程就不够完整，学习过程也就会受到影响。

2. 巩固价值

复习的巩固价值主要表现为对一些相关的学习行为（如记忆行为、理解行为等）进行巩固和深化，从而使所学的内容记得更加牢固、学习效果更加有效。

具体说来，复习的巩固价值有以下四个方面的表现。

(1) 强化记忆

学习或者说是记忆与遗忘是一对天生的敌人，学习之后，就有了记忆，也同时有了遗忘。根据德国实验心理学家赫尔曼·艾宾浩斯的研究，遗忘的规律是先快后慢。因此，在学习活动中，为了克服遗忘，就需要在遗忘还没有开始或者刚刚开始时进行强化，以阻止遗忘的发生或减慢遗忘的速度。复习，特别是及时复习就可以达到这一目标。通过及时的复习，可以使记忆痕迹得到强化。复习与遗忘成反比关系：复习得多，遗忘得就少；复习得少，遗忘得就多。同时，复习得及时，遗忘得就少；复习不及时，遗忘得就多。遗忘行为全部完成时再进行复习的话，实际上已经不再是复习了，而是开始了新的学习。这往往也是导致学习事倍而功半的重要原因之一。

(2) 深化理解

复习除了能强化记忆外，还有助于对学习内容进行深入的理解和加工，使得学习主体对学习内容的认识更加全面和深刻。

一方面，复习能够对学习内容的个别细节给予关注。在学习过程中，由于时间关系，来不及对所有的学习内容进行系统的消化，以至对其中的一些细节可能关注不够。而在复习时，由于部分学习内容已经掌握，有一定的时间和基础来对这部分内容进行系统的理解和加工。

另一方面，复习能够明确和强化学习内容的前后联系。学习内容本身是一个前后相联，互相影响的复杂系统。由于学习时间及学习者认识能力等方面的原因，往往要把这个复杂系统分成不同的部分，每一次只学习其中的一个部分，甚至是该部分的某个部分。因此，每一次学习的内容都会与已经学习过的其他方面的内容有着密切的关联。在学习过程中，师生可能会对其中的部分关联给予关注，而有些关联在此过程中难以照顾。因此，通过复习，可以进一步把学习内容前后联系起来，帮助学习主体明确和强化学习内容的前后联系，有助于建立一个完整的知识系统。

(3) 熟练技能

复习行为也有助于学习主体的技能更加熟练,缩短行为反应时间。这是因为,复习可以使他们对知识的理解更加深刻,需要运用这些知识来解决问题时,往往显得更加得心应手。

同时,复习行为本身一旦养成,达到熟练化、自动化后也可以自动地、自觉地运行,有助于复习行为本身所需要技能进一步熟练。

(4) 弥补缺漏

通过复习,特别是一些练习性的复习,还可以检验学习的效果,及早发现学习过程中的薄弱环节,及时弥补缺漏。

3. 创造价值

如上所述,复习不但是温故的过程,而且还是知新的过程。这也即,通过复习,不但可以巩固已经学习过的内容,而且还可以深化、拓展已经学习过的内容,能够得出超出原有学习内容的范围和水平的新的成果。这种新的成果有可能非常明显,也有可能很小。但无论哪种情况都已经不再是对原有内容的简单再现,而是对这些内容的超越,达到一个新的平台,站在新的高度上。

4. 体验价值

复习过程不仅能使学习主体在知识和能力等方面得到发展,而且还能够使他们在情感方面也得到一定的发展。通过复习,特别是伴随着复习任务的完成,会给学习主体带来愉悦的体验和成功的感受。

二、课后复习

(一) 课后复习的内涵

课后复习即在听讲行为结束不久对所学习的内容进行的复习过程。这种复习过程除了具有一般复习行为的共同点外,还有以下两个方面的特点:

一是时间短。这里所说的时间短主要是指时间的间隔比较短,往往是在听讲结束不久后就进行。很多时候就是在听讲的当天,也有些时候可能会是次日。

二是频率高。每天的听讲行为结束后,都会对所学习的内容进行程度不等、内容有别的复习。因此,课后复习也可以说是一项经常性的行为,发生的频率比较高。

(二) 课后复习的要求

课后复习的要求主要有以下几点。

1. 及时复习

如上所述,课后复习的特点之一就是复习与听讲之间的间隔比较短,要求必须在听讲结束之后立即进行复习。当然,由于时间原因或者内容特定也可以适当推迟,但最多只是推迟一至两天,而不能过长。否则,将失去复习的意义,也就不再是复习了。

2. 经常复习

课后复习实际上也是一项学习行为上的要求,即要经常坚持,要力争做到经常地复习。不能今天复习,明天又不复习,没有规律性,没有长期性。这不利于学习行为的巩固、学习行为动力定型的形成,也不利于学习过程环节的完整。

3. 全面复习

复习还应对所有的学习内容尽可能地都复习到。既不能在主观上,也不能在客观上留下复习的死角,遗漏一些内容,以免影响后续的学习。

4. 重点复习

虽然复习要尽可能做到全面,但全面并不意味着平均使用力量。在全面复习的基础上还应针对学习的重点进行有针对性的、强化性的复习。

5. 协同复习

在复习时,还要注意把多种行为或活动,如眼、耳、手、口、心等有机地协同起来,同时运用。多种感官同时运用,有助于学习效率的提高,有助于复习效果的巩固。有研究表明,光看只能获取知识的20%,光听只能获得知识的15%,如果眼看、耳听、手写、脑思同时并用,则可获取知识的50%,所以在复习时要调动多种感官,协同复习。

6. 理解复习

课后复习需要记忆,但需要注意处理好机械记忆与意义记忆的关系,力争在理解的基础上或者说是在消化的基础上去记忆,而不是单纯地机械地记忆。这就要求课后复习还要理解,是理解性的复习。

7. 分散复习

所谓分散复习是指在复习时还要把复习任务分开来进行分散性的复习。之所以要强调这种复习,原因有二:一是有些时候客观上时间不允许,没有足够的、大块的时间用于足够的复习,需要抓紧时间,利用各种零散的时间把学习内容分散开来进行复习;二是有些学习内容由于性质相同、内容相近且易混淆,也需要有计划地分散在不同的时间里来进行复习。

8. 系统复习

在复习时还要把课后复习、单元复习和期末复习等其他形式的复习有机地结合起来,形成知识的系统性与条理性。这实际上也即在课后复习的基础上,每过一段时间就要对前面已经学习和进行过课后复习的内容集中起来进行一次内容更多、容量更大且更加集中的系统复习。

(三) 课后复习的方法

课后复习的方法主要有尝试回忆、认真看书、整理笔记和拓展阅读四种。

1. 尝试回忆

尝试回忆就是独立地把所听讲的学习内容回想一遍。具体地说,就是在课后复习时自己提出一些问题,比如今天学习了什么内容,这些内容之间的关系是什么,有哪些是重点,有哪些是难点,有哪些已经弄懂了,有哪些还没有弄懂,还有哪些不完全懂等,学习主体在自己提出问题的同时也在内心进行回答。

2. 认真看书

认真看书实际上也就是对学习内容进行认真的阅读。学习内容是教育有关部门组织专家、学者及有经验的老师依据课程计划、课程标准,根据知识的科学体系,针对学生的年龄特点和社会发展的需要而编写的。所以,学习内容都是非常精练、严谨和深刻,是一般参考书无法代替的。

学习内容是老师教与学生学的共同的、主要的依据,也是考核学生的主要依据。如果不认真看书,不认真完成学习内容所提出的基本要求,就无法掌握好其中的基础知识,也不容易使基本能力得到提高。所以,在复习时抓住了学习内容,也就抓住了基础和根本。

3. 整理笔记

笔记本除了要用来做好上课的记录外,还应当在平时不断地"加工",把笔记本变成学习中真正有用的宝贵资料。

课后复习也可以通过对笔记进行整理来进行。在整理笔记的过程中,一方面可以达到对所学习的内容进行强化的目的,这也是复习的目的;另一方面还可以使笔记更加简洁、美观,以利于今后学习之用。

4. 拓展阅读

课后复习还要在紧扣学习内容的同时进行适当地拓展,通过对这些拓展材料的阅读来深化和扩展对学习内容的理解。当然,应注意处理好拓展材料与学习内容之间的关系,要以学习内容为主,拓展材料为辅。不能本末倒置,把学习内容放在一边,而以拓展材料为主。

在学习实践中,除了上述四种复习方法外,还有一种比较特殊的复习方法,即练习复习。这种方法就是在课后以完成一些练习的方式来代替课后复习。需要说明的是,虽然这种方法放在课后,针对所学习过的内容进行练习,在一定程度上能够起到替代课后复习,扮演着课后复习的角色,发挥课后复习的功能,但并不能因此而代替课后复习。这是因为:第一,练习有时不可能涉及所学习内容的全部,如果以练习来代替课后复习,难免会留下一些复习的"真空"地带;第二,由于练习容量的有限性,即使练习涉及了所有的内容,也只是涉及这些内容的某些侧面或某一角度,而不是完整地全面地涉及;第三,以练习来代替课后复习,还会容易陷入"题海战术",加重学生的学业负担;第四,以练习来代替课后复习,还会使人对课后复习产生误解、误用。因此,一方面应该看到练习确实在一定程度能够起到替代课后复习的作用;但另一方面它还不能够完全来代替课后复习,如果用这种方式来代替课后复习的话,会影响到课后复习。

三、其他复习

除了课后复习外,还有期末复习和毕业复习两种比较特殊的复习。之所以说它们比较特殊,一方面是因为这两种复习出现的时间比较特殊,分别出现在期末和毕业年级,相对于课后复习而言比较少见;另一方面是因为它们确实也都是复习的类型,而且是学习活动中必不可少的、很重要的复习类型。

(一) 期末复习

1. 期末复习的内涵

期末复习即在一个学期或一个相对较长的学习周期的学习结束后对学习内容进行的较为系统的复习行为。

期末复习具有以下五个方面的特点。

(1) 复习的容量比较大

期末复习发生在学期结束时,是对一个学期以来学习的内容进行全面复习,故在进行期末复习时,复习的内容比较多、复习的容量也比较大。

(2) 复习的系统性较强

由于期末复习是对一个学习甚至更长一段时间学习内容进行的复习,所以复习的系统性较强,需要在复习时更加注重从整体上、从关联上来把握需要复习的内容。

(3) 复习的时间间隔长

由于期末复习往往是在学期结束时进行的,所以这种复习相对于课后复习而言,无论是复习中的时间间隔,还是复习内容本身的时间间隔都很长,少则间隔一个月左右,多则间隔两三个月。

(4) 复习的次数比较少

由于这种复习只是发生在期末,所以复习的次数比较少,这种复习一般说来一个学期只有一次或为数不多的几次。

(5) 复习的发展性突出

相对于课后复习主要是针对非常具体的、有限的内容进行复习而言,期末复习是到了学期结束后对一个相对完整的学习内容进行系统性的复习。所以,这样的复习往往会带来更大的发展性,能够使自己站在更高的高度上来把握、加工和驾驭所学习过的内容。

2. 期末复习的任务

期末复习的任务主要有三个方面。

(1) 查缺补漏,强化记忆

期末复习时,一个重要的任务就是对学习内容进行通读,对这些内容要读懂、读透,在此基础上,对一个学期所学习的内容进行查缺补漏,对自己的薄弱之处进行重点强化;同时,以适合自己的认知水平和知识基础的方式对一个学期里所学习的内容进行强化记忆。

(2) 加深理解,巩固吸收

在查缺补漏,强化记忆的同时,还要对有关学习内容从其本身的定位上来进一步深化理解和把握,做好巩固和吸收。

(3) 构建体系,形成网络

对已经学习过的内容进行系统的整理归纳,形成自己理解的知识体系,并使之真正成为自己知识链条上的一个有机组成部分。

(二) 毕业复习

1. 毕业复习的内涵

毕业复习就是在毕业年级所进行的复习,也是对该阶段的学习情况进行更加系统性和整体性地复习。作为三种复习类型之一,毕业复习发生的次数较少,但影响较大,往往是对一个教育阶段的学习情况进行的综合性的、整体性的反映,而且这种反映还会对个体的成长和未来起着决定性的作用。也正因如此,人们对于毕业复习的关注度依然很高,并没有因为次数少而忽视这种复习行为。

当然,这种对毕业复习给予过分的关注也容易导致一些问题,比如加剧学生的心理负担、加重学生的学业负担等;同时,也会让人产生一种错觉,即对平时的课后复习和期末复习不必太重视,反正有毕业复习。这种想法是错误的,也是应该警惕的。事实上,只要平时把课后复习及听讲和预习等工作做好,在毕业复习时实际上也是很轻松的事情;如果平时没有达到这种水平,毕业复习时不但内容多,压力大,而且效果也往往不够理想。

2. 毕业复习的特点

(1) 容量更大

毕业复习由于是毕业年级里所进行的复习,其需要复习的内容也就更多,复习的容量也就更大。

(2) 系统性强

在毕业年级,复习时需要对一段时间,甚至很长一段时间以来的知识进行整理理解,其复习的系统性也就更强。

(3) 频率更低

由于这种复习只是发生在毕业年级,所以其复习的次数很少,间隔时间更多,复习的频率也就更低。

(4) 难度较高

在毕业年级中除了少数年级不涉及人才选择与淘汰机制外,很多毕业年级的复习都会涉及淘汰机制。所以,对学习内容掌握的要求也就越高,所复习的学习内容的难度也就越高。

(5) 比较专业

虽然毕业年级复习的频率较低,但由于这种复习的重要性,所以它相对而言比较专业。一方面,很多毕业年级往往都会有相当长的一段时间专门用于复习,特别是高三年级更为突出,一些学习主体几乎整个高三时期都在进行毕业复习;另一方面,毕业复习也往往会根据复习时间的长短、复习内容的容量本身做出比较明确的复习计划,指导学习主体展开具体的复习工作。

3. 毕业复习的要求

与毕业复习的特殊性相对应,毕业复习的要求也较为特殊,概括起来有以下几点。

(1) 把握复习的高度

把握复习的要求即在进行复习时,要注意从高度上来把握复习内容,不要被一些学习内容的表面现象所迷惑,应着重从学习内容的实质等方面来理解和把握。

(2) 把握复习的难度

在进行毕业复习时,还要注意处理复习的难度,既不要过高也不要过低。特别是对于一些涉及淘汰性的毕业复习时,更应注重处理好这一点,避免因复习的难度过高而影响到学习主体学习的积极性;当然,也要注意避免因复习的难度过低而影响到学习主体的未来发展。

(3) 把握复习的广度

毕业复习时,还应处理好学习内容之间的关联,注意多从联系的角度及广度上对学习内容进行加工,这一方面有助于学习内容的系统化,另一方面有助于学习内容的理解性。

(4) 把握复习的程度

毕业复习虽然有熟练、巩固的任务,但这并不意味着在复习时,可以不计时间、不顾效果,一味地去机械性地复习。在复习时,还要考虑复习的投入,可以适度地过度复习,但不能过于过度。

(5) 把握复习的速度

毕业复习时经常会遇到时间紧且任务又很重的两难问题,故而要处理好复习的速度,既不要为了赶时间而复习得过快,蜻蜓点水,不够深入;也不要不顾时间的制约而复习得过慢,结果进展缓慢,复习不够全面。

4. 毕业复习的目标

虽然毕业复习在重要性上不同于期末复习和课后复习,但从涉及目标范畴来说仍然是知识、技能与情意三个层面。

(1) 知识目标

如果把毕业复习的知识目标用一句话来概括的话,那就是全面系统、突出重点。即:复习首先应该全面,不能有遗漏现象和复习的死角,也不能平均用力,而是要根据自己的水平和程度,对于重点、难点及弱点方面进行有针对性的复习,以切实提高复习效果。

(2) 技能目标

毕业复习的技能目标是希望通过毕业复习的系统复习,在全面系统地掌握学习内容的基础上,使其与完成学习任务相应的技能更加熟练。这一方面表现为他们能够在最短的时间内完成相应的任务要求,另一方面表现为他们能够在同样的时间里完成更多的任务要求。

(3) 情意目标

毕业复习除了知识目标和技能目标外,还有情意方面的目标,即毕业复习还应该是轻松的、愉悦的。因为在毕业复习后可能会面临着淘汰、选拔等而给学习主体带来很大的压力,所以应该创造条件,让毕业复习过程更加轻松、愉快一些,进而有助于毕业复习中的知识目标和技能目标的实现。

最后,关于毕业复习还有两点需要简要地交待:一是毕业复习的类型,根据其内容可以划分为全面复习、专题复习和重点复习等多种形式,在毕业复习时,要综合运用这些复习的形式;二是毕业复习的方法,从某种意义上来说,由于毕业复习就是延长了时间的期末复习,或者说是扩充了内容的期末复习,所以,从宏观上来说毕业复习的方法与期末复习的方法差不多,这里也就不再专门分析。

第六章 学习行为

第一节 学习行为概述

一、学习行为内涵

(一) 学习行为的定义

学习行为就是学习主体在学习活动中所呈现出来的各种具体行为及其表现的总称，具有如下三个方面的要义。

第一，学习行为是个体行为的重要组成部分。对于个体来说，在其行为系统中，除了学习行为之外还有其他一些行为，如娱乐行为、休息行为、活动行为等，而学习行为只是其整个行为系统中的重要组成部分。

第二，学习行为是对学习中所呈现出来的各种各样的行为及其表现的总称，不是特指其中某一个方面的学习行为。尽管某一个方面的学习行为是其学习行为中的必要的组成部分，但毕竟不能以之来代替整体的学习行为。

第三，学习行为是学习主体身上所表现出来的，即学习行为只能是由学习主体发生和作出的行为，不能用其他主体的行为来代替或等同于学习主体的学习行为。学习行为虽然是由学习主体做出的，并不排除其他主体对学习主体的学习行为进行激发和推动。需要注意的是，不能用他们的激发和推动来代替学习主体的学习行为。

(二) 学习行为的特点

第一，特定性。学习行为是特指主体众多行为中在学习方面的行为，而不是指其所有行为。作为学习主体来说，在不同的活动中有着多种多样的行为，但这些行为有些是其他方面的行为，并不都是学习行为。

第二，复杂性。学习行为本身是复杂多样的，一方面，具体的学习行为有很多；另一方面，学习行为与其他一些行为(如意志行为等)也密切相关。学习行为就是对这些多样的行为所做的总体性概括。

第三，系统性。学习行为的系统性有两个方面的表现：一是学习行为本身是由多种具体行为构成的完整系统,在这个系统中,不只有单一的学习行为,而是多种学习行为共在的,如果缺少了一些学习行为,将会对学习活动产生不利影响;二是学习行为本身的成分是多样的,是由多个成分共同构成的,虽然学习行为是具体行为的外在表现,但事实上,每一种学习行为都包括学习行为的激发、学习行为的进行和学习行为的反馈等方面。

第四,发展性。学习行为自身也会不断地发展,这种发展主要表现为学习行为类型的增多和学习行为水平的提高。前者主要表现为个体的一些学习行为类型会随着学习主体的发展而逐渐丰富和发展,而后者则主要表现为学习主体的学习行为逐渐地娴熟和协调。一般说来,衡量学习行为水平发展程度有三个指标:一是行为指向更加集中和持久,二是行为效果更加优化,三是行为自动化程度提高。

第五,外显性。学习行为具有外显的特点,也可以说是一切行为都具有的共同特点。当然,外显只是学习行为的一个侧面,在学习行为中,除了外显的学习行为外,还有与之相伴而生的内隐性的学习行为,从某种意义上来说,内隐的学习行为更为重要。

第六,动力性。学习行为一般是指那些经过长期的练习而形成的动力定型后的行为,这种行为已经定型,是在合适的情境中的自然反应,会对学习主体的学习活动起到动力性的引导作用。

第七,差异性。学习主体本身的个别差异性会使得不同主体的学习行为并不完全相同,即使同样的学习行为,其学习行为的水平上也会呈现出一定的差异。

二、学习行为的类型

根据不同的标准,可以对学习行为进行不同的分类。

(一)预习学习行为、听讲学习行为和复习学习行为

根据学习行为发生的时间流程,可以把学习行为划分为预习学习行为、听讲学习行为和复习学习行为。这三种学习行为实际上也就是课前学习行为、课中学习行为和课后学习行为,在前述的学习过程中已经进行了分析,这里不再赘述。

(二)单一学习行为和综合学习行为

根据具体学习行为的数量多少,可以把学习行为划分为单一学习行为和综合学习行为。前者只是指某一种具体的学习行为,而后者则是指由多种学习行为共同构成的综合体。由于学习活动的复杂性和多样性,学习活动中单一学习行为比较少见,而综合学习行为更为常见一些。

当然,综合学习行为,根据其中涉及的具体学习行为的种类,又有简单综合学习行为和复杂综合学习行为之分,两者的区别主要表现在各自所综合的学习行为种类不同,相对说来,后者比前者在种类上更多一些。

(三)常规学习行为和创新学习行为

根据学习行为的新颖程度,可以把学习行为分为常规学习行为和创新学习行为。所谓常规学习行为,即学习主体经常使用的、比较一般化的学习行为;而创新学习行为则是指在学习活动中借助学习主体的能动性、创造性而表现出来的学习行为。一般说来,学习主体的绝大多数学习行为都是常规学习行为,但也有一些创新学习行为。

第六章 学习行为

（四）阅读行为、笔记行为、记忆行为和作业行为等

根据学习行为的活动对象，可以把学习行为分为阅读行为、笔记行为、记忆行为和作业行为等。这些学习行为将在接下来进行专门介绍，故也不再赘述。

第二节 阅读行为

一、阅读行为概述

（一）阅读行为的定义

阅读，"一般指默读和朗读，主要指默读。是从书面语言获取文化科学知识的方法，信息交流的桥梁和手段"[①]。因此，阅读行为就是指学习主体对文本进行默读和朗读的行为。

理解阅读行为，还应抓住以下三个方面的要义：

第一，阅读行为有默读行为与朗读行为两种。前者指学习主体不发出声音的阅读，而后者则是发出声音的阅读。在学习活动中，默读行为更为常见，而朗读行为相对较少，但在有些学习活动中或学习领域中，朗读行为也是用得较多的阅读行为。

第二，阅读行为是学习主体开展学习的最为基本的行为之一。可以说，凡有学习活动，必有阅读行为。因此，如果没有阅读行为，也就不会有学习活动。需要说明的是，有阅读行为，不一定必然会发生学习活动。

第三，阅读行为是学习主体与文本展开的对话和交流。作为由特定符号所构成的相对完整的文本往往是静止的，需要读者即学习主体去阅读、去体验、去理解，这实际上也就是学习主体与文本进行对话及交流。

（二）阅读行为的特点

概括起来，阅读行为有以下四个方面的特点：

第一，基础性与发展性的统一。一方面，阅读行为是学习主体的最为基本的学习行为，是学习活动中最为常用的学习行为，具有基础性；另一方面，阅读行为也是以促进学习主体的发展、提高学习主体的能力为旨趣的重要途径，具有发展性。

第二，外显性与内隐性的统一。如前所述，阅读行为包括朗读和默读两种不同的情形，故而阅读行为既有发出声音的外显性的行为，也有不发出声音的内隐性的阅读。而且，无论哪一种情形，都既有外显性的行为，也有内隐性的行为。特别是默读行为，虽然表面上看起来似乎是内隐的，但实际上也同样有外显行为，如在阅读时所流露出来的表情以及眼睛随着文本的跳动等。

第三，复杂性。阅读行为虽然在表面上看起来似乎很简单，其实也很复杂。因为阅读

---

① 顾明远主编：《教育大辞典》（增订合编本），上海教育出版社，1998年版，第1963页。

行为不仅仅是文本信息的输入,还包括对文本信息的解读;不仅仅是生理活动,还包括心理的活动;不仅仅是对符号信息的加工,还是对主体经验的调用。

第四,综合性。阅读行为虽然只有默读和朗读两种情形,但事实上,无论是哪一种阅读行为,都需要多种行为的共同配合与综合运用,如在阅读时除了做到眼到外,还应该心到;同时也应结合其他一些行为(如笔记行为等)一起进行。

(三)阅读行为的意义或价值

如前所述,阅读是学习活动中最为基本的行为之一。阅读无论是对学习主体的学习活动,还是学习主体的快速发展都有着非常重要的意义。对此,有研究从宏观的角度把阅读意义概括为以下 25 个方面:文明之源、文化之流、学习之母、写作之根、理想之羽、求知之路、开智之窍、立德之柱、审美之鉴、养身之方、创造之灵、生活之舟、爱情之媒、家庭之乐、教育之本、科技之乡、网络之光、生产之力、管理之诀、致富之宝、用兵之道、护法之剑、治国之术、领导之谋、强民之法。①

从微观的角度,特别是从学生这一特定的学习主体的角度来看,阅读行为的意义主要有四个方面:

一是获取信息。众所周知,文本是由一些最为基本的语言符号或语言单位组成的,在对这些由语言符号构成的文本进行阅读时,可以从中获取相关的信息,掌握有关的知识。

二是强化理解。阅读不但可以从文本中获取信息,还可以实现对文本的理解,特别是一些专门性的阅读、系统性的阅读或者研究性阅读,将有助于从文本中获取更大的价值,从而强化原有的理解,或者修正原有的理解。

三是提升技能。阅读行为不但实现对文本的阅读,从文本中获取信息、强化理解,而且还可以提升学习主体的技能。一方面表现为通过阅读行为来改善学习主体的阅读实践,提高学习主体的阅读能力,从而提升其阅读的技能;另一方面也表现为通过阅读行为来获取相应的技能,这在一些指导学习主体获取相应技能的文本的阅读中表现得尤为突出。

四是陶冶情操。通过阅读行为,在获取文本中相关信息的同时,还汲取其中的思想、主张,并不断地把这些要求内化到自己身上,从而丰富和完善学习主体的思想。因此,阅读及阅读行为还可以提高学习主体的思想境界,当然,陶冶的情况与文本或者说是阅读材料本身的价值密切相关。

(四)阅读行为的类型

根据不同的标准,可以把阅读行为进行多种不同地划分。

1. 精读(研读)行为、略读(速读)行为

根据对文本的钻研程度或阅读速度,可把阅读行为分为精读行为和略读行为。

精读行为即对文本进行细读、深读的行为,以期全面、系统而深入地掌握其信息。精读不仅有利于强化记忆和加深理解,而且也有利于养成钻研精神、提高思维能力与创造能力。同时,精读也还有利于培养兴趣、意识、毅力、习惯等良好心理品质。

略读行为即只阅读文本的内容提要、序、跋、目录以及翻看书中的大小标题,或者选读

---

① 曾祥芹主编:《阅读改变人生》,中国海洋大学出版社,2003 年版,目录。

部分内容和图表、结论等,以期从总体上对文本有一个比较概括的了解,简言之,略读不是从头到尾地一一细读。略读不但可以用短时间获取新信息、新知识,实现对文本材料的快速判断,而且可以将节约出来的时间用于拓展阅读或者进一步进行精读。

2. 朗读与默读

根据阅读时出声与否可以把阅读行为分为朗读行为与默读行为。

朗读,是指"通过视觉、听觉和思维活动,将文字符号转变为有声言语的读书方法,即出声的阅读"①。这种阅读行为"对于理解读物内容,巩固记忆,训练口语表达能力,养成良好的语言习惯,欣赏文学作品,丰富想象和陶冶情操,具有特殊功用"②。

默读,是指"通过视觉和思维活动,理解文字符号的读书方法,即不出声的阅读。读时人的眼球作忽动忽停的运用,眼停(眼球停下来注视读物的不动状态,每次眼停时间,平均约 1/3 秒)的瞬间看清字词,大脑接受文字信息,转变为无声语言,对读物内容进行思维活动,达到理解和记忆"③。

3. 连读与跳读

根据阅读行为的连续状态可以把阅读行为分为连读行为与跳读行为。

连读即连续性地按照文本的顺序进行阅读,这种阅读不对所阅读的文本本身进行主观性地取舍,只是按照其原本面貌顺利进行阅读,有助于对所阅读的材料进行全面了解和把握。

跳读是指跳跃性地阅读,即在阅读时往往从文本中挑选出自己所需要的部分来进行阅读,而对自己不需要的部分,或者不感兴趣的部分则直接略去。因此,这种阅读实际上也可以说是"搜索性阅读",是"取其所需"的阅读。由于时间的原因或者特定问题的解决等使得学习主体不能或者不需要对文本进行全面阅读,而只是有选择地挑选其中有价值的部分进行详细阅读。因此,跳读也是学习主体在学习中比较常见的一种阅读行为。

4. 顺读与逆读

根据阅读的起始顺序可以把阅读分为顺读行为和逆读行为。

顺读,即按照文本的先后顺序依次进行阅读,是从文本的最前面开始,依照其自身的顺序,依次进行阅读。

逆读与顺读相反,是指在阅读时对文本从后向前进行阅读。因此,这种阅读改变了文本的次序,不再是按照文本自身的顺序进行阅读,而是采取由学习主体选定的阅读方式进行。当然,这种阅读严格说来,主要是进行略读,或者说是补充性阅读。

另外,逆读的价值在于可以避免学习主体对文本的前面进行过度学习,而对于文本的后面学习不够的现象。

5. 通读与选读

按照阅读内容的完整程度,可以把阅读行为分为通读行为和选读行为。

通读即全读,指对所有内容不加任何筛选,全部都进行阅读。

---

① 顾明远主编:《教育大辞典》(增订合编本),上海教育出版社,1998 年版,第 930 页。
② 顾明远主编:《教育大辞典》(增订合编本),上海教育出版社,1998 年版,第 930 页。
③ 顾明远主编:《教育大辞典》(增订合编本),上海教育出版社,1998 年版,第 1117 页。

选读即有选择性的阅读,即只对部分内容进行阅读,而不对所有内容全部进行阅读。当然,选读有可能只是对某一部分进行,只选择某一部分进行阅读,也有可能是选择多个部分,对多个部分进行阅读。尽管选择多个部分,但只要不是对所有的内容进行阅读,仍然只是选读,而不能视为通读。

6. 全读与分读

根据阅读内容的容量,可以把阅读行为分为全读行为与分读行为。

全读也即通读,一次性地完成对全部内容的学习。全读,有可能是一次,也有可能是多次。无论是一次还是多次,每一次都是一次性地对所有内容进行阅读。

分读则是把内容分成若干部分,每次学习一个部分。学习时往往是一部分一部分地进行学习,最后再把所有内容归纳,形成一个整体。

虽然从表面上看来,全读注重整体,而分读强调部分,但事实上,分读也同样关注整体,只不过是在部分的基础上来实现对整体的把握的。

二、阅读行为的技术

(一) 阅读的要求

概括起来,阅读行为的要求主要有以下八个方面。

1. 读好书

选择合适的阅读材料是确保阅读行为有效、科学的前提条件,阅读首先需要对阅读内容进行选择。对于阅读内容的选择,关键在于其本身的质量,即所要阅读的材料本身需要进行精心挑选,选择出最有教育意义、最具帮助价值的阅读材料来进行阅读。因此,在对阅读材料进行选择时,不能仅根据自己的主观判断来进行,而应通过咨询、讨论等方法来正确判断。

2. 多类型

阅读除了要读好书外,还要多阅读,尤其是要进行多个方面的阅读,即阅读的范围要广,视野要开阔,不能仅仅阅读一个或两个领域的书籍。否则,将会使得学习主体的知识结构比较单一,知识面比较狭窄,不利于其持续进步。

3. 抓重点

阅读时,还要在全面阅读的基础上突出重点,抓住重点进行阅读和思考。阅读时如果抓不住重点,眉毛胡子一把抓,或者本末倒置,抓错重点,都将导致阅读的效率降低,进而影响学习的效果。

一般说来,一些基本的概念、原理、规律应该是重点进行阅读的对象。

4. 多次读

阅读需要多次、反复进行地去读。对于任何阅读材料,只要能够认真地读上多遍,其中所蕴藏的关键、道理及意义等就会比较清晰地呈现出来。因此,对于阅读而言,不能只读一遍,或者少数几遍,寄希望于一劳永逸、毕其功于一役的想法是不合适的。

5. 专心读

阅读还要专心。所谓专心,有两个方面的要求:

一是不要三心二意。在阅读时不要一会儿想着阅读,一会儿又想着其他的活动;也不要一会儿拿起这本书,一会儿又拿起另一本书。尽管在阅读时需要进行参照性的阅读、进行对比性的阅读,但一则要控制参照和对比的次数,不要次次都要参照、对比;二则要注意参照和对比时必须明确主要的阅读材料和次要的材料,不能主次不分,主次颠倒,把次要的方面、辅助的方面当做主要的方面。

二是不要受外界的干扰。这也即在阅读时,不要对外界给予过度的关注。有些学习主体在阅读时容易受周围环境的影响,只要周围环境发生任何变化就无法阅读下去,这当然会影响阅读的效果。

6. 理解读

阅读的时候还应在理解的基础上进行。一方面,要跟随着阅读材料进行深入的思考,比如其发展脉络、关键之处、核心方面等;另一方面,还要在阅读的同时思考与阅读材料相关的其他方面的内容,并在头脑中进行比较、判断,以深化对阅读材料的理解。因此,理解读反对那种机械的阅读及浮在表面的阅读。

7. 动手读

尽管阅读(尤其是默读)主要是用眼睛来进行扫视,但同时还应动手做出一些相应的动作(如标记、批注、摘抄等)来帮助、支持阅读。

8. 参照读

为了更好地领会所要阅读的材料,在阅读的时候还可以采用借助其他材料帮助的方法来加深对阅读材料的理解,即参照读。参照读的特点之一就是不只是阅读一种材料,而是阅读多种材料,把很多材料放在一起,进行专题性或归类性阅读、对比性或比较性阅读。

参照读一方面可以深化对原有阅读材料的理解,另一方面实际上也是一种研究性的阅读,是研究的过程而不再是纯粹的阅读过程。

(二)阅读的方法

阅读的方法有很多,这里简要介绍七种。

1. 普通阅读法

普通阅读法也称为基本阅读法,这种阅读方法不但最为常见,而且适用范围也比较广。

这种阅读方法有四个基本的步骤:

第一步,通读或略读,抓住阅读材料的表层含义,如了解阅读材料的基本信息,解决阅读中的基本障碍,把握阅读的主要内容及可能的关键之处。

第二步,精读或细读,把握材料的深层含义。在通读的基础上,对阅读材料中的重点内容进行深入细致阅读,做到由表及里。

第三步,融读或串读,整体把握材料含义。对阅读材料进行整体性的阅读,把各个部分连接起来,形成一个系统的有机整体。

第四步,补读或再读,深化拓展阅读材料。对于重点的内容或者是经过融读后还存在着模糊的地方再进行补读,包括对这些方面进行再次阅读,或者是通过运用拓展材料进行拓展阅读及参照阅读等。

2. 比较阅读法

比较阅读法是指在阅读时选取若干材料进行对比性的阅读，这种阅读方法需要多种阅读材料，而且在阅读时还要对这些阅读材料进行对比。

根据比较的方式，比较阅读法有纵向比较、横向比较和类比比较三种。纵向比较，是比较关于某一个问题不同时期的阐述，这种比较实际上也就是历史比较；横向比较，是比较同一时期或同一标准下的不同阐述，这种比较实际上也就是归类比较；类比比较，是指比较不同类别阅读材料的比较，这类比较实际上也就是对比比较。

3. 质疑式阅读法

所谓质疑式阅读，就是在阅读时对阅读材料中的观点及其论证材料不是盲目信任，而是经常提出一些问题，并经过自己的思考、分析来做出判断的阅读。

质疑式阅读方法的关键在于有疑。没有疑问，也就难以谈上质疑，也就谈不上质疑式阅读了。质疑式阅读还要注意两点：一是质疑应抓住关键，对于与关键无关的细枝末节，不要去死钻牛角尖，一味地抓住不放，质疑不是"怀疑一切"；二是质疑并不是提出问题就算完事，除了提出问题外，还要运用所掌握的知识和材料去加以分析、判断，寻找解决疑问的方案。

4. 问题式阅读法

问题式阅读与质疑式阅读比较相近，但也有明显的不同。相近的一面是两种方法都有问题或疑问，都在阅读过程中与问题或疑问相伴。当然，需要说明的是问题或疑问都与阅读材料相关，都是基于阅读材料而提出来的。但是，两者的问题或疑问又有所不同，这就是两种不同阅读方法的区别所在。前者主要是针对阅读材料本身进行批判性思考，是对材料本身进行质疑；而后者则主要是帮助学习主体认识材料而提出来的，是为了学习主体更好地理解而进行的提问。因此，质疑式阅读中的疑问则与材料的科学与否有关，而问题式阅读中的问题与学习主体的认知发展有关。

5. 反刍式阅读法

所谓反刍式阅读法，就是利用空闲时间，把所阅读的内容在头脑里调出来进行品味的阅读方法。这种阅读方法的优点是阅读不受时、空、物的限制，只要学习主体能够静下心来回想就可以做到，通过这种回想，对原本阅读过的材料进行巩固和理解，可以温故而知新。

6. 退绕停避询阅读法

阅读也可以采取一些曲线的方式，曲径通幽以达到预定的阅读目的。

退，就是在阅读的过程中，发现有些问题不能很好地理解甚至看不懂时，应该退回到自己能够理解的地方，然后再从这个地方出发，通过补充相关方面的知识储备后再继续向前阅读。

绕，就是在阅读过程中遇到不懂但又不影响下面的阅读的地方时，就暂时跳过去不予理会，以后再说。但需要说明的是，绕并不是丢开不管，而只是暂时停下来。

停，就是在阅读的过程中，遇到基础性的知识或结论性的内容时，应该放慢节奏，采用精读法仔细地琢磨，直到弄懂、搞透为止。

避，就是在阅读时，对于有些内容采取放过去的做法，不去追究其原委。在阅读的过程中,有时经常会遇到这样的情况:由于有些内容涉及的范围比较广泛,也不是自己必须了解和掌握的。对于这些内容,就可以采用跳读法把它们避过去,只抓住自己需要的内容搞懂、吃透就可以了。这可以节约不少时间,以便去学习我们所需要的知识。

询,即咨询、求助。在阅读时还可以向他人请教,得到他们的帮助,通过他们的帮助有助于阅读的顺利进行。

7. SQ3R 阅读法

SQ3R 是浏览(survey)、提问(question)、阅读(read)、背诵(recite)和复习(review)五个单词的首字母,也是阅读的五个步骤或程序。

第一步,浏览。在开始阅读的时候先大概地初读一遍,对阅读材料有个总体印象,以把握阅读的主要内容及可能遇到的重点、难点等。浏览有两种方式,一种是扫描式,即一目十行读;另一种是跳跃式,即把材料中的无关紧要的引文、推理过程等跳过去,只抓住筋骨脉络与主要观点。

第二步,提问。在此阶段,再次大概地阅读,但在具体的阅读过程中,要对阅读材料的大小标题或其他有着重要标示的内容等提出一些问题来,从而可以使后续的阅读能够更有目的性。当然,对于这些问题,也可以自己先行尝试着进行回答,这不但可以培养和提高独立思考、解决问题的能力,而且也还可以提高学习和记忆的效果。

第三步,阅读。在这一阶段,带着问题对阅读材料进行深入的精读,对于那些比较重要的内容,要逐章、逐段、逐句、逐字地读,对于专门术语、重要概念、图表及注释等要透彻理解其准确意义。

第四步,背诵。在理解基础上把阅读材料的主要内容能够提纲挈领地复述出来或背诵出来,以加深理解,增强记忆。

第五步,复习。在复述的基础上,根据回忆中所发现薄弱环节和理解的熟练程度进行复习,若是需要长期保存的记忆材料则必须反复复习,直至牢固掌握。

第三节 笔记行为

一、笔记行为概述

(一) 笔记行为的内涵

由于笔记是反映学习主体的学习状况的书面记录,所以笔记行为也就是学习主体对学习内容进行记录的行为。这种行为作为对学习主体学习状况的反映,主要表现为借助于一些工具而留下学习活动的痕迹,如记录或标记等。

相对于其他学习行为而言,笔记行为对于学习主体的学习活动有着极为独特而重要的价值。

1. 有助于集中注意力

在学习活动中,做笔记可以有效地防止学习主体分心或思想不够集中甚至开小差,做到手动且心到,由精神分散转为聚精会神。

2. 有助于记忆巩固

由于笔记行为手脑并用,一方面提供听或看的刺激,另一方面提供动手记的刺激,从而增强学习主体对相关内容的记忆。

3. 有助于锻炼思维

笔记行为作为对学习内容中的一些重点、难点所进行的强化性记忆,实际上也就是对其进行价值判断和取舍的过程。这既需要思维的参与,也能够使思维得到锻炼。

4. 有利于后续学习

笔记行为不但有利于学习主体集中注意进行学习,而且也有利于他们后续的学习活动,如在各种复习活动中都可以借助于笔记来极大地提高复习的针对性,提高学习效果。

(二)笔记行为的类型

1. 书上标记笔记

书上标记笔记就是在书本上相关内容处做上记号,或在书上空白之处写上内容,没有什么固定的格式。这类笔记主要有两种具体的做法:一种是画记号,即在重要的词、短语和句子下画出各种起到提醒作用的记号线;另一种则是写说明,即在书上的一些空白处记下起到提醒作用的文字。

2. 本式记录笔记

本式记录笔记就是把笔记做在一个本子上。一般说来,用来做笔记的本子都是专用的,这种专用一方面是指该本子就是用来记笔记,不再另做它用;另一方面,每一个本子还专门用于特定学习内容的笔记。

本式记录笔记的格式一般包括正页部分和副页部分。正页部分主要用于课堂听讲时所记的笔记,比如课堂上听讲的主要内容、重点强调的问题、容易出错的问题以及自己听讲时的体会、疑问等。副页部分主要用于对正页部分笔记所记录的有关内容进行补充和完善,它既可以是对有关内容的补充,也可以是自己的体会,还可以是部分关键内容的再次强化。

3. 卡式记录笔记

卡式记录笔记是指把笔记记在专用的卡片上的笔记。根据卡片本身的不同,卡式记录笔记有三种类型:第一种是摘录卡片,用于记下应该记忆的有价值的材料;第二种是索引卡片,记下手头常备的一些参考书上的材料;第三种是心得卡片,记下自己在听讲时的体会、认识等。

4. 活页记录笔记

除了上述传统的笔记行为类型外,目前还比较流行一种用活页纸做笔记的活页记录笔记。这种笔记行为作为对传统笔记行为类型的深化与创新,集中了本式和卡式两种不同笔记行为类型的优点,比如空间比较大,容量也较大、比较灵活,整理较方便,也易于保存。

当然,这种类型的笔记行为需要经常进行整理归类,每过一小段时间就要把使用过的活页取出来,进行归类和存放。

二、笔记行为的技术

笔记行为的技术主要涉及以下四个方面的内容。

(一) 准备技术

笔记行为的准备技术是指在做笔记之前要把与笔记相关的一些方面进行比较充分的准备,以便于笔记行为顺利进行。

一般说来,笔记行为的准备工作主要包括两个方面:一是物质准备,即做笔记所需要的一些材料(如笔、纸等)要提前准备好,这些材料的质量要好、数量要多,以免影响笔记的正常进行;二是精神准备,即在笔记开始之前,要有心理上的准备,做好开始记笔记的心理预期,一旦需要,就马上开始进行笔记。

(二) 内容技术

笔记行为的关键在于所记录的内容。对于笔记行为来说,所记录的内容要适当,既不能什么都记,也不能什么都不记。

一般说来,笔记行为的内容技术有:

1. 记解释。把学习内容中的一些不太好理解、不大容易懂的方面记录下来,既可以强化记忆,也有助于学习活动的顺利进行。

2. 记要点。把学习内容中一些比较重要的论点、依据、过程以及结论等记录下来,以便能够抓住学习内容的要点、关键去学习和记忆。

3. 记思路。把学习内容的内在关联,或者其所运用的方法及思路等记录下来,以便于从更深层面上去理解学习内容,从而活化学习内容,提高思维水平。

4. 记灵感。把自己在听讲及记录过程中所涌现出来的突发性的创造性思维(也就是灵感)记录下来,这既有利于对所学内容的理解,也有利于创新思维的培养。

5. 记疑点。把自己虽然能够理解,但仍有疑问的内容记录下来,以便在后续的学习中能够及时地化解这些疑问,从而促进学习主体的发展。

6. 记图表。图表包括图形、表格,有些图表可以更清楚地反映学习内容之间的关系,也有些图表则可以使学习内容更加系统化、形象化。

(三) 整理技术

笔记行为一方面表现在记录,另一方面表现为整理,笔记的整理既可以使笔记更加清晰,内容更加完备,也可以起到强化的作用,收到复习巩固的效果。

笔记整理的技术主要包括:

1. 忆。"趁热打铁",抓紧时间,对照书本、笔记,及时地回忆有关的信息,为笔记整理提供"可整性"。

2. 补。有些笔记,特别是在课堂上听讲时所做的笔记,由于记录的速度较快,难免会出现缺漏、跳跃,甚至有意简略等情况。因此,在整理时还应考虑笔记的"完整性"。这也即要在忆的基础上,及时做修补,使笔记完整。

3. 改。针对笔记中的一些错误,如错字、错句或其他不够确切的地方进行修改,使笔记具有"准确性"。

4. 编。根据一定的标准,梳理好笔记内容的先后顺序,并对之进行排序,形成一定的序列,使之有"条理性"。

5. 分。以文字或符号等对笔记内容进行分类,从而为分类摘抄做好准备,使笔记有"系统性"。

6. 舍。整理笔记时还需要把一些无关紧要的内容,或者过于浅显的内容进行省略,对笔记进行"瘦身",使笔记具有"简明性"。

7. 归。根据笔记内容,对笔记进行归类,使之纲目清晰,快捷好用,从而便于日后复习或学习时能够按需索取,使用方便,使笔记有"资料性"。

(四) 行为技术

笔记行为还涉及两项与行为有关的技术:

1. 记录必须尽可能地要做到准确无误

记笔记时要确保自己记录下的内容是正确的,而不是错误的。因为如果记录不准确,不但会直接影响到对学习内容的理解和把握,而且也还会在持续的学习活动中增加不少麻烦和困难。同时,笔记也应及时进行翻阅和整理,以便及时更正个别错误之处。

2. 记录时科学地分配注意力

注意力是一项宝贵的学习资源,在学习活动中,不但要认真听讲,而且还要做好笔记,为了协调好这两个方面,需要对注意力进行科学的分配。如果分配不够合理,将会使得注意力分配不够合理,进而影响到相应的学习行为,影响学习效果。

一般说来,注意力有两种比较合理的分配方法:一种是用50%的注意力听教师讲解,另50%的注意力做笔记;而另一种则是用90%的注意力集中听讲,并积极动脑思考,用10%的注意力作简要的笔记。当然,这两种分配方法需要根据学习内容进行灵活安排,有些时候可以用前者来分配,有些时候则需要用后者来分配,无论哪种分配,都需要考虑两个方面的协调和配合。

第四节 记忆行为

一、记忆行为概述

(一) 记忆行为的价值

记忆行为就是人们用于记忆而采取的各种行为方式的总和,这无论是对一般人员,还是对于学习主体都是非常必要的。

1. 反映记忆方法

记忆行为与记忆方法密不可分,每一个人的记忆行为往往是其运用的记忆方法的集中反映。因此,通过记忆行为可以推断出其所采用的记忆方法。

2. 影响记忆效果

不同的记忆行为往往会带来不同的记忆效果,有些记忆行为的记忆效果高一些,持续时间长一些;而有些则相反,记忆效果差一些,持续时间短一些。

3. 促进个体发展

记忆行为不但影响记忆效果,而且也决定着记忆主体的发展空间。不同的记忆行为往往会使主体有不同的发展方向和发展领域。

(二)记忆行为的类型

1. 形象记忆、逻辑记忆、情绪记忆和运动记忆

这是根据记忆内容对记忆行为进行的划分。形象记忆,又称表象记忆,是以感知过的具体事物的形象为内容的记忆;逻辑记忆,又称语词记忆,是以要领、判断及推理等逻辑思维为内容的记忆;情绪记忆是以体验过的某种情感为内容的记忆;运动记忆,是以做过的运动或动作为内容的记忆。

2. 瞬时记忆、短时记忆和长时记忆

这是根据记忆保持的时间对记忆行为进行的划分。瞬时记忆,又叫感觉记忆,指刺激停止作用后,信息只持续瞬间的记忆;短时记忆,又称操作记忆,指信息保持的时间较短的记忆;长时记忆,指信息保持时间较长的记忆。

这三种记忆行为也可以看做记忆的三个阶段:作用于主体的大量信息,经过瞬时记忆后大部分消失了,只有其中的一部分进入了短时记忆;而在短时记忆里大部分信息也消失了,只有其中一小部分信息经过复述而进行长时记忆,这部分信息就被长期储存起来了。记忆行为的三种类型或三个阶段如图6—1所示:

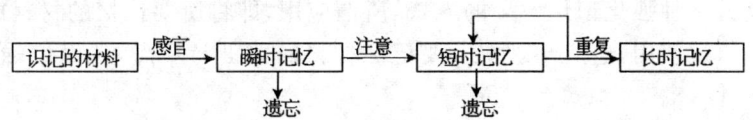

图6—1 三种记忆类型关系

3. 机械记忆与意义记忆

这是根据记忆方法对记忆行为进行的划分。机械记忆,即通常所说的死记硬背,是指主要靠机械地重复多次来加深印象的记忆方法;意义记忆,是指通过对记忆对象的内在联系的了解及对其内容的理解来加深印象的记忆方法。一般认为,意义记忆比机械记忆的代价要小些,保持的时间也长些。

4. 无意记忆与有意记忆

这是按照记忆目的的明确性对记忆行为进行的划分。无意记忆,是指事前没有确定记忆的目的,也不用任何有助于记忆的方法,不经过特殊努力的记忆;有意记忆,是指在一定的目的驱使下,运用一定方法,付出一定努力的记忆。一般说来,有意记忆往往需要意志努力,消耗的精力也大,但在条件相同的情况下,效果却要比无意记忆好得多。

二、记忆行为的优化

虽然不同学习主体的记忆水平各不相同,但可以通过一定的技术手段或方法对其记忆行为进行优化,从而提高记忆能力,增强记忆效果。

对记忆行为的优化,可以从以下七个方面来进行。

(一) 机械记忆与意义记忆相结合

机械记忆强调简单机械地重复,一般用于那种既无内在联系,又无明确含义的记忆对象;而意义记忆注重理解,多用于具有意义维度的材料。另外,在记忆时,也可以设法对某些本来毫无意义的材料人为地赋予其一定的"意义",进而采用意义记忆。

(二) 分散记忆和集中记忆相结合

分散记忆即把所要记忆的材料分为不同的部分,每次记忆其中的一个部分,连续多次实现对材料的记忆;而集中记忆则是把记忆的材料作为一个整体,一次性地对之进行记忆。两种记忆方式各有优缺点,一般说来,短小精悍、联系密切的材料宜集中记忆,而篇幅长、结构松散的材料宜分散记忆。当然,这里所说的分散记忆和集中记忆是相对的而不是绝对的,即集中里面有分散、分散里面含集中。

(三) 重复与应用相结合

记忆行为的优化还可以通过重复与应用相结合,这里所说的重复,是指对记忆的材料进行反复多次记忆,而不是一次性的。当然,反复多次既有可能是机械的,也有可能是意义的,无论哪种记忆下的反复,都是对记忆材料的强化。

应用则是另一种强化记忆效果的方式,所谓应用,即将所要记忆的材料放在具体的实践中去使用。通过使用,进一步理解所要记忆材料的关键与要点,从而增强记忆效果,巩固记忆。

(四) 早晨记忆和晚间记忆相结合

一般说来,经过一夜的睡眠后,大脑得到充分休息,不存在前摄干扰,所以早晨的记忆效果比较好,效率高。但是,所记住的东西还要经受一天的生活和学习所产生的倒摄干扰,所以,也会导致快速遗忘,会忘得快。而晚间记忆,特别是临睡前的记忆,则与清晨记忆刚好相反,虽然在这一时期记得慢,但由于没有倒摄干扰,所以也忘得慢。因此,可以把早晨记忆与晚间记忆有机地结合起来。

(五) 两端记忆与中间突出记忆相结合

心理学的研究发现,记忆行为还存在着"两端容易记忆"或"开头与结尾容易记忆"的规律。因此,对记忆行为的优化还需要应用这种规律来提高记忆效果,即把一个阅读材料一分为二,从而得到两个新的两端,除了原来的两端外,原来的中间部分又产生了一个新的两端。由于这个新的两端实际上也就是原来的中间部分,从而使本来记忆比较薄弱的部分变成了记忆比较突出的部分,有利于提高记忆效果。

(六) 材料的深加工与感官的多渠道参与相结合

深加工是指从各个角度对所要记忆的东西进行理解、把握,深入领会其精神实质,经过深加工,对材料的认识更加深刻,从而有利于记忆效果的提高;感官的多渠道参与则是指在记忆时要做到耳、眼、嘴、手并用,多种感官同时并用,将会对学习主体提供多重的刺激,增强记忆效果。两者的有机结合,会使得记忆效果更加突出。

(七) 记忆与遗忘相结合

记忆与遗忘是一对天然的敌人,记忆力图去记住,而遗忘则是对记忆的阻碍。因此,记忆行为的优化还必须关注遗忘,通过对遗忘的遏制来促进记忆的巩固,提高记忆的效果。

但是,记忆也需要遗忘。客观说来,任何记忆都需要占用一定的记忆资源,如果不能及时地对有些记忆内容进行遗忘,就难以腾出新的记忆空间。因此,记忆行为还需要借助遗忘,把暂时不需要记忆的东西及时地忘掉,以便把需要记的东西牢固地记住。

另外,善于遗忘往往还包括对一些特殊事件的遗忘,如对一些不愉快的事情、体验等的遗忘也有利于记忆,那种为强调记忆的重要性而提出要与"遗忘作斗争"的口号从这一意义上来说是有悖于科学记忆的。

第五节 作业行为

对于学习主体而言,完成作业既是其学习活动中的重要组成部分,也是影响其学习效果的重要方面。

一、作业行为概述

(一) 作业行为的内涵

作业行为即学习主体做出的与完成作业相关的各种活动方式的总和,具有以下特点。

1. 综合性

作业行为虽然是学习主体完成作业时表现出来的行为,但事实上这也是对他们的学习状况(如预习、听讲、复习等方面)作出的综合反映。因此,作业行为是学习主体各种学习行为综合化、集中化的反映。

另外,作业行为同时也是学习主体的认知行为、情感行为与技能行为等各个方面综合化的反映。

2. 多样性

作业行为的多样性有以下三个方面的表现:

一是作业行为来源多样。有的作业行为是来自于教师布置的,有些作业行为是来自于学习主体自己安排的,还有些作业行为是来自于家长要求的。

二是作业行为领域多样。客观说来,每一门课程或每一项活动都会有相应的作业任务,自然也会有与之相应的完成作业的行为。

三是作业行为形式多样。从类型上来看,有些作业是书面作业,有些是口头作业,还有些是表现性作业,每种类型的作业往往有不同的行为要求和行为表现,需要多样的行为。

3. 日常性

在正常的学习时间里,每天都会有一定数量的作业,学习主体自然每天都会有作业行为。当然,每天由于学习的内容不同、作业的要求不同,作业行为自然也各不相同,但作业行为无论如何不同,都会有作业行为。

4. 实践性

作业作为一项重要的学习活动,其价值之一就是通过作业的完成来对自己的学习活动进行检测。所以,作业行为实际上也就是学习主体把自己所学习到的知识通过作业的完成情况来进行实践检验。而且,通过实践运用,还可以进一步深化自己对知识本身的理解,有助于今后学习行为的优化。

(二) 作业行为的价值

1. 检查价值

通过作业行为可以检查学习主体的学习效果。如果学习主体在完成作业时很顺利,在一定程度上可以说明预习、上课和课后复习的效果是好的;相反,则说明其对所学习的内容还没有真正理解。因此,通过作业行为的表现可以检查学习主体的学习程度,评判其学习的状态。

2. 巩固价值

作业行为还可以起到强化对知识理解的巩固作用。特别是通过作业时的思考可以进一步把容易混淆的概念搞清楚,把事物之间的联系找出来,把公式变换搞灵活等,这些都有利于学习主体把客观的知识转化为自己的知识。

3. 思维价值

在完成作业的过程中,往往需要学习主体就其中的一些方面进行积极思考和严密推理。因此,作业行为还可以培养学习主体的思维能力,具有思维价值,即在运用所学知识完成作业的同时,他们的思维也得到了锻炼和提高。

4. 资源价值

所要完成的作业一般是经过认真选择且具有一定代表性的材料,这些材料的价值不仅体现在完成作业的过程中,而且体现在以后的复习活动中。把所完成的作业保存下来作为以后各种复习,如期中复习、期末复习,甚至毕业复习时的资料,将使得复习行为更有针对性,从而提高复习效果。因此,作业在完成和检查过以后,不应当一扔了事,而应当定期进行分类整理,经常查阅。

二、作业行为的技术

(一) 作业行为的行为技术

作业行为有一些基本的技术,或者说基本的要求,利用这些技术或者遵守这些要求,既是良好作业行为的表现,也有助于良好作业行为的养成。

1. 良好习惯

良好的作业习惯对学习主体的学习活动、学习效果至关重要。

作业行为的良好习惯包括很多方面:一是书写习惯,即作业的书写应规范、清晰、整洁、美观；二是定时习惯，即作业都在什么时间完成，或者是什么时间完成什么作业，如什么时间做语文作业、什么时间做数学作业、什么时间练习英语等都需要养成习惯；三是注意习惯，在完成作业时，还应养成注意力集中的习惯，这既是良好的作业习惯的内容，也是作业完成效果的保证。

2. 先行复习

完成作业之前还要先对与作业相关的学习内容进行复习。通过复习，进一步熟悉所学习的内容，明确学习内容中的关键，澄清学习内容中容易引起误解、产生歧义的地方；同时，通过复习，还可以进一步有效地把握作业与学习内容之间的关系，从而做到在完成作业时心中有数。在先行复习的基础上，就可以运用这些知识，不但可以专心完成作业，而且完成作业的质量也会比较高。

反之，如果直接拿起作业就做，虽然表面上看来可能会节约一点时间，但实际上由于对学习内容的内在联系把握得不好，理解不够深刻，极易出现错误，这不但导致作业质量不高，而且还会浪费时间。

3. 独立思考

完成作业的过程既应该是学习主体自己独立思考的过程，也是他们独立思考的产物。独立思考实际上也就是他们有效地调动相关知识，克服相应的困难，完成学习任务的活动。完成作业不但有助于学习活动的巩固，而且也有助于他们思维能力的发展。因此，在完成作业时还应该坚持独立思考，养成独立思考的习惯。

当然，独立思考并不排除也不反对合理地向别人请教。在完成作业的过程中，由于种种原因，有些作业内容尽管几经努力，可能仍然没有有效的解决办法。这时可以向老师、家长或同学请教，请他们进行指点或解释，这既有助于完成作业，也是对相关学习内容的复习和巩固。

4. 及时认真

作业的完成还要做到及时、认真，这两者分别是从时间和质量方面对作业行为的要求。

所谓及时，即要按照规定的时间来完成作业，不要拖拉。在完成作业时，经常会遇到这样的情况：有些课程每天都会有作业，出现作业疲劳；有些时候时间比较紧，没有时间去完成。有些意志力不够坚定，自觉性不够的学习主体可能就难以及时完成。

所谓认真则是指在完成作业时还要认认真真地做思考，去完成，不要敷衍了事。这既不能保证作业质量，也不能发挥作业的价值。

(二) 作业行为的过程技术

作业行为的一般过程既是完整的作业行为流程的表现，也是完成作业行为的技术要求。

1. 做好准备工作

做好准备工作实际上也就是为完成作业而进行的准备活动，这些准备活动包括以下三个方面的内容：一是物质准备，就是把课本、参考资料、作业本及文具等都准备好，以利于完成作业；二是精神准备，即调整好心态，从其他的活动和状态中进入完成作业的状态中来；三是内容准备，即上述的先行复习——在正式开始完成作业之前，先不要急于去做作业,而是要先复习,要对所学内容进行认真的思考,找准学习内容的重点和难点,梳理学习内容中各个部分的联系以及与旧知识的联系等。

做好这些准备工作,将为后面的完成作业提供充分的物质的、心理的和内容的准备,有助于作业活动的顺利完成。

2. 感知理解题意

感知理解题意包括审题、联想与课题的类化三个小的过程。

审题即了解题意,弄清题目中的条件与问题,明确题目的要求。如果搞不清题目要求,忽视或遗漏某些必要条件,或领会错了题目的意思,完成作业的过程就一定不会很顺利。

联想是指由一种心理过程而引起另一种与此相连的心理过程的现象,作业行为中的联想主要是根据已有知识经验进行的合乎逻辑的、必然的要求和反映。由于作业一般是为了检查或巩固某一个知识要点而设计或布置的,所以,要想顺利地完成作业,找到正确的解题思路,必须首先分清这道题要考查什么,然后根据解题要求顺藤摸瓜,从而得出正确的结论,完成作业。

课题的类化是指把当前的作业内容纳入到同类的知识系统中去,或者说是把一个具体的题目放入到一般性的、概括化的原理性表达之中,这将有助于知识的系统化和调用的高效性。

3. 具体实践解题

经过审题后就进入具体的实践解题阶段了,这一阶段实际上也就是把自己在感知理解题意的结果表达出来的过程。因此,相对于上一个阶段重在寻求突破口而言,这一阶段重在落实,通过实践来完成具体的题目。

在做题时,为了保证做题质量,促进作业行为水平的提高,还要做到"准确、规范、快速"。

准确就是在做题时要争取"一遍对",或者说一次性成功。经过前述的感知理解题意,特别是类化以后,已经找到了解决问题的关键,故而完成作业实际上也就是一项细节性的落实,应该不是很难。当然在做作业时,尽管不可能次次都一次性地完成,一遍就做对,但还是要尽量做到,这不但可以节约时间、提高效率,而且也有助于个体思维水平的发展。

规范就是在解题时应严格按照规定的格式、程序或要求进行,比如书写要工整、条理要清晰,这不但方便自己检查,而且还方便教师批阅。另外,规范还有一个方面,就是要做到不要轻易下笔,先把解题思路搞清楚,方法步骤搞准,然后再下笔。

快速就是在解题时效率要高。作业行为不但有质量上的要求,而且还有效率上的要求,如果仅有质量而没有效率,也会影响到作业行为的水平。解题效率的高低既可以用单位时间长短来衡量,也可以用单位任务多少来衡量。

4. 检查订正完善

表面上看来,经过具体实践解题之后,作业任务已经完成,作业行为似乎应该结束了,但事实上,作为完整的作业行为来说还没有结束,学习主体还应该对自己作业完成的情况进行检查订正完善,进一步提高作业质量,促进自己的发展。故而这一阶段既是保证作业质量不可或缺的一步,也是培养学习主体独立思考能力的重要途径。综上,通过检查订正完善,不但有利于作业质量的提高,还可以提高学习主体独立思考的能力。

第七章 学习方式

美国学者哈伯特·塞伦于1954年提出学习方式后就引起了人们的广泛关注,对之进行了大量的研究,从而使得学习方式成为学习研究领域里的一个至关重要的方面。

第一节 学习方式的已有界定

人们对于学习方式的广泛关注,首先表现在对学习方式界定的多元上,不同的研究者对学习方式做出了各不相同的定义。对此,托马斯·贝勒断言道:"有多少理论家就存在着多少种学习方式的定义。"[①]

概括起来,目前关于学习方式的定义大体上有以下七种类型。

一、等同于学习风格

这种类型的界定把学习方式与学习风格等同起来,认为学习方式就是学习风格,是个体独特的学习倾向的反映。这种主张在某种程度上与哈伯特·塞伦有关,塞伦不但首次提出了学习方式,而且也可以说是学习方式与学习风格等同的肇始者。当然,这并不一定是塞伦本人的意思,极有可能是在翻译时出现的一种误会,塞伦在提出学习方式这一术语时使用的英文表述是 learning style,所以国内学者在引入这一概念时就有了两种译法:一种译为学习风格,另一种译为学习方式。也正因如此,一些研究者就把两者等同起来,认为学习方式就是学习风格,学习风格就是学习方式。所以,持此种观点的研究者在对学习方式进行界定时往往将之与学习风格等同起来或相提并论。

这种理解有其合理之处,从翻译的角度来看,learning style 既翻译成学习方式,也翻译成学习风格,从这一方面来看,这样理解是没有问题的;而且,从实然的角度来看,学习方式与学习风格也确实密切相关,两者是你中有我、我中有你。

但是,从研究的角度来看,把两者简单地等同起来并不一定很恰当。虽然两者间有关

[①] 转引自新课程实施过程中培训问题研究课题组编写:《新课程与学习方式的变革》,北京师范大学出版社,2001年版,第68页。

联,密切相关,但并不意味可以完全等同起来,事实上,两者间在有关联的同时,还有着明显的区别。关于它们的区别,将放在下面的相关范畴中进行辨析。

二、学习策略和学习倾向的总和

这种类型的界定是从组合的角度来进行的,认为学习方式是学习策略和学习倾向两个方面的共同体。

当然,在这一共识的前提下,不同研究者对于学习策略和学习倾向这一组合的定位又有所不同。有研究者将其定位为基本的学习策略和学习倾向的总和,认为"学习方式指的是学生在完成学习任务过程中基本的学习策略和学习倾向的总和"[1];也有研究者将其定位为持续一贯的学习策略和学习倾向的总和,如"学习方式是学习者持续一贯表现出来的学习策略和学习倾向的总和"[2]。

虽然两者在具体的定位上有所不同,但所包含的内容却相没有什么根本性的区别,都认为包括学习策略和学习倾向两个方面;而且,对学习策略和学习倾向的认识也基本接近一致,认为学习策略即学习的一系列步骤(其中某一特定的步骤称之为学习方法),学习倾向即学生在学习过程中会表现出包括学习情绪、态度、动机、坚持性以及对学习环境、学习内容等方面的偏爱。

与简单地把学习方式与学习风格等同起来的主张相较起来,这种界定不再只是把两者简单地等同起来,而是从多个方面融合的角度来理解和把握学习方式,因而对于学习方式的认识显得较为深入。

当然,这种类型的界定本身也同样存在着一定的局限,对学习方式自身的定义还不够具体,还显得比较笼统和抽象。无论学习策略还是学习倾向本身,都是包括多个方面的综合体,学习方式又是包括这两个方面在内的更加综合的综合体,所以其笼统性由此可见一斑。

三、学生在学习活动中的参与方式

这种类型的界定把学习方式理解为"学生在学习活动中的参与方式"[3],或者说是学生在教学活动中的参与方式[4]。

如前所述,学习主体在学习活动中会有着多种多样的学习行为,因而也会存在着多种的活动,也会存在着多种的参与方式。所以,从参与方式的角度来定义学习方式实际上也

---

[1] 转引自新课程实施过程中培训问题研究课题组编写:《新课程与学习方式的变革》,北京师范大学出版社,2001年版,第68页。

[2] 新课程实施过程中培训问题研究课题组编写:《新课程与学习方式的变革》,北京师范大学出版社,2001年版,第69页。

[3] 王雪萍、孙春福:《发现、回归儿童,探索适合儿童的学习方式》,《江苏教育研究》,2006年第9期。

[4] 转引自孔企平:《论学习方式的转变》,《全球教育展望》,2001年第8期。

是从组合的角度来理解学习方式的,有研究者就直接指出,"学习方式是一个组合概念"①。当然,这里所说的组合不同于上述仅从学习策略和学习倾向两个方面进行的简单组合,而是从学习活动中所需要的各种参与方式的总括性的组合,是"包括行为参与、情感参与、认知参与和社会参与的有机结合。其中学生的行为方式是载体,认知和情感因素表达了学习方式的实质内涵"②。

以组合的方式,从活动的角度并进一步演化为从行为的类型上来理解学习方式,从某种意义上来说,对学习方式有了更深刻的认识。但这种理解也同样有泛化之嫌,把所有与学习有关的方面都纳入到学习方式之中了,无形中进一步扩大了学习方式的范畴。

四、基本的行为和认知取向

这种类型的界定把学习方式看做完成学习任务的基本的行为和认知取向。需要说明的是,一方面持这种界定的研究者比较多,另一方面不同研究者对于完成学习任务的基本的行为和认知取向的理解也各不相同。

一种是纯粹从完成学习任务的视角来界定的,认为"学习方式指学生在完成学习任务过程中所反映出的基本的行为和认知取向"③,"学习方式是指学生在完成学习任务过程时基本的行为和认知的取向"④。

另一种则是在完成学习任务的基础上,进一步从学习策略和学习方法上对学习方式进行界定。当然,不同的研究者对于学习策略和学习方法在定位上又有所不同,有的研究者认为,"学习方式不是指具体的策略与方法,而是指学生在完成学习任务过程时的基本的行为和认知取向;不是指学习的具体小策略,而是指学习的大趋向"⑤;有的研究者认为,"学习方式是指学生完成学习任务过程时基本的行为和认知的取向。学习方式不是具体的学习策略和方法,而是高于策略和方法层面,影响并指导学生对具体的策略和方法做出选择的有关学习行为的基本特征"⑥。

这种定义看到了学习方式与学习行为之间的关系,对学习方式的把握较为合理,抓住了学习方式的实质,但却又将之与认知取向联系在一起,也同样有泛化之嫌。

---

① 王雪萍、孙春福:《发现、回归儿童,探索适合儿童的学习方式》,《江苏教育研究》,2006 年第 9 期。
② 王雪萍、孙春福:《发现、回归儿童,探索适合儿童的学习方式》,《江苏教育研究》,2006 年第 9 期。
③ 《新课程核心概念诠释——学习方式》,http://www.jddyzx.com/Article_Show.asp? ArticleID=145。
④ 转引自孔企平:《论学习方式的转变》,《全球教育展望》,2001 年第 8 期。
⑤ 孔企平:《论学习方式的转变》,《全球教育展望》,2001 年第 8 期。
⑥ 钟启泉:《关于学习方式的认识》,《云南教育》,2003 年第 20 期。

五、人的存在和发展方式

这种类型的界定把学习方式与人联系起来,将其看做人的存在和发展方式,如有研究者从人学的角度认为,"学习方式取决于有什么样的'人的理念'"①;有研究者直接认为,"学习方式就是人的存在方式"②;亦有研究者从成长和发展的角度认为,"学习方式,大而言之,是学生的成长方式和发展方式。学习方式不仅仅是学生获取知识的方法,而是师生在教学活动中信息交流、情感交融、观念沟通的活动结构"③。

这种类型的界定大多是从哲学或教育哲学的角度,以人的存在为切入点,把学习方式定位为人的存在和发展,对学习方式的定位较高,但显得较为抽象,不易于人们的把握、理解和交流。

六、认识事物的方法

这种类型的界定是从方法的角度出发,把学习方式看做认识事物的方法,如"人们在观察事物、理解事物和对事物做出反映时所具有的独特认识事物的方法,以及人的认识事物过程中感情上和生理上所产生的种种反映的总和便是学习方式"④,或者直接简洁地指出,"学习方式是指个体接受和保持新的信息和技能的方法"⑤。

为更好地理解学习方式,也有研究从对学习方式与学习方法进行比较的角度来进一步阐明学习方式,认为"学习方式较之于学习方法是更为上位的东西,二者类似战略与战术的关系:学习方式相对稳定,学习方法相对灵活,学习方式不仅包括相对的学习方法及其关系,而且涉及学习习惯、学习意识、学习态度、学习品质等心理因素和心灵力量"⑥。

这种以方法来定义学习方式,在看到了学习方式与学习方法的关联的同时,也容易把学习方式与学习方法等同起来。虽然有一些界定指明了两者间的区别,但实际上也同样没有把两者很好地区分开来,还会让人产生误解。

七、接受或加工信息的方式

这种类型的界定把学习方式与信息的接受或加工联系起来,认为学习方式就是获取

---

① 鄢文瑶:《远程教育网络空间人文诉求的哲学思考》,《广西广播电视大学学报》,2005 年第 3 期。
② 肖川:《学习方式就是人的存在方式》,《中小学管理》,2002 年第 8 期。
③ 郭元祥:《学习方式变革:可能的和有效的》,《河北教育》,2008 年第 5 期。
④ 《学习方式琐谈》,http://www.ruiwen.com/news/23948.htm,2005-3-10。
⑤ 《合理的学习方式》,http://www.bjchild.com/Html/Article/200706/2889.html,2004-3-25。
⑥ 教育部基础教育司组织编写:《走进新课程——与课程实施者对话》,北京师范大学出版社,2002 年版,第 130 页。

信息或加工信息时所采用的方式,是"个人在学习时接受或加工信息的方式"①。

这种类型的界定抓住了学习活动对信息的接受或加工,具有一定的合理性。从某种意义上来说,学习就是学习主体获取信息,促进发展的活动或过程,但学习方式是否能与信息接收或加工等同起来还需做进一步的推敲和思考,比如对信息接收或加工应该不是学习方式所独享的"特权",至少还会有学习策略,特别是元认知策略也还会涉及信息的接收或加工。因此,这就涉及学习方式与其他同样作用于信息接受或加工的范畴之间的边界划分的问题。

第二节　学习方式的尝试把握

一、学习方式的内涵

（一）学习方式的概念

对于学习方式的界定应该基于学习行为的视角来进行,而且是建立在对学习行为整体把握的基础上。这是因为:

一方面,如前所述,学习行为是学习活动中最为基本的构成成分,与学习活动相伴而生。对这些学习行为不但要进行分别研究和专门把握,同时还要进行整体把握,即学习方式不再只是具体的学习行为,而是学习行为的整体。因此,应突出学习行为的概括性特点。

另一方面,学习方式作为对学习行为的整体把握,是那些经常化的、自动化的、定型化的学习行为,不是那些偶尔为之的学习行为。因此,学习方式还要突出其一贯性、经常性等特点。再者,作为一贯性、经常性的学习行为,还要突出其行为的内外一致性,即内隐性的理解和加工与外显的行为及动作应该一致起来。

基于上述考虑,这里把学习方式简要地理解为学习主体各种具体学习行为的融合性、概括性和持续性的表达。对于这一界定,有以下四个简要说明:

第一,学习方式与学习行为密切相关。离开了学习行为,也就谈不上学习方式。同时,学习方式还是学习行为的集中表现,是学习主体经常性的、持续性的学习行为表现,而不是个别的、偶然的学习行为。

第二,学习方式作为对各种各样的学习行为所作的融合性表达,是各种学习行为内在的、有机的统一,而不是简单地叠加、捏合在一起。

第三,学习方式虽然是各种外显的学习行为的表达,但同时也对学习主体的学习行为具有自动的约束、调节作用,具有对学习行为进行调控的内在约束力。

第四,学习方式作为对学习行为的融合性和概括性的表达,是建立在对学习有着深刻

---

① 顾明远主编:《教育大辞典》(增订合编本),上海教育出版社,1998年版,第1818页。

理解的基础上,是对学习认识的外化表现。

(二) 学习方式的特点

1. 概括与多样的统一

学习方式作为对学习主体各种学习行为的融合性表达,具有高度的概括性。学习方式是对学习行为进行的抽象和提炼,而不再是学习主体的具体行为,具有类型化的特征。因此,学习主体身上虽然有多种学习行为,但却只拥有相对有限的学习方式。这种概括不但反映在学习主体个体身上,还反映在整个学习主体身上。虽然学习主体众多,其学习行为各异,但学习方式的类型却相对有限。

同时,学习方式的类型虽然在种类上不及学习行为多样,但也并非只有一种或两种,同样也有多种学习方式;而且,根据不同的标准,还可以对学习方式进行不同的划分。

2. 稳定性与灵活性的统一

一方面,学习方式是稳定的,是学习主体身上经常性、持续性、一贯性的表现;另一方面,学习方式还是可变的、动态的与发展的。由于学习方式是根据学习行为进行的概括,故而当学习行为发生变化时,学习方式自然也会发生变化。时间的发展、社会的进步以及资源类型的转变等都会使得学习主体的学习行为发生变化,从而带来学习方式的改变。因此,学习方式的稳定性是相对的,而学习方式的可变性则是绝对的。

3. 外显与内隐的统一

学习方式是对学习行为的概括性表达,自然具有与行为相一致的外显性的特点,能够直观地观察和感受得到。同时,学习行为也还是受学习主体内在的信念、意识、情感等的约束,是其内在精神力量的反映。一方面,外显的学习行为会受到内在的精神层面的制约,是精神层面支配下的外显化;另一方面,内在精神层面的提升也往往会表现在外在行为上,是外在行为内化后的结果。

4. 共同性与差异性的统一

如上所述,学习方式也有多种类型。一般说来,同一类型的学习方式具有高度的共同性,不同学习主体只要拥有相同的学习方式,都应该拥有该种学习方式所呈现出来的共同特征。同时,每一种类型的学习方式作为对一类学习主体的学习行为的概括性表达,由于不同学习主体之间的差异,所以使得其在同一群体内部也会存在着一定的差异,从而呈现出多种不同亚型的学习方式。

另外,不同类型的学习方式同时并存,从类型上来看,反映的是学习方式类型的共存;但从区别上来看,反映了学习方式之间的差异。因此,这从另一个侧面表明了学习方式的共同性和差异性的统一。

(三) 学习方式的价值

1. 深层次上影响学习主体的学习

学习方式作为学习主体的各种学习行为的持续性、概括化和融合性的表达,既是对学习行为的整体性反映,也在深层次上反映学习主体的学习行为水平,因而也会在深层次上对学习主体的学习产生影响。

2. 综合反映学习主体的学习行为

学习方式作为学习主体各种学习行为的融合表性达,是对学习主体学习行为的综合性的反映,而且还可以透过学习方式来把握学习主体的学习状态。

3. 优化学习方式可提高学习效果

由于学习方式是对学习主体学习活动及其行为所进行的把握,故而在影响其学习活动的同时,还可以对学习方式进行优化,从而完善学习方式,提高学习效果。

二、学习方式的相关范畴

为更好地理解学习方式,还有必要对与之相关的一些范畴进行辨析,以进一步深化对学习方式的理解和把握。

(一)学习方式与教学方式

学习方式与教学方式既有共同点,又有区别点。

两者的共同点主要表现在以下两个方面:

一方面是都会涉及多种行为。无论是学习方式还是教学方式,作为方式,在客观上都会涉及、包括多种行为,而且它们还都是对多种行为的融合性表达。

另一方面是在特定的学习活动,尤其是课堂学习中具有交互影响性。在课堂学习中,既存在着教师的教,也存在着学生的学。所以,教学方式会影响到学习方式,同时学习方式也会反作用于教学方式。

两者间的区别也主要表现在两个方面:

一是行为行使主体不同。学习方式的行使主体是学习主体,这些学习主体是从广义上来说的,包括学生这一特定的学习主体在内,教学方式的行使主体则是教师,学生和教师是两类不同的主体,分别担纲两种不同的行为方式。

二是行为行使场域不同。由于教与学的依存关系,教学方式必然会与学习方式相伴共生,有教学方式必然会有学习方式。而学习方式则未必全然如此,有些学习方式与教学方式相伴共生,而有些学习方式则不一定会与教学方式相伴共生。

需要说明的是,虽然学习方式与教学方式存在着上述区别,但从实践来看,它们之间的关联性还是很大的,而且还会产生交互影响,教与学作为一对密切相关的概念和两个方面,其行为方式自然也是密切关联的两个方面。因此,这两个方面必然会产生各种各样的交互影响。比如,学生学习方式涉及学生的思想观念、情感态度、认知方式与信息处理的方式等都需要教师在教学过程中予以考虑。如果不考虑学生实际的学习方式,那么教学也就失去了针对性,也就难以完全实现预期的教学目标,也影响到教学活动的效益和价值。根据学生的学习方式有针对性地开展教学,选择和调整教学方式是教师有效开展教学活动的前提。

(二)学习方式与学习风格

学习方式与学习风格的关系相对而言可能更为复杂一些。

一方面,两者都是对学习行为的表达,但各自表达的范畴有所不同,无论是学习方式还是学习风格,都是对学习行为的表达。只不过学习方式是对所有学习行为的概括性表达,是对学习行为的整体描述;而学习风格则是对最具特色、最为独特部分的学习行为的概括性表达,是对学习行为的个体判断。因此,学习方式对学习行为的表达具有一般性、概括性,而学习风格对学习行为的表达具有个体性、独特性。

另一方面,学习风格与学习方式还具有包含的关系。学习方式是对所有学习行为的概括性表达,而学习风格则只是个体部分的学习行为的概括性表达,是对其偏好的学习行为的表达。因此,学习风格只是学习方式中的部分,是学习主体身上最为突出的那一部分学习方式,而不是其所有的学习方式。由此可以看出,学习风格必然属于学习方式的范畴,但学习方式中有些是属于学习风格的,有些则不属于学习风格。

（三）学习方式与学习策略

学习方式与学习策略的关系相对来说较为清晰一些。

一般说来,学习方式是学习策略的上位概念,往往侧重于对学习行为的一般性的概括,具有较强的包摄性；学习策略则是学习方式的下位概念,往往侧重于对学习行为的具体性的要求,具有较强的操作性。

另外,学习方式与学习策略还具有较大的匹配性,一定的学习方式与一定的学习策略具有交互制约性。一般说来,有什么样的学习方式,往往会有与之相对应的学习策略,而用什么样的学习策略,往往也会受到学习方式的制约。

（四）学习方式与学习行为

学习方式是对学习行为的融合性表达,是对多种多样的学习行为的概括性描述,而且是学习行为的有机融合,即:一方面学习方式会涉及多种学习行为,另一方面这些行为各自在学习方式中的地位和所起的作用并不相同。

学习行为则是构成学习方式的基础,包括学习活动中各种各样的具体行为,这些行为中有些出现的频率高一些,持续的时间长一些；而有些则出现的频率比较低,持续的时间比较短。这些行为无论高低、长短,都是学习行为必要的组成部分,从某种意义上来说,这些行为具有不可或缺性。

（五）学习方式与学习方法

学习方式作为学习行为的融合性表达,对所有的学习行为（自然也包括学习方法行为）起到引领和制约作用。因此,学习方式是学习方法的上位概念,制约着学习方法的选择和运用,即不同的学习方式,往往会要求或者需要与之相适应的学习方法。

学习方法作为学习活动中对具体学习行为的操作、调控,侧重于学习实践中的具体运用。因此,学习方法是学习方式的下位概念,往往受学习方式的影响和制约。

（六）学习方式与学习模式

学习方式与学习模式作为两种调控学习行为和学习活动的范畴,既相互有关联性,又各有其独特性。

从关联性方面来看,两者也都同属学习活动中的范畴,都对学习行为进行调控和约束,但它们各自的调控和约束在性质上并不完全相同,这实际上也就涉及两者间的独特性。

从独特性方面来看,学习方式具有灵活性,而学习模式具有稳定性,虽然总体上两者都具有一定的稳定性,但相对而言,模式的稳定性比学习方式的稳定性要高。学习方式作为学习主体学习行为的融合性表达,在某种意义上主要受制约于学习主体的主观把握和个体偏好,具有较大的主观性。这往往会使得不同个体,甚至同一个体会在不同的时候作出各不相同的判断,从而带来不同的行为表现。但学习模式却明显不同于学习方式,具有较强的稳定性。一方面,学习模式是基于相应的理论基础而提出来的,较少地受到个体的主观因素的影响;另一方面,学习模式往往还具有一定的结构程序,对学习活动中的行为进程作出了比较明确的规定。这些都使得学习模式对于学习行为的调控相对而言更为稳定。

三、学习方式的类型

学习方式可以从不同的角度按照不同的标准进行多种划分。

(一)接受学习和发现学习

根据学习方式中的行为方式可以分为接受学习和发现学习。前者是指学习主体所学习的内容是以现成信息的形式存在的,在学习时只是直接获取,不需要经历发现的学习方式;而后者则是指学习主体要学习的内容不是以现成信息的形式存在,而只存在有关的线索或例证,学习主体必须通过发现的过程才能自己得出结论,获得意义和理解,或找到解决问题的答案。

(二)自主学习和他主学习

根据学习方式对外部指导的依赖程度可以分为自主学习和他主学习。自主学习是指学习主体的整个学习活动,如对于学习目标的确定、学习内容的选择、学习活动与学习进度的设计、学习结果的评价等各个方面,都由学习主体自行作出决定和安排,并付诸实践的学习方式;他主学习是指学习主体的整个学习活动中的很多方面,如学习的任务、进度、甚至学习方式等都由外部指导者来进行决定和安排的学习方式。

(三)独立学习与合作学习

根据学习方式中学习主体的合作程度可以分为独立学习与合作学习。独立学习是指学习主体独立地开展学习的方式,它在一定程度上可以看做自主学习。当然,独立学习与自主学习还不完全等同,有些独立学习是自主学习,有些独立学习则不一定是自主学习,也有可能是他主学习。但无论是自主还是他主,只要是学习主体自身独立地进行学习,就是独立学习。这种学习方式易于培养学习主体的独立性,包括独立思考和作业能力,但却容易陷于孤立性的隔离。合作学习是指多个学习主体结成小组一起学习的方式,有至少两个学习主体,他们为了完成共同的学习任务,通过有效地合作和交流来开展学习,这对于促进学习主体的人际交往、提高学生参与水平、解决复杂问题并促进学生的学习能力发展等方面有着很大的价值。

(四)传承学习和探究学习

根据学习方式中的信息来源可以分为传承学习与探究学习。传承学习是指学习主体所获取的信息是由外部指导者直接提供或呈现,主要表现为教师讲(讲授或演示)、学生听,因此也可称为听讲式学习。探究学习是指学习主体所获取的信息是由学习主体自主努力尝试后获取的,是他们围绕一定的问题、文本或材料,自主寻求或自主建构答案、意义、理解或信息的学习方式。

除了上述分类外,学习方式还可以根据其他标准进行划分,如根据学习过程中指导者指导的个别化程度,可以分为个别学习和团体学习,团体学习又可根据团体的大小分为小组学习和班级学习等;根据学习过程中对直接经验与间接经验的强调程度,可以分为直接学习(也可以称为体验学习、实践学习)与间接学习。

第三节　新型学习方式举隅

随着学习观念的转变以及信息时代的要求,迫切需要学习方式进行转型。在此过程中,涌现出了一些影响比较大的新型学习方式,这里通过对其中一些新型学习方式的解析来更好地理解和把握学习方式的转变。

一、自主学习

(一) 自主学习的内涵

自主学习是相对于他主学习而言的学习方式,是针对原有学习方式中学习主动性被压抑或者主动性不够强而言的新型学习方式,是由学习主体自主地对其学习行为及活动进行自我调控的学习方式。

自主学习有以下三个方面的要义。

1. 自主学习是主动学习

主动性是自主学习的基本品质,是区别于被动学习而言的最为关键的方面,这主要表现为学习主体主动地安排、规划和落实自己的学习活动。学习主体之所以能够主动地学习,源于其对学习的内在渴求与需要,不同于被动学习是由外在的诱因和强制所致。这两种不同的学习需要会产生两种与之相应的学习方式,一般说来,前者往往会使学习主体感到学习是一种享受,带来的是愉快的体验,使他们产生越学越想学、越爱学的内在动力,不断地激励他们去努力学习;而后者则往往会使学习主体对学习产生一种强烈的抵制情绪,带给他们的是对学习的厌恶,使他们越学越不愿意学、越学越讨厌学。因此,两种不同的学习需要带来两种不同的学习方式。前者的学习越来越主动、积极,后者的学习越来越被动、消极。提倡自主学习,就是强调学习主体对待学习的主动性、积极性,要不断增强和培养他们的"我要学"。

2. 自主学习是独立学习

独立性是自主学习的核心品质,是判断自主学习的重要依据。自主学习除了表现在主动性上,还表现在独立性上,如果只有自主性而没有独立性,也不会是真正意义上的自主学习。

所谓独立学习,就是学习主体能够独立地完成自己的学习活动,相对于主动性的"我要学"而言,独立性则表现为"我能学"。从某种意义上来说,自主性只是表明学习主体有了自主学习的愿望和诉求,而独立性则是他们的这种愿望和诉求落实的重要表现,也正是基于这一点,人们才把独立学习看做判断自主学习的重要依据。

当然,学习主体的独立学习及其能力是动态发展的。一方面,这与学习主体自身的不断发展密切相关,随着学习主体的发展,他们的独立学习的能力也在发展,能够开展独立学习的可能性也随之增加;另一方面,这还与教与学的关系密切相关,无论从理论上,还是从实践上都要求教是为了更好地学,这其中也就包括学习主体学习能力的培养和提升。这两个方面都会使得学习主体的学习能力,特别是独立学习的能力得到逐渐发展,最终能够完全独立自主地进行学习。

3. 自主学习是元认知监控的学习

如前所述,自主学习是学习主体对自己的各项学习活动所做的筹划和落实。因此,自主学习还表现在学习主体对于自己为什么学习、能否学习、学习什么以及如何学习等都有着自觉而清醒的意识和反应,这实际上也就是学习主体对自己的学习进行的元认知监控。所谓元认知监控,简单地说就是学习主体对自己的认知活动及其进程进行不断地监督和调整。这在学习活动中表现为学习主体对自己的学习活动进行自我计划、自我调整、自我指导、自我强化上:在学习活动之前,他们能够自己确定学习目标、制订学习计划、选择学习方法、做好学习准备;在学习活动之中,他们能够对自己的学习过程、学习状态、学习行为进行自我观察、自我审视、自我调节;在学习活动之后,他们能够对自己的学习结果进行自我检查、自我总结、自我评价和自我补救。因此,培养学习主体对学习的自我意识和自我监控,既是自主学习组成因素的要求,也是深化自主学习的要求。

(二) 自主学习的特征

1. 主体能动

自主性学习首先表现为学习主体能够自主地对其学习行为或学习过程进行调控,而不是单纯地依赖外在的约束和指令。

在自主学习方式中,学习主体的能动性有两种表现形式:一种是自律性的,表现为学习活动是由学习主体自己安排,并负责落实;另一种是积极性的,表现为学习主体还会不断地为自己的学习活动进行筹划,并根据实际情况进行灵活地调整。

因此,自主学习方式往往使得学习主体的学习行为和学习活动发生根本性的改变,从他律转向自律,从被动转向主动,从消极转向积极。

2. 独立生成

与主体能动密切相关,自主学习还是独立生成的。自主学习的独立生成特征既表现在学习过程中,也表现在学习结果上,从学习过程方面来看,这主要表现为学习主体在学习活动中根据自己已有经验来理解和加工所学习的内容,并相对独立地完成学习任务;而从学习结果方面来看,则主要表现为伴随着独立生成的学习过程,学习主体还往往会获得一些新的收获,这些收获既可能不同于其他学习主体的收获,也可能不同于老师所讲授的内容。由此可以看出,独立生成的过程与独立生成的结果密切相关,独立生成的过程影响独立生成的结果,而独立生成的结果又会反作用于独立生成的过程。

需要说明的是,虽然自主学习具有独立生成的特征,但这并不意味着学习主体在此过程中可以随心所欲地生成,可以拒斥任何指导或帮助。事实上,自主学习尽管强调独立生成,但其独立生成必须符合客观规律,不遵照客观规律、仅凭自己的主观意愿的行为是不能称做独立生成的。另外,由于身心发展的限制,学习主体在此过程中还需要接受他人在一定范围内合理的、必要的帮助或指导。因此,自主学习一方面鼓励独立生成,但另一方面也不是无原则的、放任的独立生成。

3. 促进发展

与所有的学习方式一样,自主学习也同样致力于学习主体的发展,是为了促进学习主体的发展。当然,作为新型的学习方式,其对于学习主体的发展与其他学习方式对学习主体的发展又有所不同。这些不同,概略起来主要有以下两个方面:

一是自主学习所带来的发展是更为根本性的发展。相对于其他学习方式,特别是与自主学习相对应的他主学习而言,自主学习更能调动学习主体的主动性、积极性,更能培养学习主体的独立性,增强他们的学习能力,产生更大的学习动力。因此,自主学习所带来的发展对学习主体的影响更为持久、更为深刻,而且效果更为明显。

二是自主学习所带来的发展更加关注发展的差异性。众所周知,不同学习主体由于各个方面的原因,具有明显的个体差异性。在传统的学习方式里,虽然也注意到了个体差异性,要求照顾不同学生之间的个体差异,并开发了一些相应的策略,但由于技术和观念等方面的原因,这一要求在实践中落实得并不够好。自主学习由于强调学习主体的主动性、独立性,注重学习主体的学习能力的培养,能够更好地尊重他们之间的差异,并能够使他们都能在原有基础上有所发展,落实个体发展的差异性。

二、合作学习

(一) 合作学习的内涵

合作学习是指多个学习主体结成小组或团队,共同完成学习任务的互助性的学习方式。因此,合作学习是有别于个体独立学习的新型学习方式,是由多个学习主体共同进行的学习。

从表面上看来,合作学习似乎只是由多个主体共同进行的学习,但实际上合作学习并不仅限于此,合作学习还有一些更深层次的内涵。对于这些内涵,这里结合构成合作学习的要素来作进一步的阐述。

合作学习的要素有以下五个方面。

1. 合作意愿

合作学习不同于个体独立自主学习的基本前提之一就是这种学习是学习主体以小组或团队的形式进行的。在这个小组或团队里,至少有两位成员,而且,每位成员都需要完成相应的学习任务,并通过共同努力来实现学习任务的最终完成。因此,合作学习首先就需要这些成员有合作的意愿,愿意与小组或团队中的其他成员一起来开展学习,并确保学习活动的顺利进行,学习任务的顺利完成。如果没有合作的意愿,即使由多个学习主体结成了小组或团队,但这也只是在形式上的结合,所进行的学习实际上仍然是个体独立学习而不是真正的合作学习。

2. 承担责任

在合作学习中,仅有合作意愿还不够,还必须把这些合作意愿转化为具体的合作行为。只有通过具体的合作行为,才能把合作学习真正地落到实处。这实际上也就是要求每位成员必须完成相应的学习任务,做出相应的合作行为,承担相应的责任。

承担责任既是落实合作学习的要求,也是合作学习的要素。从某种意义上来说,合作学习实际上也是有着明确的责任分工的学习方式;而且,在小组或团队中,只有每位成员都承担明确的责任,才能确保这种学习方式收到实际效果。如果没有明确的责任承担,将很有可能会使部分学习主体假借小组或团队的名义逃避自己的责任,使得合作学习无法真正落实,既影响合作学习的效果,也影响学习主体的发展。

所以,为了搞好合作学习,避免产生"责任扩散",必须通过一定的形式来明确小组或团队中每位成员的责任。

3. 相互依存

承担责任实际上也就表明了在这种学习方式中,小组或团队的每位成员之间是一种积极的相互依存关系,即每个人既要为自己所在小组或团队中其他同伴的学习负责,每个人也会受惠于小组或团队中其他同伴的学习。而且,小组或团队成员之间的这种相互依存关系一旦建立起来,将有助于激发成员对小组或团队的归属感,增强小组或团队的凝聚力。

小组或团队成员之间的相互依存关系有多种表现,有的是角色相互依存,有的是资源相互依存,有的是目标相互依存,还有的是评价或奖励相互依存。但无论是哪种依存,只要存在着相互依存,也就有了归属感,也就可能会产生真正意义上的合作。

当然,为了更好地利用相互依存,使成员对小组或团队的归属感更强,可以通过任务分割、结果整合的方式来促进小组成员之间积极的相互支持,强化相互间的协调配合。

4. 合作技能

合作学习作为由多个学习主体结合起来的共同学习,与个体独立学习的不同还表现为其对学习主体的合作技能提出了更高的要求。如前所述,个体独立学习往往是由学习主体自主地进行,不需要或者较少地考虑到其他学习主体;但合作学习却恰恰相反,要求小组或团队中的每位成员必须考虑其他学习主体,否则,将会影响合作学习的效果,从而影响小组或团队的发展。而且,从合作学习实践来看,小组或团队的合作技能强,则往往合作得比较顺利,容易取得合作的效果;而合作技能如果不够强,则合作往往不够顺利,也会影响到合作的效果。

合作学习中的合作技能包括组成小组的技能、小组活动的技能、交流信息的技能、有效解决冲突的技能、小组活动自评的技能等多个方面。这些技能一方面会促成小组或团队形成一个实质性的小组,开展实质性的合作学习;另一方面还会有助于合作意愿的交流、合作过程的分享等,有助于合作质量的提高。

5. 编组合适

合作学习是由多个学习主体所构成的小组或团队,这就涉及合作学习的另一要素,即合作小组的建立。

合作小组的建立,主要涉及两个方面:一方面是小组中成员的数量要适中,数量过大不便于合作性学习活动的开展,过少也难以实现真正的、有效的合作;另一方面是小组中成员的性质,从性质上来看,小组中成员可以是水平相近的同质小组,也可以是水平不同的异质小组,小组中的成员到底是同质的还是异质的,还需要根据学习主体的知识基础、能力水平以及学习任务等方面来综合考虑。

从实践来看,目前最为主要的合作小组采取的是组内异质、组间同质的模式。这种模式一方面为组内合作、交流、分享提供了可能,另一方面也可以有效地调动组际之间的积极性。

(二)合作学习的特征

合作学习主要有以下三个方面的特征。

1. 合作运行

合作既是合作学习的基本前提,也是合作学习的突出特点。小组成员及小组之间通过合作不但可以维持学习活动的顺利进行,也可以保证这种学习方式的存在,如果没有合作,那么这种学习方式是无从谈起的。因此,这种学习方式是依赖于合作而运行的,合作运行就成了合作学习的最为基本的特征。

当然,在合作学习中的合作有多种类型,既可以同质合作,也可以异质合作;既可以固定合作,也可以轮次合作;既可以定期合作,也可以弹性合作;既可以班内合作,也可以班间合作;既可以自发合作,也可以指定合作;既可以是小范围合作,也可以是大范围合作;既可以是单层小组合作,也可以是多层嵌套合作。

每种类型的合作都有其优点,有其特别适宜的方面,在进行合作学习时,可以根据合作任务、合作实际等方面的需要来选择合适的合作方式。

2. 任务驱动

合作学习的另一特征是任务驱动。在合作学习中,无论是小组,还是小组中的成员,都有各自的任务和分工,小组完成小组的任务,每位成员完成每位成员的任务,小组的任务决定着小组成员的任务。因此,小组成员任务完成的情况影响到小组任务的完成,也影响着整个小组的学习效果。

无论是小组,还是小组中的成员,由于都有各自的任务,从而可以围绕着各自的任务而保证学习活动的有序进行。如果没有明确的任务驱动,将容易使得小组成为一个松散的组织,或者形式化的组织,难以起到应有的作用,实现预期的价值。

3. 沟通交流

合作性学习作为一种由多个学习主体共同构成的一种集合性学习方式,其运行还需要这些学习主体能够围绕着学习任务进行相互的交流、沟通。通过沟通、交流,一方面可以进一步明确各自的任务和分工,另一方面可以进行分享、咨询,进而有助于合作性学习任务的完成。

需要补充说明的是,虽然合作性学习强调的是学习主体之间的交流、沟通,但这并不意味着在此过程中,要一直不断地进行交流、沟通。事实上,交流沟通固然是必要的,但独自完成所承担的任务也是必需的。否则的话,就有可能出现假借沟通交流的名义而出现上述的"责任扩散",进而影响合作学习的效果。

三、探究学习

(一) 探究学习的演变

探究学习的思想最初起源于20世纪初美国教育家杜威提出的"问题教学法",杜威认为"思维乃是一个探究的过程,一个观察事物的过程和一个调查研究的过程"①。对于这一过程,杜威进一步从特征方面描述了其具体的步骤:"(1)困惑、迷乱、怀疑,因为我们处在一个不完全的情境中,这种情境的全部性质尚未决定。(2)推测预料——对已知的要素进行试验性的解释,认为这些要素会产生某种结果。(3)审慎调查(考察、审查、探究、分析)一切可以考虑到的事情,解释和阐明手头的问题。(4)详细阐发试验性的假设,使假设更加精确,更加一致,因为与范围较广的事实相符。(5)把所规划的假设作为行动的计划,应用到当前的事态中去,进行一些外部的行动,造成预期的结果,从而检验假设。"②

杜威所概括的思维特征或者说是思维的步骤,实际上也就是他的以探究为导向的学习方式的具体描绘。

根据杜威的探究思想,结合当时学校教育变革的需要,美国学者施瓦布进一步在1961年所作的学术报告《作为探究的科学教学》中正式提出了"探究教学",认为探究教学的基本程序是:"(1)给学生呈现调查研究的领域和方法。(2)明确问题,确定研究中的困难。困难可能在于数据的收集、解释、实验的控制或推理等。(3)思考问题,确定探究中的困难。(4)思考解决困难的途径、办法或是重新设计实验,或用不同方式组织数据。"③施瓦布从教的方面所倡导的探究教学,从学的方面来看就是探究学习。

后来,为进一步转变学习方式,实现从接受性的学习向主动性的学习转变,从预设性的学习向生成性学习的转变,探究学习进一步被人们关注,并逐渐得到发展。

(二) 探究学习的内涵

关于探究学习,人们的定义各不相同。有研究从描述性的角度,认为探究学习"就是指学生以类似或模拟科学研究的方式所进行的学习"④;也有研究从规范性的角度,认为"探究学习是指这样一种学习活动:儿童通过自主地参与知识的获得过程,掌握研究自然所必需的探究能力;同时,形成认识自然的基础——科学概念;进而培养探索世界的积极态度"⑤。

综合上述两种不同类型的定义,这里把探究学习理解为创设一种类似于科学研究的情境,从学科领域和现实社会生活中选择研究主题,通过学习主体自主、独立地发现问题以及实验、操作、调查、信息搜集与处理、表达与交流等探索活动,获得知识技能,发展情感与态度,培养探索精神和创新能力的学习过程和学习方式。

---

① [美]约翰·杜威著,王承绪译:《民主主义与教育》,人民教育出版社,2001年版,第162页。
② [美]约翰·杜威著,王承绪译:《民主主义与教育》,人民教育出版社,2001年版,第165页。
③ 靳玉乐主编:《探究教学论》,西南师范大学出版社,2001年版,第296页。
④ 靳玉乐主编:《探究教学论》,西南师范大学出版社,2001年版,第6页。
⑤ 转引自靳玉乐主编:《探究教学论》,西南师范大学出版社,2001年版,第7页。

探究学习有以下四个方面的要义。

1. 探究学习以问题为载体

探究学习是以问题为中心，通过问题而展开的学习方式。这些问题既可以是来自于学科领域中的相关内容，也可以是来自现实社会中的实际需要，还可以是来自于学生生活中的现实困惑。探究学习就是从这些问题来源中选择、提炼出要进一步探究的主题，并围绕这些主题来展开探究，如围绕问题进行观察、思考、操作、调查、实验、信息处理、交流表达等，在锻炼学习主体的观察能力、分析能力、动手能力、信息能力、评价能力及表达能力的同时，使他们能够体验到创新乐趣，增强他们的创新能力。

2. 探究学习模拟科学研究的情境和途径

探究学习既然是一种探究的活动，自然也应遵循探究的基本要求，如运用探究的方式，从情境中发现探究主题等。但这并不意味着探究学习就一定是与科学探究一样的探究活动。事实上探究学习只是模拟科学研究的情境和途径来进行的探究活动，而不是真正意义上的科学探究活动。由于这种探究只是运用了科学探究的过程和方法而进行的类似于探究的活动，因此，探究学习只是一种准探究的活动，并不是一种真正意义上的，或者说完全意义上的探究。一方面，探究学习只是一种准探究的学习活动，并不具备严格意义科学探究的严谨性；另一方面，探究学习取得的结果一般也只是对已有科学研究成果的再发现，并不是科学研究的原创性的发现。这些都表明了探究学习的准探究性，是通过模拟科学研究的情境和途径来进行的学习。

3. 探究学习体现学生的主体意识和学习的过程意识

在探究学习中，不但学习主体的学习方式发生了转变，而且也使他们的学习地位发生转变，从被动地接受转向主动的探讨、从被动的灌输状态转入主动的选择。这些突出了学习主体的主体地位，有助于学习主体主动性、积极性等意识的觉醒和培养。

4. 探究学习以培养学生的探究能力和科学素养为目的

虽然从性质上来看，探究学习是准探究性的，但在具体的探究活动中，随着探究过程的展开、探究方法的运用等一些遵照科学探究的要求，反映科学探究的元素可以为学习主体提供科学探究的经验，培养他们的科学探究能力。

最后，对于探究学习还有两点需要说明：

一是探究学习的定位是学习。探究学习的最后落脚点是学习而不是研究，探究学习的基本性质是学习而不是研究。探究学习只是一种学习活动，是针对学习方式而提出来的学习活动方式的转变，是通过给学习主体创设一种探究的情境、探究的氛围，运用探究的方法来开展的学习，而不是要学生真正去从事科学探究、科学发现的科学研究活动。因此，探究学习并不是真正的研究活动，不是基于科学研究问题的解决而开展的活动。

二是探究学习的内容是接受。虽然探究学习是通过一些科学探究的方法，如观察、调查、实验等展开的具有探究性质的活动，但就其学习的基本方式来说仍然是接受。因为，他们所探究的内容并不是原创性的发现，而实际上是人类已经发现或已经揭示的成果。这些内容对于学习主体而言仍然是接受性的，只不过采取了不同于以往那种直接授受的方式进行的接受，而是采取了相对间接的、通过探究来进行的接受，从以往的直接从教师或书本那里接受转向现在的从实践中接受。

(三) 探究学习与相关范畴的关系

探究学习与发现学习和接受学习等一些范畴既密切相关,又有明显区别。因此,理解探究学习,还必须把握其与这些相关范畴的关系。

1. 探究学习与接受学习

探究学习作为接受学习的改进,不同于接受学习,但也与之有着密切的关联。

从区别方面来看,探究学习是与接受学习相对应和相区别的一种学习方式。作为两种不同的学习方式,各自的学习过程及学习主体的主体地位等方面都存在着明显的不同。具体说来,在接受学习中,学习过程主要是授受,学习主体是知识的接受者;在探究学习中,学习过程主要是实践探索,学习主体是知识的发现者。

从联系方面来看,探究学习和接受学习还是相辅相成的。就学习主体的学习活动而言,既不能是单纯的被动性的接受,也不能是纯粹的主动的探究。前者往往会压抑学习主体的主动性与积极性,而后者则往往容易造成学习主体的学习效益较低。为了使学习主体的学习积极性得到培养和运用,也为了保证学习活动的效益,既要在两种不同的学习方式之间寻求某种平衡,又要充分利用两种不同的学习方式,处理好两种不同学习方式之间的关系。

2. 探究学习与发现学习

探究学习与发现学习同样既有关联又有区别。

从关联方面来看,无论是探究学习还是发现学习,都是以问题为中心的学习,都注重通过问题解决来引领和激发学习,都以问题的形成为学习的起始阶段,也重视学习主体的学习兴趣和主动参与,重视知识的发现、生成过程。由于两者具有如此高度的相关性,容易使人产生误解而把两者等同起来。

事实上,探究学习与发现学习在具有上述关联的同时也有着明显的区别。有研究对其间的区别概括为以下四点:

一是侧重点不同。探究学习重视遵循科学研究的一般规律,以了解科学的本质;发现学习重视科学概念和原理的再发现,以掌握学科的基本结构。前者强调知识的可变性,后者重视知识的再发现。

二是活动过程不同。探究学习的一般过程是形成问题、建立假设、制订研究方案、检验假设、做结论;而发现学习的一般过程是形成问题、建立假设、上升为概念和原理,发现学习的整个过程大致上相当于探究学习的前两个阶段。因此,从这个意义上说,探究学习包括发现学习。

三是结果不同。探究学习有待探究的结果是开放性的,而发现学习有待发现的概念或原理是封闭性的,即探究学习中学生探究的结果既可能与书本上的结论相符,也可能相悖,而发现学习中有待发现的结果一般与书本上的结论相符合。

四是心理机制不同。探究学习的心理机制是要综合运用归纳思维、假设——演绎思维、直觉思维及分析思维,而发现学习则主要是运用归纳思维、假设——演绎思维和直觉思维[1]。

---

[1] 参见靳玉乐主编:《探究教学论》,西南师范大学出版社,2001年版,第9页。

（四）探究学习的特征

1. 问题性

问题既是探究学习的先导,也是探究学习的核心。说其先导,是因为这种学习方式是围绕着问题开始展开的,如果没有问题,就不会有这种学习方式;说其核心,是因为这种学习方式不但始于问题,而且还以问题贯穿其中,成为整体学习过程中的重要推动力。

因此,在探究学习中,不但要有问题,而且还应有高质量的问题。只有高质量的问题才有可能一方面使学习主体的学习积极性得到有效的激发,另一方面持续地运用这种学习方式,自觉地维持和运用探究学习方式,促进学习主体的发展是探究学习最为核心、最为关键的方面。

2. 过程性

过程既是探究学习的展开,也是探究学习的体现。无论是问题的发现,还是问题的解决所需要的尝试、验证等都既是一定的过程,也需要一定的过程。如果没有过程,这些活动或环节将难以存在,探究也就无从谈起,所以,过程既是学习主体寻求问题解决方案的反映,也是他们对问题解决方案进行优化的需要。

另外,过程还会给学习主体带来相应的经历和体验,从而使他们能够对学习内容的理解更加直接、更加深入;还使得他们对学习过程的体验更加深刻,并进一步激发起相应的学习体验。对于学习主体来说,这也许是探究学习所带给他们的更大的价值。

3. 开放性

探究学习还具有开放性,探究学习的开放性表现在很多方面,如学习主体的开放,允许不同学习主体参与;学习内容的开放,允许学习主体自主选择学习内容;学习过程的开放,允许学习主体自主地确定学习方案;学习结果的开放,认可学习结果的多样性和差异性;学习评价的开放,从不同的角度,用不同的标准来评判学习主体的学习效果。探究学习的这种开放性明显不同于接受学习中的封闭性,它更能激发和调动学习主体的学习积极性、主动性。

探究学习更加强调问题性、过程性和开放性,也更能调动学习主体的积极性,更能给他们带来不同的学习体验,具有更大的价值和意义。

自主学习、合作学习和探究学习既是当前学习方式转型的三个比较突出的方面,也是今后学习方式继续深化的基础。

第八章 学习策略

虽然学习策略是调控学习进程影响学习活动的重要因素,但人们对于学习策略的认识却相对较晚。1956年,美国著名的认知心理学家布鲁纳在进行人工概念研究时发现了聚焦策略和扫描策略,提出了"认知策略"的概念,并发现如果人们能够运用一定的策略进行学习,其学习效果可以得到极大的改善。随后心理学家纽厄尔等在1958年利用计算机有效地模仿了人类的问题解决策略,从而形成了"学习策略"的概念。20世纪70年代,美国心理学家弗拉维尔提出了元认知概念,进一步丰富和推进了学习策略的研究。

第一节 学习策略的内涵

一、学习策略的界定

在半个多世纪里,人们对于学习策略进行了大量的研究,提出了各不相同的界定,这些界定大体上可以概括为六种类型。

(一)程序说(程序方式说)

这种类型的界定在国内外的研究中都比较普遍。

从国内方面来看,这种类型的界定有两个突出的特点:一是直接从程序、方式的角度来进行界定,二是在界定时更为强调基于程序的多个方面综合。如有研究者认为,"学习策略应该是学习过程中信息加工的方式方法和调控技能的综合,前者是指在认知加工过程中,学习者编码、分析、保持、提取信息的一系列方式或方法,后者则是指学习者在学习过程中使用的控制和调节信息加工行为的方式和方法"[①];也有研究者认为,学习策略是指学习者在学习活动中有效学习的程序、规则、方法、技巧及调控方式,它既可是内隐的规则系统也可是外显的程序与步骤[②]。

从国外方面来看,这种类型的界定主要以具体步骤或过程为主,概括性和综合性的界

---

① 张大均主编:《教育心理学》,人民教育出版社,2005年版,第200页。
② 刘电芝、黄希庭:《学习策略研究概述》,《教育研究》,2002年第2期。

定比较少见。当然,根据其具体步骤或过程的实际情况,又有三种情形:

第一种情形,从具体步骤或过程的角度来进行定义。这种类型的定义相对较为简洁和明了,也较为常见。奈斯比特和舒克史密斯认为,"学习策略是选择、整合、应用学习技巧的一套操作过程"①;丹塞雷认为,"学习策略是能够促进知识的获得和贮存,以及信息利用的一系列过程或步骤"②。

第二种情形,从过程监控的角度进行定义。这种类型的定义突出了学习策略的过程性和监控性。斯腾伯格认为学习中的策略(他称为"智力技能")是由执行的技能和非执行的技能整合而成,其中前者指学习的调控技能,后者指一般的学法技能③;杜菲也认为"学习策略是内隐的学习规则系统"④。

第三种情形,从活动过程的角度进行定义。这种定义相对较为概括,从活动过程的角度,直接把学习策略理解为学习活动过程。凯尔和比森认为,学习策略是一系列学习活动过程,而不是简单的学习事件⑤。

(二) 措施说(方法措施说)

这种类型的界定在国内外的研究中也很普遍,只不过国内研究者的界定比较概括,只是把学习策略定位于方法、措施层面上,如"学习策略是学生在学习过程中,为达到一定的学习目标,有意识地调控学习环节的操作过程,是认知策略在学生学习活动中的体现形式,它在一定程度上表现为学习方法和技巧"⑥。

而国外研究者的界定则相对较为具体,比较详细地指出了具体的方法措施或步骤程序,如梅耶认为,"学习策略是学习者有目的地影响自我信息加工的活动,是在学习活动中用以提高学习效率的任何活动,这些活动包括记忆术、画线、做笔记、概述等方法的使用"⑦;琼斯、艾米伦和凯蒂姆斯认为,"学习策略是被用于编码、分析和提取信息的智力活动或思维步骤"⑧;里格尼认为,"学习策略是学生用于获得、保持与提取知识和作业的各种操作与程序"⑨。

(三) 方案说(复杂方案说)

这种类型的界定把学习策略直接概括为复杂方案,认为学习策略"就是学习者为了提高学习的效果和效率,有目的有意识地制定的有关学习过程的复杂的方案"⑩。

(四) 方式说(学习方式说)

这种类型的界定把学习策略与学习方式进一步关联起来,认为学习策略是学习者根

---

① 转引自路海东主编:《学校教育心理学》,东北师范大学出版社,2000年版,第88页。
② 转引自路海东主编:《学校教育心理学》,东北师范大学出版社,2000年版,第88页。
③ 转引自张大均主编:《教育心理学》,人民教育出版社,2005年版,第200页。
④ 转引自路海东主编:《学校教育心理学》,东北师范大学出版社,2000年版,第88页。
⑤ 转引自路海东主编:《学校教育心理学》,东北师范大学出版社,2000年版,第88页。
⑥ 史耀芳:《二十世纪国内外学习策略研究概述》,《心理科学》,2001年第5期。
⑦ 转引自张大均主编:《教育心理学》,人民教育出版社,2005年版,第199页。
⑧ 转引自路海东主编:《学校教育心理学》,东北师范大学出版社,2000年版,第88页。
⑨ 转引自路海东主编:《学校教育心理学》,东北师范大学出版社,2000年版,第88页。
⑩ 陈琦、刘儒德主编:《当代教育心理学》,北京师范大学出版社,1997年版,第180页。

据学习情境的特点和变化而采用的达到一种或多种学习目标的学习方式①。

(五) 活动说

这种类型的界定把学习策略视为活动,认为学习策略是"学习者在学习过程中积极操纵信息加工过程,以提高学习效率的任何活动"②。这种类型的界定明显不同于上述的程序方式、方法措施、复杂方案或者学习方式等的界定,显得比较特殊。

(六) 计策说或谋略说

这种类型的界定从策略的本义,即计策、谋略来界定学习策略,认为学习策略是"学习主体自觉地对学习活动及其因素进行宏观与微观统一的计划、评价、调控以追求最佳学习效率的计策或谋略"③。从某种意义上来说,这一类型的界定更为注重的是从学习本身的角度来进行定义。

从上述六种类型的界定可以看出,学习策略的定义不仅不统一,而且还正如罗德·艾丽斯指出的那样,存在明显的分歧。概括起来,对于学习策略界定上的分歧主要涉及以下四个方面:第一,策略究竟是指可视行为,还是指大脑中无法观察到的心理活动,或者兼而有之;第二,策略是指某人学习方法的总体特点,还是指完成某个具体任务所采取的技巧;第三,策略是否在学习者意识(潜意识)范围之内;第四,策略是否对学习的发展产生直接的作用。④

二、学习策略的特征

学习策略的特征可以从本体性、过程性和运用性三个维度来把握。

(一) 学习策略的本体性特征

学习策略作为学习活动的重要组成因素和学习科学研究的对象之一,有其固有的、内在的特征,由于这些特征是学习策略本身所呈现出来的,是基于学习策略本身来把握的,故可以称之为学习策略的本体性特征。

1. 价值性

学习策略之所以被关注,很大层面上与其有用有关。正是由于其有用,对学习活动有着重要影响,才逐渐被人们关注,并不断地深入进行研究的。实践证明,有无学习策略以及学习策略的运用水平,都会使得学习主体的学习活动出现明显的区别。

2. 复杂性

学习策略的复杂性主要表现在两个方面:

一方面,学习策略本身是一个复杂的结构,在其内部不但有多个学习策略,而且这些学习策略的关系还很复杂,相互交织。

另一方面,学习策略对于学习活动的影响也是复杂的过程。学习策略虽然有助于学

---

① 魏声汉:《学习策略初探》,《教育研究》,1992 年第 7 期。
② 顾明远主编:《教育大辞典》(增订合编本),上海教育出版社,1998 年版,第 1816 页。
③ 熊川武著:《学习策略论》,江西教育出版社,1997 年版,第 42 页。
④ 刘电芝、黄希庭:《学习策略研究概述》,《教育研究》,2002 年第 2 期。

习主体的学习活动,但这并非是以线性的、直接的方式来进行影响,而是一种交互的、需要其他条件共同作用的过程。

3. 操作性

学习策略作为对学习活动进行调控的技术,自然包括一些调控的步骤、方法、规则等方面的内容,从而使得学习策略具有明显的操作性。在前面对学习策略内涵所作的分析中,有很多界定突出了这种操作性。

4. 外显性

由于学习活动本身既是外显的,又是内隐的,所以作为对学习活动进行调控的学习策略同样既有外显的成分,也有内隐的成分。但是,就学习策略对于学习活动的调控而言,总体上是指向行动的,所以其对学习活动的调控总会通过一定的行为表现出来,具有外显性的特征。

另外,不但学习策略本身是指向行动的,具有外显性,而且其本身也是陈述性的,是以外显的陈述性说明来表述的。

5. 稳定性

学习策略相对稳定有两层含义:

一层是学习策略体系或学习策略结构本身一经形成,可以保持相对较长的一段时间,是相对稳定的。也正因如此,人们对于学习策略的研究不像学习领域中其他方面的研究那样可以见仁见智,产生大量的不同的研究成果。

另一层是学习策略在学习主体身上也是相对稳定的。虽然学习策略会在学习主体身上经历一定阶段才逐渐形成和巩固,但一旦形成下来,也会保持相对较长的一段时间;而且,经由学习主体的运用,这些策略会在学习主体身上更加稳固。

(二) 学习策略的衍伸性特征

学习策略在不同的学习主体身上往往会有不同的表现,这既表现为不同学习主体身上往往拥有不同类别的学习策略,也表现为不同学习主体身上同一策略的水平不同。这种基于学习主体身上的表现而呈现出来的特征可以说是学习策略的衍伸性特征。

1. 主体性

众所周知,学习主体具有个体差异性,这不但是教育研究和教育实践的基点之一,同时也是学习策略的基点之一。学习主体的个体差异将会影响到他们对学习策略的选择和运用,由于他们往往都会选择自己偏爱的学习策略,所以不同的学习主体经常使用或偏好的学习策略并不相同,呈现出明显的主体性特征。

同时,学习主体对学习策略的持续使用以及路径依赖往往会使他们产生对某些学习策略的依赖,即经常自觉或不自觉地调用相应的学习策略来完成学习活动。学习主体的差异性会使得他们所运用的具有依赖性或主导性的策略也各不相同,这是学习策略主体性的另一方面。

2. 适宜性

学习主体在运用学习策略时还往往会从自己的个性特征、具体的学习任务情境等方面出发,选择与这些方面相一致的学习策略。因此,学习策略往往会与学习主体的个性特征等密切相关,与学习主体自身的实际情况相一致。只有这样,才有可能让学习策略发挥出其应有的作用,才有可能提高学习主体的学习效率。但如果不一致,将难以使学习策略发挥出其应有的价值,其对学习效益的影响也将大大降低。

3. 水平性

从表面上来看,学习主体对学习策略的选择与运用似乎是一些习惯性的、自动化的行为,但实际上这往往是其学习策略选择水平作用下的结果。一般说来,有什么程度的学习策略水平,就会选择与其程度相应的学习策略。所以,学习策略的选择和应用实际上也是学习主体的学习策略水平的表现,那些被选择和运用的学习策略本身也反映出其学习策略水平的高低。

(三) 学习策略运用性特征

学习策略作为对学习活动调控的关键之一就是其在学习实践中的具体运用,在具体的运用过程中,学习策略也有其独特性,这也就是学习策略的运用性特征。

1. 选择性

学习策略是由多种具体学习策略构成的一个复杂的系统,在这个系统中,不但学习策略种类繁多,而且每一种类型的学习策略下还有多种亚型。因此,学习策略的运用首先呈现出来的特征就是选择性,学习主体要从众多可供选择的学习策略中选择出与任务情境、学习主体特征等相适宜的学习策略。

当然,这种选择由于是学习主体做出的,也不可避免地带有主体性的痕迹,是由他们根据自己的主观愿望和判断来进行选择的。

2. 监控性

学习策略作为对学习主体的学习行为进行调控的要素,在运用时会对其行为做出相应的监控。在学习活动中,学习主体往往会根据其对学习策略的理解等对自己的学习行为进行相应的判断,并据此对自己的学习行为进行相应的调整,如继续维持原来的行为,或者修正完善原来的行为等。

3. 自动性

从某种意义上来说,学习策略也同样属于技能的范畴。当然,这种技能主要侧重于对学习主体的心智方面进行调整的技能。作为技能,学习策略也需要经过一定的练习后才能逐渐巩固和熟练。一旦达到熟练程度,特别是灵活掌握以后,学习策略就成为内化为学习主体身上的内隐性支配力量,成为调整学习主体学习行为的主导性因素。在达到熟练程度后,学习主体对其进行调控的反应时间非常短暂,甚至达到根本察觉不到的程度,几乎就成为一种自动化的反应。

4. 灵活性

学习策略有多种类型,而且每一种类型下还会有多种亚型。如此繁多的学习策略,自然也给学习主体在选择学习策略时提供了足够的选择空间。他们可以根据实际情况,如学习任务、个性特征等选择适合于自己且能够发挥最大作用的学习策略。

另外,学习策略的灵活性还表现为这些策略的运用具有多端性,即对学习策略的运用可以从不同的端口,根据实际需要灵活切入,并与已经运用和即将运用的学习策略浑然一体,而不必严格地按照一般顺序照搬。

5. 发展性

一方面,学习策略本身在不断地发展。学习策略从提出到现在,不断地实践运用,不断地总结和提炼新的种类。随着对学习实践的概括和总结,还会不断地有新的学习策略增加到学习策略的大家庭中来。

另一方面,学习策略本身也是学习主体后天习得的。学习策略的这一习得性至少表明了两点:一是学习主体的学习策略水平在不断地提高,对于学习策略的运用逐渐从不熟练到自动;二是学习主体身上的学习策略类型也是在不断地增长的,逐渐从较少的、简单的学习策略扩大到较多的、复杂的学习策略。

三、学习策略的相关范畴

学习策略与很多方面密切相关,通过对这些相关范畴的辨析,一方面可以避免似是而非的误用,另一方面也可以更进一步深化对学习策略的认识。

(一) 学习策略与认知策略

学习策略与认知策略的关系颇为复杂,从目前的实际情况来看,有两种截然不同的情形。

一种情形是没有对两者进行区分而把两者等同起来[①]。之所以会出现这种情形,可能的原因有以下三个方面:第一,两者提出的时间大体相同,认知策略的提出虽然比学习策略的提出稍早一些,但两者间的时间间隔非常短,几乎可以忽略不计,几乎在同时产生的两种研究对象很容易被误解为一种;第二,两者在本质属性上一致,无论是学习策略,还是认知策略,都属于策略,属于共同的范畴,自然应该拥有基于策略的共同性;第三,两者在作用领域方面也大体一致,二者都与信息加工有关,都与主体的认知及其发展相关,这当然也会使人产生把两者等同起来的动力。

另一种情形是认为两者并不等同,其间既有区别又有联系。在加涅看来,认知策略与学习策略具有因果关系,即认知策略的改进是学习策略改进的原因。同时,由于学习策略是针对整个学习活动过程而言的,学习策略比认知策略涉及的领域更广。在学习活动中,除了信息加工的认知活动外,还包括与信息加工有关的学习主体自身生理的、情绪的以及社会性的等方面的影响因素,学习策略也包括对这些因素的处理和控制方法;而认知策略只是涉及对认知信息进行加工和处理,这只是学习策略中的部分内容。所以,认知策略实质是学习策略的主要构成成分。

(二) 学习策略与元认知策略

元认知策略与元认知密切相关。元认知是美国心理学家弗拉维尔在1976年提出的,通常也被译为反审认知、反省认知、超认知或后设认知。在弗拉维尔看来,元认知就是个体关于自己认知的认知,具体包括元认知知识、元认知体验和元认知控制三个方面。元认知知识就是有关认知的知识;元认知体验是指伴随着认知活动产生的认知体验和情感体验;元认知控制指在进行认知的全过程中,将自己正在进行的认知活动作为意识对象,运

---

① 顾明远主编:《教育大辞典》(增订合编本),上海教育出版社,1998年版,第1816页。

用自我监控的机制,不断地对认知过程进行积极、自觉的监视、控制、调节。无论是元认知知识,还是元认知体验、元认知监控,都各自包括相应的一些内容。

为更好地认识元认知,这里将其结构简示如下图8—1:

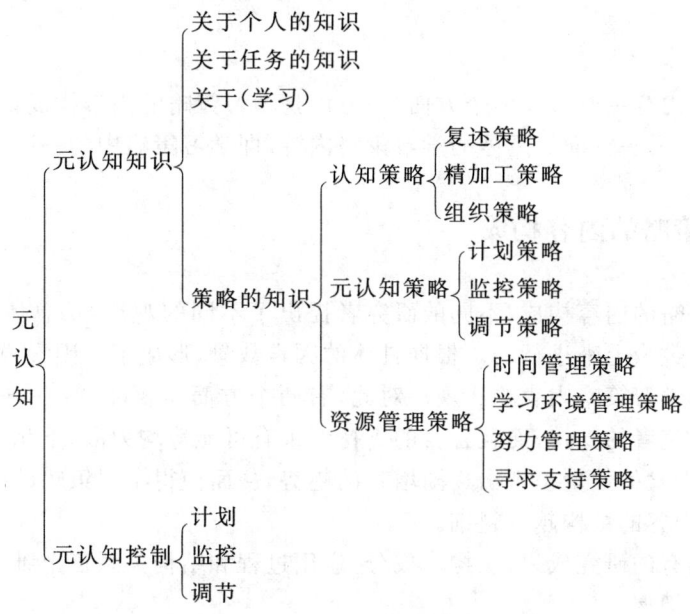

图8—1 元认知结构

通过这个结构简图可以看出,学习策略与元认知策略之间的关系颇为复杂。一方面,学习策略是元认知知识的一个组成部分,更是元认知的一个组成部分;另一方面,元认知策略和认知策略及资源管理策略共同构成了学习策略,元认知策略是学习策略的一个重要组成部分,起到对认知过程的监控。

(三)学习策略与学习方法

学习方法与学习策略既有区别,又有联系。

两者的区别主要表现在三个方面:第一,具体的学习方法与具体学习任务相联系,而学习策略既与具体任务相联系,又与一般学习过程相联系;第二,学习方法经学习者反复运用,熟练掌握后,学习主体在具体情境中往往凭习惯加以运用,而学习策略则是学习主体经过对学习任务、学习者自身特点等各方面进行分析,反复考虑之后才产生的方案;第三,学习方法主要用来达到一定的学习目的,完成学习任务,一般不考虑最佳效益,而学习策略则是以追求最佳效益为基点的。

两者的联系则主要表现在两个方面:一方面,学习方法是学习策略的基础,是学习策略的重要体现和组成部分,没有学习方法或者学习方法缺乏就不可能形成较高水平的学习策略,故而学习策略虽不同于具体方法,但又不能脱离具体方法,最终要通过学习方法表现出来;另一方面,学习方法是学习策略的基础,是学习策略的一个基本组成部分,而学习策略具有一定的概括性,对学习方法具有选择及应用上的指导意义。

(四)学习策略与学习风格

关于学习策略与学习风格的关系,在学习风格章节中已经交待,这里不再赘述。

第二节 学习策略的内容

学习策略的内容主要涉及两个方面:一方面是学习策略的内容构成,即学习策略都包括哪些组成部分;另一方面是具体的学习策略内容,即学习策略中的一些基本方面。

一、学习策略的内容构成

关于学习策略的内容构成,不同的研究者提出了不同的观点,从总体上来看,这些研究主要是从因素数量上来进行的。根据具体的因素数量,形成了二因素说、三因素说和多因素说等不同的学习策略内容构成观。对此,有两个方面需要注意:一方面,每一种因素说都获得多个研究者的支持,而且各自的支持者很有可能势均力敌,不相上下;另一方面,从总体上来看,因素的数量呈现出逐渐增长的趋势,从而使得学习策略的因素数量也越来越多,学习策略内容的结构越分越细。

这里根据已有的研究成果,从构成成分、应用过程和结构关系三个维度来对学习策略内容的结构进行把握。

(一)构成成分

学习策略内容的构成成分,即学习策略应该包括的结构性因素,这是基于学习策略本身的构成因素而言的。对于学习策略内容的构成成分,不同的研究者各自的立场不同,观点也各不相同。

布朗从探讨学习策略的核心成分出发,认为一些智力低下者及年幼儿童之所以学习无能,根本原因是他们缺乏制订学习计划的意识。所以,他把"计划性"看做学习策略的核心成分。

拜伦认为学习策略由三个成分构成:相关搜索,从记忆中搜索与新问题有关的项目;刺激物分析,将问题分解成它的组成成分;扬弃,放弃原行动,利用其他方式替代或修正原行动。

斯滕伯格把学习策略分为执行技能和非执行技能两类:执行技能是在执行认知任务中,计划、监控、修正策略的各种技能;非执行技能是实际运用执行认知任务的技能。

尼斯比特等人认为学习策略的成分有:(1)质疑(明确问题),即构想假说,确定目标和项目参量,把当前任务与先前工作联系起来;(2)计划,即制定时间表,把任务或问题演绎成要素,选择解决问题的动作技能和智力技能;(3)调控,即使问题的初始状态和目标状态匹配起来,并不断作尝试性的回答;(4)审核,即对成绩与结果进行初步评价;(5)修正,即或重新盖一个简单的草图,或重新演算,或修正目标;(6)自评,即对结果和成就进行自我评价[①]。

---

① 张大均主编:《教育心理学》,人民教育出版社,1999年版,第189页。

非但如此,尼斯比特等人还将这些学习策略的构成因素按三个层次进行了排列:第一层次是一般策略,与态度和动机有关;第二层次是宏观策略,其主要特点为高度概括化、随年龄增大而提高及随经验积累而提高,这个层次的策略主要包括调控、审核、修正和自评;第三层次是微观策略,其主要特征是概括化程度较低且与高度有序的技巧形成一体,这个层次的策略主要有质疑和计划①。

(二)应用过程

在不同的学习阶段,学习的具体任务不同,所需要的学习策略也各不相同。因此,也可以根据学习过程的进程来探讨学习策略的内容结构。

当然,由于不同的研究者对于学习过程的理解不同,所提出的学习策略的内容结构也有所不同。

从国内方面来看,皮连生根据学习的信息加工模型,将学习策略分为促进选择性注意的策略、促进短时记忆的策略、促进新信息内在联系的策略、促进新旧知识联系的策略、促进新知识长期保持的策略②;张大均根据学校学习的不同环节(时段)将学习策略分为学习准备的策略、课堂学习的策略和课后巩固的策略;刘电芝根据学习的过程把学习策略依次分为信息选择策略、高效记忆策略、信息编码策略、思维策略和元认知学习策略③;何进军、刘华山认为,认知策略包括注意集中、组织、理解加工、阐述、自我检视、目标想象和意象联系七个策略;周国韬等将学习策略划分为计划性策略、努力策略和认知策略;刘志华和郭占基归纳出组织策略、搜集信息、复述与记忆、寻求社会帮助、复习、评估与诊断、目标与计划,记录与自我监控和环境建构九种通用性学习策略;张履祥、钱含芬把学习策略概括为课堂学习策略、巩固记忆策略、解题思维策略、创造学习策略和总结考试策略五种④。

从国外方面来看,加涅根据学习的进程,把学习策略分为选择性注意策略、编码策略、知道何时使用某一策略、检查学习策略的有效性⑤;梅耶认为学生在学习过程中所运用的策略由复述策略、组织策略和精加工策略构成⑥。

(三)结构关系

也有研究者对构成学习策略的结构进行了分析,形成了多种不同的学习策略结构主张,产生了多个结构关系亚型。

1. 平行关系

这种亚型认为构成学习策略结构的各个方面相互之间是平行的。虽然这些方面都是学习策略整体的重要组成部分,但它们相互之间的地位是平行的,既没有主次之分,也没有先后之别。

从国外的研究来看,戴梦波根据信息加工及元认知理论,提出学习策略包括认知策略

---

① 张大均主编:《教育心理学》,人民教育出版社,1999年版,第189页。
② 张大均主编:《教育心理学》,人民教育出版社,2005年版,第204页。
③ 张大均主编:《教育心理学》,人民教育出版社,2005年版,第204页。
④ 刘电芝、黄希庭:《学习策略研究概述》,《教育研究》,2002年第2期。
⑤ 张大均主编:《教学心理学》,西南师范大学出版社,1997年版,第158页。
⑥ 史耀芳:《二十世纪国内外学习策略研究概述》,《心理科学》,2001年第5期。

和元认知策略,前者是对信息进行直接加工的有关方法和技术,而后者则是对信息加工过程进行监控和调节的有关方法和技术;波克耶把学习策略区分为元认知策略、认知策略和努力策略;麦基奇等把学习策略分为认知策略、元认知策略、资源管理策略;温斯坦和梅耶将学习策略分为八类:简单及复杂学习任务的复述策略、简单及复杂学习任务的精加工策略、简单及复杂学习任务的组织策略、综合调节策略、情感策略①;奥克斯福德认为学习策略包括元认知策略、情感策略、社会策略、记忆与认知策略、补偿性策略五个方面②。

从国内的研究来看,黄旭认为学习策略主要由学习方法、学习调控和元认知组成;史耀芳认为,学习策略可由注意策略、组织策略、联想策略、情境策略、动机和情绪策略、元认知策略等因素构成,在此基础上,又提出学习策略由情感策略、学习方法、认知策略、元认知、TPO策略组成;胡斌武提出学习策略是由操作性方式和操作性控制方式构成;蒯超英把学习策略看做由元认知知识和元认知体验、元认知监控(及学习的调节和控制)以及学习方法等三个方面的要素组成③;谷生华、辛涛等将学习策略归为元认知策略、认知策略、动机策略和社会策略④。

2. 主次关系

根据所起作用的大小,把一部分学习策略作为主要策略,另一部分学习策略作为次要策略。

丹洛瑟等人认为学习活动是一个由多种内容紧密关联的活动构成的复杂的活动系统⑤。在学习过程中,认知活动无疑扮演着最为关键的角色,但与此同时,还需要适宜的认知气氛来支持认知活动的进行,使之更为有效。基于这种认识,丹洛瑟等提出了MURDER学习策略,其中,M代表情绪的调整(mood-setting)和维持(maintenance),U代表理解(understanding),R代表回忆(recall),D代表消化(digest)和细节(detail),E代表扩展(expand),最后一个R代表复习检查(review)。实际上,这些策略又可分为基本策略和辅助策略两类,基本策略直接操纵信息,是信息加工的方式与方法,包括理解/保持和提取/应用两个子策略;辅助策略则是一种调控策略,用来帮助学习者维持一种合适的内部心理定向,以保证基本策略实施的有效性,包括设计、集中操作和监控三个子策略,其中集中策略又包含有情绪调节和情绪维持策略。

3. 普特关系

根据学习策略的适用范围程度还可以把学习策略的结构概括为具有普适性的学习策略和专门针对特殊性的学习策略。

热斯尼克和贝克认为学习策略由一般策略和调解策略两种因素构成,前者涉及与推理、思维有关的活动,后者则涉及完成一项具体任务时所用的某种特殊技术;里格尼认为学习策略由独立策略和包容策略两个部分组成;克瑞比把学习策略分为微观策略与宏观

---

① 史耀芳:《二十世纪国内外学习策略研究概述》,《心理科学》,2001年第5期。
② 转引自张大均主编:《教育心理学》,人民教育出版社,2005年版,第203页。
③ 史耀芳:《二十世纪国内外学习策略研究概述》,《心理科学》,2001年第5期。
④ 刘电芝、黄希庭:《学习策略研究概述》,《教育研究》,2002年第2期。
⑤ 转引自张大均主编:《教育心理学》,人民教育出版社,2005年版,第202页。

策略二种,前者更多地涉及特殊的知识与技能,与认知执行过程关系更为密切,易受教育的影响而改变,后者应用范围较广,更多地涉及情感与动机因素,与学习者文化背景及风格差异有密切关系,难以通过教育的影响而改变①。另外,比格斯根据学习策略适用范围的大小把学习策略划分为大策略、中策略和小策略。其中大策略可迁移性最大,距任务最远,可教性最差;中策略既可教,迁移性也较大;小策略距任务最近,可教性最好,但教学的迁移性小②。

需要说明的是,对学习策略的结构所作出的划分是相对的。很多研究者关于学习策略结构的分析本身是复杂的、系统的、层次的。而上述划分只是从他们的主张中的一个角度来进行的。事实上,除了这一角度外,还可以根据其他角度进行新的划分,从而得出不同的结论。

二、学习策略中的认知策略

关于学习策略内容结构的研究中,迈克卡等把学习策略的内容结构分为认知策略、元认知策略和资源管理策略三个方面。因为迈克卡等人所作的这种划分相对而言既很合理也比较规范,所以这里就以他们关于学习策略内容结构的划分为据,对具体的学习策略进行交待。另外,由于资源管理策略涉及的时间资源等方面在相关内容中已经进行了交待,故这里只对其前两种学习策略分别进行简要交待。

如前所述,认知策略最早是由布鲁纳提出来的,后来加涅进一步把认知策略理解为一种智慧技能。

当然,在学习科学的研究视域里,对认知策略的理解一方面与上述基于心理学的理解相关,另一方面也有所不同。这里所说的认知策略,主要是指在信息加工过程中,为了更好地获得、储存、提取、运用信息等所采用的各种方法和技术。

(一) 复述策略

复述是短时记忆的信息进入长时记忆的必要条件,只有经过重复、复述的信息才能够进入长时记忆,才能够长久保持。复述策略就是在学习活动中必须运用内部言语或外部言语重现学习材料或刺激,将注意力维持在学习材料上的各种方法。

在学习行为的"记忆行为"中已经对复述进行了交待,这里依复述内容复杂程度不同,再简要地概括几种复述策略。

1. 累积复述

即当刺激出现时,要把此前看到的所有刺激项全部依次重新说出来。例如,在背诵生词时,看到第一个刺激项,就说出"梳子";看到第二个刺激项,说出"梳子、苹果";看到第三个刺激项时,说出"梳子、苹果、月亮";后面以此类推。

2. 部分复述

当刺激项出现时,只重新说出先前所呈现过的刺激项中的至少一个刺激项的名字,如

---

① 史耀芳:《二十世纪国内外学习策略研究概述》,《心理科学》,2001年第5期。
② 李志厚等主编:《学习论与新课程学习理念研究》,广东教育出版社,2004年版,第160页。

在看到第四个刺激项时,可以复述"苹果、猫"。

3. 叫出名称

当刺激项出现时,直接说出该刺激项的名称。例如,当看到第五个刺激项时,就说出"旗子"。

(二)精细加工策略

由于复述策略仅仅是用来保持信息,所以是一种低水平的信息加工策略。而精细加工策略,是一种更高水平、更精细的信息加工策略,是在意义理解基础上的信息加工策略。精细加工策略主要指对学习材料进行深入细致的分析、加工,理解其内在的深层含义,并促进记忆的学习策略,也就是将新学习的材料与头脑中已有知识联系起来从而增加新信息的意义的深层加工策略。一般来说,一个新信息如果与其他信息的联系越多,回忆出该信息的途径就越多,就越有利于这种信息的应用。

最常用的精加工策略是通过去粗取精、删繁就简及把握精髓来浓缩认知信息的各种提要法。

1. 划线法

划线能使学习主体快速找到阅读材料中重要的信息。有研究表明,如果学习主体能划出阅读材料中重要的和相关的信息,他们就能从中学到更多的东西。

一般说来,常用的划线法有圈出不知道的词、标明定义、标明例子、列出观点原因或事件序号、在重要的段落前面加上星号、在混乱的章节前划上问号、自己作注释、标出可能的测验项目、画箭头表明关系、记下不同点和相似点、标出总结性的陈述。

2. 笔记法

记笔记是阅读和听讲中较为普遍的精加工策略。俗话说,好记性不如烂笔头。研究也表明,学生借助笔记可以有效地控制自己认知过程和材料加工过程,有助于发现新知识的内在联系和建立新旧知识之间的联系。

3. 卡片法

将要记录的内容写在卡片上,既有利于归类存放,也有利于存取、批注。这种方法广泛应用于零散资料的收集,是学习主体进行精细加工的又一种比较常用的方法。

(三)提问策略

提问策略有助于学习者有选择地集中注意进行信息选择和对信息进行深入加工。无论是阅读还是听讲,学生如果经常思考这样一些问题:这一新信息意味着什么?它与材料中的其他信息以及以前所阅读过的信息有什么联系?能用什么例子来进行说明?这些问题往往能够促进学生对知识的进一步理解。柏里斯等人研究发现,如果在阅读时教学生提一些"谁"、"什么"、"哪儿"和"如何"的问题,将有助于学生理解阅读的内容。训练学生在活动中自己和自己谈话,自己问自己或彼此之间相互问老师要问的问题,学生能在解数学题、拼写、创作以及其他课题中成功学会自我谈话技术。

(四)生成策略

生成学习是美国心理学家 M.C.维特罗克在吸收信息加工论的研究成果和概括他本人长期在课堂教学研究中的成果的基础上提出来的一种学习理论。所谓生成是指新知识的内在联系以及新知识与已有经验之间的联系。前一种联系成为文内联系,后一种联系简称为文外联系。维特罗克认为,人们生成对所知觉事物的意义,总是和其以前的经验相结合,也就是说,理解总是涉及学习者的认知过程及其认知结构,人脑并不是被动地学习和记录输入的新信息,它总是建构对输入信息的解释,主动地选择一些信息,忽视一些信息,并从中得出推论。

生成性学习策略主要是指要教给学生一些具体的心理加工新信息的方法。例如,可以成功地教学生对所学材料提问题、总结或类比等,教学生讲解他所听到的内容,这些生成性活动都有利于学生的学习和记忆。维特罗克认为,如果训练学生对所阅读的东西产生一个类比或表象,他们的理解就会增强,这些表象可能包括图形、图像、表格和图解等。生成学习策略的最重要的一点,就是强调对学习进行积极加工,学习主体不是简单地记录和记忆信息,而是要主动对这些信息的知觉,把所学的信息和自身的知识经验联系起来从而产生一个理解。

(五)组织策略

组织策略是对学习材料进行一定归类、组合,以便于学习、理解的一种学习策略。为了整合新信息之间、新旧知识之间的内在联系,形成良好的知识结构,可以将学习材料分成一些小的单元,并将这些小的单元置于适当的类别中,从而使每项信息和其他信息联系在一起,这可以使学习主体能够更加有效地记忆学习材料。一般来说,他们首先能够回忆的往往都是有组织结构的信息,其次才是个别信息。

常见的组织策略如下。

1. 列出提纲

列出提纲就是用简要的语词写下材料中的主要观点、次要观点,以金字塔的形式呈现材料的要点及其各种观点之间的关系,从而对材料进行整合。列提纲时首先要对材料进行分析、归纳,只有理解了材料内容才能准确地反映什么是主要观点、什么是次要观点以及各种观点之间的关系。

2. 利用图形

① 系统结构图

在对一门学科或一个单元的学习材料进行归类整理时,把主要信息归成不同水平或不同部分,形成一个金字塔式的系统结构图,如下图 8-2。

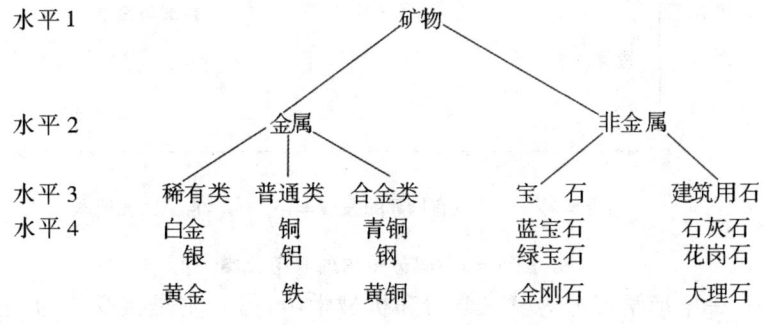

图 8-2 矿物的分类

② 流程图和模式图

流程图可用来表现步骤、事件和阶段的顺序,一般是以时间或事件的先后为参照的。

模式图是利用图解的方式来说明在某个过程中各要素之间是如何相互联系的,它不一定以时间为参照,重点在于说明在一个过程中各要素或环节之间的关系。

③ 网络关系图

网络关系图可以表示事物或事件的多种关系,如时间关系、空间关系、发展关系、因果关系、种属关系等。这里对种属关系进行简要地说明。

种属关系反映的是事物间的结构层次关系,上面关于矿物的系统结构图实际上也是一种种属关系图,反映的是稀有金属、普通金属、合金以及宝石、建筑用石与金属、非金属以及矿物之间的种属关系。

做网络关系图时,首先需要找出材料中的主要观点,然后找出次要的观点或支持主要观点的部分,接着标出这些部分,并将次要的观点和主要的观点联系起来。

3. 利用表格

学习中通过画各种表格对学习内容进行组织,也是常用的组织策略之一。

一般说来,比较常用的表格主要有一览表和双向图。

在画一览表时,首先要对材料进行全面的综合分析,然后抽取主要信息,并从某一角度出发,将这些信息全部陈列出来,力求反映材料的整体面貌。

双向图是从纵横两个维度罗列材料中的主要信息,前述的层次结构图和流程图都可以衍变成双向图。奥苏伯尔关于学习的分类可以通过如下的图 8-3 来呈现:

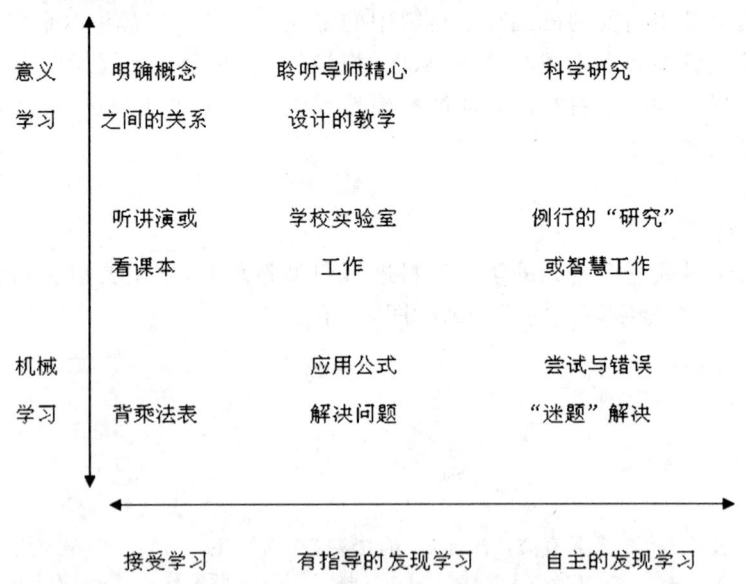

图 8-3 奥苏伯尔的学习分类

在上图中,一维把学习分为意义学习和机械学习,另一维是接受学习、有指导的发现学习和自主的发现学习。通过两个维度,可以清晰地把奥苏伯尔关于学习的分类呈现出来。

三、元认知策略

这里所说的元认知策略(即监控策略)是指学习主体对自己学习过程所进行的有效监视和控制,包括计划策略、监视策略和调节策略三种。

(一) 计划策略

元认知计划是根据认知活动的特定目标,在一项活动之前计划各种活动,预计结果,选择策略,想出解决问题的方法,并预计其有效性。给学习做计划既可以是较长期的,也可以是针对具体的学习任务所制订的计划,就好比一个足球队一样,除了有较长期的训练计划、比赛计划以外,面对不同的对手还要根据对手的特点与出场情况制定具体的对策和计划。学习计划既可以是写出来的,也可以是头脑内部的,不管是哪一种,都应是在对具体的学习任务分析以后产生的。

元认知计划策略包括设置学习目标、浏览阅读材料、产生待回答的问题以及分析如何完成学习任务。不论是完成作业,还是为了应付考试,学生在每一种学习中都应当有一种计划或对策。成功的学习者除了有这种对策和计划以外,往往还会预测完成作业需要多长时间,在作业前获取相关的信息,在考试前复习笔记,在必要时组织学习小组对困难的问题进行讨论以及使用其他的各种方法帮助自己学习。因此,成功的学习者是一个积极的而不是被动的学习者。

(二) 监视策略

元认知监视是在认知活动进行的实际过程中,根据认知目标及时评价、反馈认知活动的结果与不足,正确估计自己达到认知目标的程度、水平,并且根据有效性标准评价各种认知行动、策略的效果。元认知监控策略包括阅读时集中注意、对注意加以跟踪、对材料进行自我提问、考试时监视自己的速度和时间等。

自我提问是一种很有用的元认知策略。在元认知训练中,教师可以提供一系列供学生自我观察、自我监控、自我评价的问题单,促进学生自我反省,提高学习和解决问题的能力。自我提问应该贯穿于整个的学习过程中,例如在解决数学问题时,可以给学生提供以下自我提问的问题。

1.理解问题阶段。这个问题是哪方面的问题,该问题要求我们干什么?它涉及哪方面的知识,这方面的知识学过吗?题目中哪些是有用的、关键的信息,哪些是无关紧要的信息?已知条件足以确定未知量吗?多余还是不足?(如不具备有关知识,则应先学习该方面的知识)

2.拟定计划阶段。过去见过这种题吗?若见过,是否它以稍许不同的方式出现?我能应用一个具有相同或相似未知条件的熟悉问题解答当前题吗?如果不能则应问:我能从已知条件中得到什么有用的东西?使用了所有的条件和数据了吗?是否能确立一个容易达到的中间目标?从结果反推回去又怎样?还有其他的办法吗?如果……将会怎样?下一步又做什么?

执行计划阶段。正按计划接近目标吗?每一步都是对的吗?有必要修改或重新制订计划和策略吗?

回顾阶段。我能检验结果是否正确吗？有无矛盾之处？拟定的措施哪些起了作用而哪些没有？这道题有何奥妙之处？有没有尚需改进的地方或更好的方法？我能运用这个结果或方法于其他问题吗？

以上问题，显然对于物理、化学等学科同样适用。通过训练主要是让学生学会自我提问，促进学生对学习过程的监视。

(三) 调节策略

元认知调节是根据对认知活动结果的检查，如发现问题，则采取相应的补救措施，根据对认知策略的效果的检查，及时修正，调整认知策略。元认知调节策略与监控策略有关，例如当学习者意识到不理解课的某一部分时，他们就会退回去读困难的段落，在阅读困难或不熟的材料时放慢速度，复习他们不懂的课程材料；测验时跳过某个难题，先做简单的题目等。

调节策略能帮助学生矫正学习行为，补救理解上的不足。

元认知策略的这三个方面总是相互联系在一起而工作的。学习者学习时一般先认识自己的当前任务，然后使用一些标准来评价自己的理解、预计学习时间、选择有效的计划来学习或解决问题，接着监视自己的进展情况，并根据监视的结果采取补救措施。而且，元认知策略总是和认知策略一道起作用的，如果一个人没有使用认知策略的技能和愿望，就不可能成功地进行计划、监视和自我调节；如果他没有必要的元认知技能来帮助决定在什么情况下使用哪种策略或改变策略，也就不可能是成功的学习者。

第九章 学习指导

学习指导一词在日本的教育界是一个专门术语,他们把教学称为学习指导,把德育称为生活指导。在第二次世界大战后,由于受到美国儿童中心的影响,日本为了转变教育观念,把原来表述教学的教授改为学习指导,把教学大纲改称为《学习指导要领》。在他们看来,"学习指导,就是为了使学生的学习更容易些,而去安排、提示学习内容,准备学习环境等各种条件,对学习活动计划的展开和调整给予必要的指导和建议"[①]。

在我国,学习指导一词于20世纪90年代初期以后才逐渐被广泛认可、流行起来。在此之前,人们往往用"学法指导",侧重于学习方法方面对学习主体进行的帮助和指导。

需要说明的是,日本和我国所称的学习指导在具体的范畴上有所不同。日本所说的学习指导包括两个方面的内容:一是对学习内容的指导,指向知识本身;二是对学习活动本身予以指导,指向学习活动。而我国所说的学习指导,则主要指对学习活动本身的指导[②]。

第一节 学习指导的内涵

一、学习指导的已有定义

关于学习指导,不同的研究者所做的界定各不相同。有的研究者认为,"所谓学习指导,是依据现代学习理论,对学生学习过程中的心理结构、心理特点和心理规律加以分析,并给予指导,以优化学习心理,达到有效学习的目的。简而言之,就是让学生学会学习"[③]。有的研究者认为,"学习指导,是指教师在教学活动中,通过各种渠道向学生传授有关学习的知识,指导学习方法,调动学习积极性,使学生形成正确的学习观点、较强的动

[①] 转引自钟祖荣著:《学习指导的理论与实践》,教育科学出版社,2001年版,第62页。
[②] 参见钟祖荣著:《学习指导的理论与实践》,教育科学出版社,2001年版,第62页。
[③] 刘晓明、张宝来著:《小学生学习心理与学习指导》,东北师范大学出版社,1999年版,第88页。

力和学习能力。简而言之,就是要使学生懂学习、爱学习、会学习"①。有的研究者认为,"学习指导是一项综合性的系统工程,是指在教师指导下,对学生在学习过程中的学习道德、学习心理、学习内容、学习方法、学习环节等方面进行全方位的指导,从而使其有效地掌握知识,发展智力,形成品德的活动"②。有的研究者认为,"学习指导是以学生有效地掌握知识和技能,形成所期待的能力,发展其良好个性特征为目的,积极调整和利用学生的学习条件、学习背景环境,准确把握学生的个性发展水平,充分挖掘学生的学习潜能,针对他们的不同学习风格而选择有效学习策略,并对全部学习活动的各个方面实施有效指导,使全体学生都获得诸方面成功的活动"③。有的研究者认为,学习指导是"教师有目的、有计划、有组织地将有关学习的原理、规律和方法等全方位传授给学生,指导学生依据这些原理,遵循这些规律,运用这些方法,激活学习动机,强化学习兴趣,增进学习能力,提高学习效率,养成学习习惯,从而学得更主动、更轻松、更有成效,真正成为学习的主人"④。

上述关于学习指导的界定,虽然简繁不一,但有一些共同之处,这些对理解和把握学习指导的基本要义很有帮助。

第一,学习指导是学习活动中的重要组成部分。

对于学习指导与学习活动的关系,可以从以下两个方面来把握:一方面,学习活动必须要有学习指导,如果缺少了学习指导,不但会使学习活动自身不够完整,还会降低学习活动的效益;另一方面,学习指导本身也是一种活动,是学习活动中的一个方面,从性质上来看,学习指导同样是一种活动,与学习活动中的其他活动一样,包括有活动的主体、活动的过程和活动的内容等。

第二,学习指导以提高学习能力为根本出发点。

学习指导通过学习方法的调适、学习环境的创设等方面来不断地提高学习主体的学习能力,进而增强学习效益。在学习活动中,经常会发现这样的现象:很多学习主体用同样的时间,或付出同样的努力,但得到的收获却很不相同,有些甚至相去甚远。这种现象很大程度上是与学习主体学习能力的强弱程度、学习方法得当与否密切相关。

第三,学习指导是学习主体与他者合作的活动。

学习指导在强调学习主体自主性、主动性的同时,还注重其他主体,如老师、家长,甚至包括同伴的帮助和指导,把学习指导定位于学习主体与他者合作的活动、交互的活动、共同发展的活动。因此,认识到学习主体的学习离不开他人的帮助可以说是学习指导的基本前提之一,当然,他人对学习主体的帮助因具体情况而各不相同。从总体上来看,他们之间的帮助并不仅仅局限在知识上,也包括学习方法的帮助及学习能力上的帮助。

第四,学习指导还是一项具有高附加值的活动。

对于学习主体来说,学习作为实现个人发展、服务社会的重要途径而显得非常重要,

---

① 钟祖荣著:《学习指导的理论与实践》,教育科学出版社,2001年版,第62~63页。
② 叶瑞祥著:《学习学概论》,广东高等教育出版社,1997年版,第344页。
③ 吴沁著:《学习学概论》,东北师范大学出版社,2000年版,第323页。
④ 林明榕总编:《学习科学大辞典》,新华出版社,1998年版,第553页。

但同时学习指导也是一项不可或缺的活动,相较起来,这可能是一项更有价值、更有意义的活动。一方面,通过学习指导可以为学习主体指点迷津,或者提供更有效的方法、策略,从而可以减少一些不必要的投入,或者避免浪费,提高学习效率;另一方面,通过学习指导不仅可以帮助学习主体解决眼前的学习困难,少走弯路,节约学习资源,而且还会成为长期地、持续地影响他们今后的学习乃至生活的重要因素。前者可谓"授人以鱼",而后者则可谓"授人以渔"。因此,学习指导把"鱼"、"渔"之授很好地结合在一起。

需要说明的是,尽管这些关于学习指导所做的界定抓住了其上述要义,但也不得不承认,这些界定中至少还存在着两个方面的不足:

一是关于具体承担或实施学习指导活动主体的范畴显得比较窄狭。这些界定直接或间接地把教师视为学习指导活动的主体,事实上,对于学习主体进行学习指导,除了教师之外还有其他一些社会成员,如家长、社会相关人士等。尽管与其他社会成员相较起来,教师的指导作用显得比较集中、比较长期,但并不能据此而否认其他社会成员对学习主体的学习指导作用。

二是对于学习指导的价值取向(价值定位)的表述还不够清楚。在上述界定中,将学习指导的价值取向(价值定位)只是简要地概括为学会学习,还显得比较模糊,既难以让承担学习指导责任的主体明确其具体的指导责任,也难以让学习主体明确其在接受学习指导时应着重关注的内容。

二、学习指导的尝试把握

(一)学习指导的定义

根据已有研究成果和上述分析,这里把学习指导理解为学习指导者对于学习主体的学习进行各种引领性活动方式的总和。

这表明学习指导有以下四个方面的要义。

1. 学习指导是对学习主体的学习所进行的各种指导行为的总称

学习指导,顾名思义是针对学习活动而言的。学习主体作为人类社会活动中的一员,在他们身上会产生各种各样的活动,如学习活动、交往活动、娱乐活动等。学习指导只是针对他们的学习活动,而不针对学习之外的其他活动。因此,学习指导是有着明确指向的活动。

当然,作为对学习活动进行指导的活动,其行为表现也多种多样,故而学习指导还是所有这些对学习活动进行指导的各种行为的总称。

2. 学习指导是由学习指导者来承担和施行的活动

学习指导除了对指导对象,即对学习主体进行指导外,还包括学习指导的主体,即学习指导者。担任学习指导的主体,或者能够对学习主体进行指导的主体有很多,除了教师外,还有其他一些人员,如家长、社会相关人员及学习主体的同伴等,都可以对学习主体的学习活动进行指导。这些人员只要能够对学习主体的学习活动进行指导和帮助,就可以视为学习指导主体,是学习指导者。当然,不同的学习指导主体,对学习主体的学习指导所起的作用是不同的。

3. 学习指导的内容很广泛

由于学习主体的学习活动包括很多方面,而且也会受到很多方面的影响,故而学习指导的内容也很广泛,既有学习主体心理方面的指导(如学习动机的激发、学习兴趣的培养等),也有学习主体行为方面的指导(如学习目标的制定、学习策略的选择等),这些将在学习指导的内容中进行专门交待。

4. 学习指导的基本出发点是为了学习主体能够更好地学习,促进他们的学习

学习指导作为对学习主体的学习活动进行指导的各种行为方式的总称,其基本诉求就是能够让学习主体更好地学习,包括提高他们的学习效率、优化他们的学习方式、增强他们的学习能力等。总而言之,学习指导是为了让学习主体能够学得更好、学得更愉快。

(二) 学习指导的特点

学习指导有以下四个方面的特点:

1. 引领性

学习指导作为对学习主体的学习活动进行的指导,实际上也就是对学习主体的学习活动进行引领,使其朝着提高学习效率、优化学习方式、增强学习能力等方面努力。因此,学习指导具有引领性的特点,对学习主体的学习活动及其行为提供带有更有价值的帮助。

2. 发展性

学习指导的发展性表现在两个方面:一方面是学习指导自身的发展,学习指导的内涵及实践都在不断地发展之中,这从前面关于学习指导发展简述中可以看出来,故不再赘述;另一方面是学习主体的发展,学习指导与学习活动虽然都致力于学习主体的发展,但它们各自对于学习主体发展的关注是不一样的,概括说起来,学习活动主要致力于学习主体的身心等方面的发展,而学习指导则主要致力于各种学习活动的发展,前者主要是指向任务而带来的发展,后者主要是指向行为而带来的发展。

3. 长效性

学习指导所提供的学习方法、学习策略一旦被学习主体理解和掌握,往往能够对他们的学习活动产生长期性的、深远的影响,有些甚至还能够成为他们一生的宝贵财富。所以,学习指导具有长效性,能够长期作用于学习主体的学习活动中。

4. 针对性

学习指导的针对性有两个方面的表现:一是针对学习活动的指导,这在前面关于学习指导的要义中已经交待过了;二是针对学习主体的指导,学习指导作为对学习主体的学习活动所进行的引领性活动,实际上也就意味着学习指导必须根据学习主体的实际情况来进行,只有根据他们的实际情况,提出有针对性的帮助,开展有针对性的指导,才能让学习指导真正发挥作用。

(三) 学习指导的类型

根据不同的标准,可以对学习指导进行不同的划分。

1. 小学生学习指导、中学生学习指导、大学生学习指导

这是根据学习指导对象,即学习主体所处的学习阶段来进行的划分。因为学习主体作为学习指导的对象,在不同的学习阶段不但存在着学习内容上的不同,而且还在学习需

要上也各不相同,所以所提供的具体的学习指导也应各不相同。一般说来,小学生学习指导往往比较直接且通俗易懂,中学生学习指导主要注重学习能力的培养,大学生学习指导主要注重学习方式、学习态度、学习方法等的转变。

2. 直接指导、间接指导

这是根据具体的学习指导方式对学习指导进行的划分。直接指导,主要是通过一些比较专门的途径或手段,对学习主体的学习活动进行直接的、专门的指导,这种指导由于是直接的,所以,其对学习主体的影响也往往是直接的、显性的。间接指导则主要是通过一些间接的途径,如结合课堂教学过程或具体学科教学等进行间接性的渗透来对学习主体进行学习指导,这种学习指导之所以是间接的,主要是因为这种学习指导往往与其他活动相伴,而且是以其他活动为基础的前提下的衍伸。

3. 学习心理指导、学习行为指导

这是根据学习指导的内容对学习指导进行的划分。学习主体的学习活动既含有学习心理层面,受学习心理的制约,又表现为学习行为层面,是对学习行为的反映。因此,在对学习主体进行学习指导时,既要考虑对其学习心理进行指导,也要考虑对其学习行为进行指导。关于这两类指导,将在后面的学习指导的内容中作进一步的交待,这里不再细述。

4. 学习战术指导、学习战略指导

这是根据学习指导的水平对学习指导进行的划分。学习战术指导是指对学习主体的具体学习活动中所发生的现象或所遇到的困难,如学习目标的确定、学习内容的选择、学习活动的规划等提供明确的指导和帮助;学习战略指导则是指在对学习主体进行学习指导时不再是从具体的现象或困难入手,而是指导学习主体从全局的高度,全面分析自己的情况,实事求是地选择有可能获得最佳效果的既定目标、学习内容和学习行为。因此,学习战术指导着重从具体的现象或困难出发,提供具体的、有针对性的帮助,而学习战略指导则主要是强调对学习主体在学习重心、学习方向等方面进行事关全局的、发展性的指导。

5. 男生学习指导、女生学习指导

这是根据学习指导对象的性别对学习指导进行的划分。众所周知,男生与女生无论是在生理还是在心理上都存在着一定差异。因此,在进行学习指导时,还可以考虑根据学习主体的性别来进行指导。对此,有研究分别总结了男生和女生各自的特征及在学习上的表现:"男生的共性是:活动灵巧、好奇好动、胸怀宽广、热情豪放、思维敏捷、想象丰富、注意转移快、承受力强、粗心大意、浮谈有余静学不足"[1],而"女生感情丰富、表达细腻、尊师守纪、勤奋努力、作业整洁、细致入微,但应变能力差,自信心不足、善于形象思维,文科是她们的长项,对物理和立体几何普遍感到困难"[2]。在开展学习指导时,应该针对男女生各自的特征及其学习上的表现分别进行指导。

6. 一般学习主体学习指导、特殊学习主体学习指导

这是根据学习指导对象的状况对学习指导进行的划分。根据学习主体自身的状况,

---

[1] 林明榕总编:《学习科学大辞典》,新华出版社,1998年版,第464页。
[2] 林明榕总编:《学习科学大辞典》,新华出版社,1998年版,第466页。

可以把学习主体分为一般学习主体和特殊学习主体两种不同的类别。在进行学习指导时,还可以考虑从两种不同类别进行。一般学习主体主要是指各项学习活动比较正常的学习主体,对他们的学习指导按照一般的学习活动来进行即可;特殊学习主体则主要是指学习活动不够正常的学习主体,根据他们的实际情况,又有超常和落后两种不同亚型,作为特殊的学习主体,其在学习活动中既有特殊表现,又有特殊需求,对他们进行的学习指导必须满足他们的特殊需求。

7. 个别指导、集体指导

这是根据学习指导对象的数量多少进行的划分。个别指导,即在学习指导时只是针对单个的学习主体来进行,而集体指导则是指学习指导同时针对多个学习主体来进行。一般说来,单个学习指导的针对性更加突出,更能照顾到学习主体的个别差异,但由于学习指导只针对单个学习主体而使得指导的效率较低;集体指导由于每次针对多个学习主体同时进行,可以同时使多个学习主体受益,具有较高的效率,但由于多个学习主体同时进行指导而使得指导的针对性不够强。因此,在学习指导实践中,可以把两者结合起来进行。

(四)学习指导的价值

学习指导作为对学习主体的学习活动所进行的引领性活动,对学习主体及其学习活动有着极为重要的价值。对此,有研究从学习指导的目标方面进行了概括,认为学习指导有三重目标,即对学习条件的最优化、学习过程的最优化和逐步形成自学技能[①]。后来,又进一步对学习指导的目标进行了重新整合,形成了新的学习指导目标结构如下表所示[②]:

新的学习指导目标结构表

行为	懂学习	爱学习	会学习
学习素质	学习观	学习动力	学习能力
学习系统	观念系统	动力系统	操作系统

虽然早期的研究和后来的研究在表述上有所不同,但目标的范畴仍然都是三个方面,这三重目标实际上也可以理解为学习指导的三重价值。

这一研究对于学习指导的价值进行了很好的揭示,但相对来说对于学习指导价值的揭示还比较窄狭,主要集中在学习主体身上。事实上,学习指导除了对学习主体有价值外,还对于学习指导活动中的其他人员,比如学习指导者也同样有价值。因此,只从学习指导对象方面来探讨学习指导的价值还显得有些不够全面。

基于上述考虑,这里把学习指导的价值从学习主体和学习指导主体两个维度四个方面来进行分析。

1. 提高学习效率

学习指导,特别是学习方法指导可以有效地提高学习主体的学习效率,使得他们能够

---

① 钟祖荣著:《学习指导的理论与实践》,教育科学出版社,2001年版,第63~64页。
② 钟祖荣著:《学习指导的理论与实践》,教育科学出版社,2001年版,第64页。

在同样的时间里完成更多的学习任务,或者完成同样的学习任务需要更短的学习时间。这既是学习指导的价值,同时也是学习资源的利用价值。提高学习效率,可以说是学习指导最为直接的价值,也是最为具体的价值。

2. 培养学习能力

学习指导还可以培养学习主体的学习能力,特别是借助于学习指导中一些心理层面、技术层面的指导,往往使学习主体能够触类旁通,举一反三。借助于对学习基本规律的发现和运用,能够使他们获得更大的收获,也能够使得他们的发展更好。学习能力的培养不但对于学习主体当前的发展有益,而且对他们今后的发展依然有益,是贯穿他们一生的宝贵财富。因此,这一方面的价值可以说是学习指导的长远价值、宏观价值。

3. 调控教学活动

学习指导除了使学习主体得到发展外,还可以使学习指导主体同样得到发展。这里就以教师这一学习指导中最为重要的、也是最为常见的主体为例进行简要说明。

通过学习指导,教师不但可以为学习主体的学习活动提供切实可行的帮助,提供学习效率,培养学习能力,而且还可以使得教师在教学活动中根据学习指导的实际情况来对自己的教学活动进行灵活调整,从而进一步增强教学的针对性,使教学与学习指导有机地结合起来,在完成教学活动的同时进行更加有效的学习指导。

4. 实现教学相长

学习指导对于教师的价值不但表现在对教学活动的调控上,而且还表现在教师自身的发展上,能够有助于教师自身的成长,比如促使教师不断地总结学习指导的经验、更好地发现学习主体的指导空间等。这些既有助于教师对学习主体的学习进行指导,也有助于教师学习指导能力的提高。而且,作为具有交互影响的两个方面,无论是对学习主体的学习指导,还是对于教师的学习指导能力都有促进价值。

三、学习指导的相关范畴

为更好地理解学习指导,还有必要对与之密切相关的一些范畴,如学法指导、学习教育、学习帮助等,予以辨析。

(一)学法指导与学习指导

学法指导是在学习指导提出之前广泛使用的、用来表征他者对学习主体的学习活动产生影响的一个概念,所谓学法指导,即学习方法指导的简称。对于这一概念,有研究进行了如下界定:"学习方法指导,是教育者通过一定的途径对学习者进行学习方法的传授、诱导、诊治,使学习者掌握科学的学习方法并灵活运用于学习之中,逐步形成较强的自学能力。"[1]

学法指导作为较早提出的一个概念,开始关注并试图科学地把握学习主体的学习能力与他人指导之间的关系,具有一定的创新性。但由于把他人对学习主体的帮助仅仅囿于学习方法层面,包括学习方法的传授、诱导、诊治等,不但弱化了他人对学习主体的影响

---

[1] 谢德民主编:《论学习:学习科学与学习指导的探索》,人民出版社,1992年版,第345页。

和价值,而且也还缩小了他人对学习主体帮助的内容和范畴。由此看来,单纯地用学法指导还显得不够科学、严谨,存在着明显的局限,所以后来于1992年在呼和浩特市召开的全国学习指导与教育改革研讨会上讨论后,学习指导就取代了学法指导。

因此,学习指导代替学法指导,不但是用语上的改变,也是其内涵上的改变、要义上的深化。

(二) 学习教育与学习指导

学习教育,即"致力于优化学生学习的外在条件和内在素养,使学生在学习上掌握客观规律并且发挥主观能动性,而获得学习成功的教育"[①],是由原天津市河西区教育局局长郑秉洳提出和实践的。

由学习教育的界定可以看出,其与学习指导既有关联亦有区别。

从关联方面来看,无论是学习教育,还是学习指导都属于活动的范畴,都注重学习主体的学习能力的培养,注重学习效益的增强。

而从区别方面来看,学习教育是一项对特别注重学习的教育活动的称谓,从某种意义上来说这是教育活动,可以看做与成功教育、情境教育等相类似的教育理论体系和实践。而学习指导则主要是教育活动中的一个重要组成部分,是与教学、管理、评价等活动类似的促进学生发展的教育活动之一。

(三) 学习帮助与学习指导

学习帮助也是生活和实践中经常使用的语词之一,但非常遗憾的是,这一语词尽管使用得很普遍,但几乎没有什么研究对之进行界定。所以,为了更好地理解学习帮助,这里先从帮助自身的含义入手。

"帮助"一词,词典中通常解释为"替人出力、出主意或给以物质上、精神上的支援"[②]。由此可以看出,帮助的形式或内容多样,既有物质上的也有精神上的,既有行动上的也有思想上的,但无论何种形式、何种内容,帮助都是主体之间的活动。

学习帮助作为不同主体之间的活动之一,是由他人对学习主体在学习方面的帮助。因此,其与学习指导的含义大体相同。

当然,两者间也还有一些细微的差别。就学习帮助而言,主要是针对问题或困境而言的,具有极强的情境性,如果没有困境或问题,学习帮助将无从谈起;学习指导则相对来说就显得要宽泛一些,并不囿于问题或困境,只要有助于学习主体学习活动,有助于他们学习能力提高都可以有学习活动。

---

① 郑秉洳著:《论学习教育》,天津社会科学出版社,1996年版,第68页。
② 中国社会科学院语言研究词典编辑室编:《现代汉语词典》(第5版),2005年版,商务印书馆,第41页。

第二节 学习指导的内容

学习指导的内容涉及很多方面,对此,不同的研究者提出了各不相同的学习指导内容。有研究认为学习指导的内容包括激发学习动力、开启智力潜能和优化学习环节三个方面①,也有研究认为学习指导的内容包括学习观点的指导、学习心理的指导、学习方法的指导和学习环境的指导四个方面②,还有研究认为学习指导的内容包括学习观指导、元认知指导、学习方法(策略)的指导、学习动力的指导、学科学习指导、学习环境的指导与调节等六个方面③。总体看来,每一种关于学习指导内容的划分都有其依据,也有其合理性,但都存在着诸如划分的逻辑性还不够严密等可以进一步改进的空间。

这里根据学习主体的学习活动把学习指导的内容概括为学习心理指导和学习技术指导两个方面。

一、学习心理指导

心理因素是影响学习主体的学习活动的重要因素之一,对学习主体进行学习指导,首先就需要从他们的学习心理方面入手,进行学习心理指导。

概括说来,学习心理指导主要包括树立良好的学习观念、养成高级的学习兴趣和激发适度的学习动机三个方面。

(一)树立良好的学习观念

学习观念是学习主体对待学习的一些最为基本的看法,如什么是学习、为什么学习及怎么学习等,这些看法将直接影响到学习主体的学习活动,影响到他们的学习行为。因此,对学习主体进行学习指导,首先就需要从学习观念方面着手,指导他们树立良好的学习观念。

从学习实践来看,不同学习主体的学习观念并不完全相同,这些各不相同的学习观念可以从性质概括为功利性的学习观念和发展性的学习观念两种不同类型。

一般说来,功利性的学习观念更多的是从获取他人的认可或者外在的物质回报等方面来理解学习和开展学习的。推动他们学习的根本动力或者内在的原因并不是由学习本身产生的,也不是学习过程带来的,而是由于通过学习能够获得的外在的评价或认可所带来的。一旦这些外在的因素消失或难以实现,学习主体的学习活动往往会发生根本性的转变。当然,在特定的学习阶段和特定的学习主体身上,这种功利性的学习观念仍然有其合理性。

---

① 转引自钟祖荣著:《学习指导的理论与实践》,教育科学出版社,2001年版,第67页。
② 转引自钟祖荣著:《学习指导的理论与实践》,教育科学出版社,2001年版,第67页。
③ 钟祖荣著:《学习指导的理论与实践》,教育科学出版社,2001年版,第68~73页。

而发展性的学习观念则与功利性的学习观念截然不同。一般说来，发展性的学习观念是从学习活动的内在层面，或者说是学习活动本身来理解学习的。在他们看来，各种学习活动过程，包括学习结果，都会给他们带来非常愉快的体验。对持有这类学习观念的学习主体来说，学习活动没有其他外在的目的，只有从事或投入学习的愿望和追求。在这一过程中，他们感受到既有付出，也有收获；并且，他们也非常看重这一过程和收获，并愿意为这一过程而持续不断地努力。因此，这种学习观念对学习主体的影响更为持久，更加巨大。

因此，对学习主体的学习观念进行指导必须以树立良好的学习观念为前提。

当然，良好的学习观念本身也包括多个方面的内容。对此，有研究认为，应该包括以下五个方面[①]：

一是大学习观，包括终身学习观、全方位学习观等。即学习是人与环境相适应的一种手段，是获得新经验的活动。学习的方式、途径是多种多样的，在生活中，时时事学，事事可学，书本、大自然、社会都是信息的载体和来源。学习是持续一生的事情，要活到老学到老。

二是正确的学习价值观。能够认识到学习是有用的、有价值的，而且有多方面的巨大价值，从个人方面来说，可以提高自己各个方面的素质，可以为后继的学习打好基础，可以帮助自己找到比较理想的职业；从社会方面来说，学习是国家兴旺发达的基础，是科学技术发展的基石，是社会持续发展的不竭动力。

三是正确的学习目标观和学习内容观。对于学习主体（特别是以学习为主的学习主体）来说，学习内容应该全面，不能过于狭窄，因为这既不利于学习主体的全面发展，也不利于学习主体的持续发展。当然，学习内容全面并不意味着所有方面都完全一样，在学习时，还应根据自己的实际情况选择合适的学习内容。

四是正确的学习成败观。如何看待学习上的成功与失败也是良好学习观念中的重要组成部分。正确的学习成败观实际上也就是要正确地看待学习中的成功与失败，比如成功与失败的标准以及对待成功与失败的态度等。

五是正确的学习方法观。学习是有规律可遵循、有方法可依的，在学习活动中，遵照学习规律，按照学习方法往往会事半而功倍，反之则会事倍而功半。因此，在学习活动中，还应该按照学习方法的要求来进行。

上述五个方面，既是学习观念的内容，也是学习指导的内容。在对学习主体进行学习指导时，应从这五个方面对他们的学习观念进行指导，以帮助他们树立良好的学习观念。

（二）养成高级的学习兴趣

学习兴趣也是影响学习主体的学习活动的重要因素。在前面关于学习主体的分析中，已经从学习主体的心理状态层面上进行了交待，概括性地指出了学习兴趣有趣、乐趣和志趣三种不同的水平和状态。作为三种不同水平的学习兴趣，虽然都会对学习主体的学习活动产生影响，但相对而言，志趣作为学习兴趣的最高水平、最高境界，对学习主体的学习活动的影响也更大一些。因此，在以学习主体进行学习指导时，除了要引导他们树立

---

① 钟祖荣著：《学习指导的理论与实践》，教育科学出版社，2001年版，第69页。

良好的学习观念外,还应进一步养成高级的学习兴趣。

(三)激发适度的学习动机

学习动机也同样是影响学习主体的学习活动的重要因素。在前面关于学习主体的分析中我们也已经从学习主体的心理状态层面上进行了交待,特别是对学习动机所遵循的耶克斯和多德逊定律进行了分析。耶克斯和多德逊定律表明,虽然学习动机对于学习主体的学习活动起着重要的调节作用,但就学习动机而言,必须考虑其适度性,只有适度的学习动机才能真正发挥出其对学习活动的激发作用,学习动机过强或弱都不利于对学习活动的进行。当然,学习动机的适度具有相对性。对于不同学习内容、不同学习主体甚至不同学习状态来说,各自适度的学习动机并不完全相同。对于学习动机的指导,不但要激发他们的学习动机,而且还要特别强调对适度的学习动机进行激发。

二、学习技术指导

1. 确定学习目标的技术

学习目标,也可以称为学习目的,是"学习者进行学习所要达到的结果"[①],或者说是"学习者根据社会的需要和人的发展的要求,通过学习活动使自己的学习行为在一定时期内所要达到的预期结果"[②]。

从上述两个界定可以看出,学习目标实际上就是学习主体对其一定时期内学习活动所应达到的结果的预期。因此,学习目标具有导向与激励、评价与反馈两大方面的作用,成为影响学习活动,制约学习行为的重要因素之一。在对学习主体进行指导时,必须从学习目标的指导入手,帮助他们科学合理地确定学习目标。

确定学习目标应考虑以下五个方面的内容:

一是范畴全面。对于学习目标来说,要尽可能地考虑到各个方面,让这些方面在学习目标中都有相应的位置,因而避免某些目标被弱化甚至被遗漏。当然,不同的研究者对于学习目标所涵盖的范畴本身的理解并不一致,比如布卢姆把学习目标的范畴理解为认知领域、动作技能领域和情意领域三个方面,而我国新课程改革则把学习目标的范畴理解为知识与技能领域、过程与方法及情感、态度、价值观领域三个方面。需要说明的是,在确定学习目标时,无论从哪种视角进行都是可以的,但必须注意要把该视角下的所有方面都考虑进来,不能只选择其中的某些方面作为学习目标。

二是重视发展。学习活动本身就是致力于学习主体的发展的,是以促进和落实学习主体的发展为旨趣的。学习目标作为对学习主体学习活动的引领,也必须有发展的视野,要考虑发展的全面性、发展的基础性、发展的多样性等,只有发展性的学习目标才有可能真正实现学习主体的发展。

三是量力而为。如上所述,学习目标具有发展性,应适度超前于学习主体的现有水平。但需要说明的是,这种超前必须是适度的,是有前提条件的,如果没有一定的限度,不

---

① 林明榕总编:《学习科学大辞典》,新华出版社,1998年版,第234页。
② 王言根主编:《学会学习:大学生学习引论》,教育科学出版社,2003年版,第29页。

遵照学习主体的实际情况,不考虑学习主体的能力而一味地超前,恐怕是没有多大价值的,也发挥不了学习目标的引领作用的。

四是近远结合。学习目标作为一定时期内对学习活动所应达到的结果的预期,既含有时间较短的近期,也含有时间较长的远期。一般说来,近期目标往往比较具体,对学习主体的调控也比较直观,而远期目标往往比较宏观,对学习主体的调控更为内隐。因此,在制定学习目标时,一方面应把学习目标中的近期目标和远期目标区分开来,不能只有近期目标或只有远期目标;另一方面,还应把近期目标和远期目标统一起来,把近期目标看做是远期目标的具体化,把远期目标看做是多个近期目标的合成。千万不能把两者割裂开来、对立起来,如果这样,将无法发挥学习目标的引领作用。

五是落实举措。学习目标确立固然重要,学习目标的落实更重要。从某种意义上来说,学习目标只是学习活动的蓝图,并不是学习活动本身,学习活动作为对学习目标的落实,需要相应的条件和措施来保障。因此,在确立学习目标时,还应考虑落实的举措,并根据落实举措来完善学习目标。

2. 制订学习计划的技术

凡事预则立,不预则废。这实际上也就是说,无论做什么都要有计划,有了计划才有可能成功,如果没有计划将会难以成功。学习活动也同样需要有计划,需要做出周密的部署,这就是学习计划。具体说来,学习计划就是学习主体基于学习目标而做出的对其学习活动的筹划。这表明,学习计划与学习目标密切相关。如果说学习目标是学习活动的蓝图,那么学习计划则是学习活动的向导,是通向学习活动的具体步骤和策略。因此,制订学习计划是将学习目标付诸实践、具体落实的重要举措。当然,除了落实学习目标外,制订学习计划还可以优化学习活动的调控,磨炼学习主体的意志,促使他们养成良好的学习习惯等作用。

在制订学习计划时,要考虑以下三个方面:

一是宏观统筹与微观可行。所谓宏观统筹,是指在制订学习计划时要从总体上着手,比如根据学习任务、学习时间、学习状态等多个方面来进行综合考虑,而不应只从某一个方面来进行;所谓微观可行,是指所制订的学习计划必须切实可行,具有可操作性,能够在学习活动中得到执行,只有能够得到执行和落实的学习计划,才有可能真正地落实学习目标,促进学习主体的发展。无论是宏观统筹,还是微观可行都强调学习计划的制订应该科学,只不过,前者强调总体性,后者突出可行性。

二是点面结合与注重实效。学习计划一方面要宏观统筹,全面考虑;另一方面还要突出重点。对学习活动来说,既要有全面性,也还要有重点性,在制订学习计划时,不能仅有全面性,缺乏重点性,应该在全面前提下,针对重点内容、重要方面给予足够的重视。比如,给这方面的内容多安排一些学习时间,或者把效率比较高的时间用于完成这个方面的学习内容等。总之,既要做到全面,又要突出重点,注重实际效果。

三是灵活调整与留有余地。学习计划作为对学习活动的筹划,贵在落实,学习计划一经制订,就必须严格执行、认真落实。当然,学习计划作为事前对学习活动的筹划,难免在具体的执行、落实过程中会遇到未曾计划到的现象或问题,影响到学习计划落实。对于这种情况,应在坚持的前提下对学习计划进行灵活调整,既可以对有些学习任务的位序进行前后调整,也可以对有些学习任务进行适度压缩或增加。学习活动一旦与原定的学习计划发生冲突,应尽可能地进行协调,不是照搬学习计划,而是应当进行灵活的调整,但灵活调整也不意味着对原有的学习计划完全抛弃,另起炉灶。当然,如果在制订学习计划时能够充分考虑到各种可能情况,为学习计划的执行留有余地,将会大大减少上述情况的出现。

3. 选择学习方法的技术

学习方法作为影响学习活动的另一重要技术因素,是学习主体为完成学习任务、落实学习目标和执行学习计划而采取的一系列活动方式的总和。一方面,学习方法在学习活动中不可缺,离开学习方法,学习活动根本无法进行;另一方面,学习方法还会对学习活动起着重要的决定性的影响,影响学习活动的效果,从某种意义上来说,学习方法不但直接关系到学习活动能否顺利进行,而且还决定着学习活动的效果。因此,对学习主体进行学习指导时还必须对他们的学习方法进行指导。

选择学习方法应注意的方面有:

一是充分考虑学习活动自身的要求。学习方法作为完成学习任务、落实学习目标和执行学习计划而采取的一系列活动方式的总和,在实际选择时必须充分考虑学习活动自身的实际情况,根据学习任务的要求、学习资源的支撑等实际情况来进行选择。

二是切实从学习主体自身特点出发。众所周知,学习主体具有差异性,他们的这些差异表现在很多方面,如原有基础、思维方式、个性风格等,这些不同会极大地影响到他们的学习活动。有很多学习主体的学业不良,在很大程度上是由于学习方法不当,学习方法与他们自身的实际不相一致所致的。因此,在选择学习方法时,还必须考虑到他们各自的特点,根据他们的实际情况,有针对性地选择适合于他们的学习方法,以切实提高学习效率,增强学习效果。

三是多种学习方法有机结合为系统。学习方法本身既是多种多样的,也是有机地结合在一起的,成为一个完整的学习方法系统。一般说来,学习方法系统可以概括为三个层次,"第一层次是一般学习方法,包括全程学习法(学习战略决策和学习计划制订法、修学法、自学法、应考和自我检测法等)、获知得能法(获取知识法、发展智力法、培养能力法、开发创造力法、锻炼体能法等)、科学用脑法(脑潜开发法、大脑防护法、养脑健脑法等)、科学用时法(学习时间最佳运筹法、智力最佳期充分利用法等)。第二层次是各门学科特有的学习方法。第三层次是各门学科中的各个组成部分的具体学习方法"[①]。这三个层次分别为学习主体提供概括一般性的学习方法、特定领域的学习方法和专门性的学习方法。

四是根据实际对学习方法灵活运用。一方面,学习方法是多种多样的;另一方面,每种学习方法都有其优点和缺点。这在为学习主体提供选择空间的同时,也提出了新的要求,需要他们在学习活动中,一方面选择合适的学习方法,另一方面要对这些方法灵活地运用,切实让学习方法为他们的学习活动服务,为他们的成长和发展服务。

4. 运用学习策略的技术

学习策略,特别是元认知学习策略,对学习活动起着关键的调控作用,自然也应是学

---

① 林明榕总编:《学习科学大辞典》,新华出版社,1998年版,第207页。

习指导的技术内容。关于学习策略的运用,在"学习策略"一章中已经交待,这里不再赘述。

5. 创设学习环境的技术

创设学习环境,为学习主体提供适宜的学习条件,也是对学习主体进行学习指导的重要技术内容之一。关于学习环境的创设,在"学习资源"一章已经涉及,这里也不再赘述。

第三节 学习指导的形式

对学习主体进行学习指导有多种途径可以进行,这些途径中,有些是专门性的学习指导,有些是渗透性的学习指导,有些是主要的学习指导,还有些是辅导性的学习根据。

一、开设学习指导课程

课程所具有的高能性决定了其在促进个体发展中的地位,这在学习指导活动当中也同样如此,通过开设学习指导课程可以对学习主体的学习活动进行系统而全面地指导。

关于学习指导课程的内容,有研究认为主要有五个方面[①]:一是观念系统,主要介绍学习活动本身、学习者自身的知识和观念等方面的内容,使学习主体能够对学习活动本身有着正确的认识;二是动力系统,主要介绍学习动力的各种因素、作用及其激发方法,使学习主体明确学习的各种动力来源,产生学习的积极性;三是操作系统,主要介绍调控学习的策略和执行学习的方法,使学习主体掌握各种有效学习的方法;四是智能系统,主要介绍学习活动中所需要的各种能力及其培养,如观察力、记忆力、思维力、想象力、创造力等,提升学习主体的学习能力;五是应用系统,主要介绍各主要学科的特殊学习方法,使学习主体能力把一般学习方法和具体学科结合起来。

二、举办学习指导讲座

学习指导讲座是指通过定期或不定期地安排时间,对学习主体进行比较有针对性的、专门性的有关学习方面的报告或介绍,对他们进行学习指导的一种途径。

举办学习指导讲座与开设学习指导课程的最大不同在于前者比较灵活,而后者比较固定。学习指导课程作为课程来开设,不但在形式上比较固定,在固定的时间和地点来上课,而且在内容上也比较固定,受学习指导课程内容的制约。而学习指导讲座就明显不同了,不但在时间安排上比较灵活,可以根据需要和条件随时安排,而且在内容上也比较灵活,可以根据实际情况开展有针对性的讲座。当然,学习指导讲座的灵活性也往往容易使其系统性不够强,缺乏连续性。

---

① 钟祖荣著:《学习指导的理论与实践》,教育科学出版社,2001年版,第179~180页。

一般说来,学习指导讲座的内容主要是针对学习主体在学习中出现的普遍现象或实际问题来进行。比如,学习主体的学习状态不佳,可以安排学习状态调整的讲座;学习主体的学习动力不足,可以安排学习价值或学习意义的讲座。需要说明的是,虽然学习指导讲座是根据学习中的普遍现象或实际问题进行,但是对于学习指导者来说也同样可以未雨绸缪,根据学习主体发展的一般规律,提前筹划学习指导讲座的内容。

三、通过学习环节渗透

学习活动具有过程性的特点,是在特定时空背景下的展开,在对学习主体进行学习指导时,也可以利用学习过程来进行。如前所述,学习过程大体上可以划分为预习、听讲、复习三个环节,这三个环节一方面都是完整的学习过程的重要组成部分,不可或缺;另一方面三者各有其特殊性,有自己的独特的要求。因此,在进行学习指导时,也可以从这三个环节入手,使学习主体在具体的学习过程中了解相应的学习环节的要求,掌握相应的学习技术,从而对他们的学习活动提供相应的指导和帮助。

四、通过具体学科渗透

在对学习主体进行学习指导时还可以结合具体的学科来进行,通过具体学科的教和学来进行学习指导,这既是开展学习指导的一项基本原则,也是开展学习指导的重要途径。众所周知,不同的学科不但在具体的学习内容上不同,而且往往还有着独特的学习技术和要求。为了让学习主体能够更好地掌握该门学科,还必须要让他们了解其相应的学习技术和要求。

通过具体的学科进行学习指导可以很好地把学习理论与学习实践紧密结合起来。结合具体的学习内容,特别是通过具体的学习过程的分析,可以使学习主体在掌握具体学习内容的同时,通过非常形象的、直观的方式来了解相应的学习方法,提升他们的学习能力。

另外,结合具体学科对学习主体进行间接渗透比其他直接的途径可能更容易为他们理解和接受。这是因为,结合具体学科进行渗透往往是通过间接的方式,让学习主体在不知不觉中掌握学习的方法、学习的要领。

五、学习程序训练定型

在学习活动中会涉及很多学习行为,如阅读行为、笔记行为、记忆行为、作业行为等,这些都是学习活动中不可或缺的方面,也是反映学习活动水平的重要指标。在对学习主体进行学习指导时还需要对这些学习行为进行指导,以提高他们的行为水平,切实帮助他们搞好学习活动。

对学习行为进行指导有多种途径,而程序训练定型即是其中之一。所谓程序训练定型即把学习行为的相应要求及其顺序经过连续多次训练,逐步达到熟练化、自动化的状态。从某种意义上来说,这实际上也可以看做学习行为这一比较特殊的动作技能的形成和熟练的过程。通过程序训练定型,一方面可以减少不良学习行为的出现,提升学习行为的品质;另一方面也可以避免学习行为的无序性,增强学习行为的针对性。

程序训练定型的关键有二:一是合理划分学习行为环节,既要保证学习行为的连续性,又要让学习行为环节相对独立;二是找准学习行为的关键方面,注重对学习行为的关键方面进行重点训练。

六、利用效果反馈指导

在学习活动中,除了学习主体的各项学习方面的活动外,还包括对他们的学习活动进行的检查与评价,这既是学习活动中的一项重要内容,也是开展学习指导的重要途径。检查与评价不但是对学习主体此前一段时间学习情况的检验,也是他们今后学习的重要资源,是对他们进行学习指导的重要资源。

一方面,通过检查与评价,可以发现学习主体在学习活动中所存在着的问题,进一步查漏补缺,及时地对这些错误进行修正或完善,从而巩固学习效果,提高学习质量。这实际上也就是让检查与评价所发现的问题成为他们进一步努力克服的对象,成为他们学习的重要依据。

另一方面,通过检查与评价,还可以达到对学习主体进行指导的内容。对于有些学习主体来说,无论是他们自己还是学习指导者,在平常可能难以发现或找到进行学习指导的切入点或突破口。借助于检查与评价,可以比较准确地找到对他们进行学习指导的内容,从而顺利地对他们进行学习指导。而且,通过检查与评价所提供的学习资源,往往还具有很强的针对性,更容易为学习主体所接纳。

七、充分利用同伴交流

学习主体的同伴既是他们学习上的同伴,也可以用来作为学习指导的途径。而且,这种途径与其他途径相比,具有更加独特的价值。

一是双方心理相融,易于为对方接受。学习主体的同伴之间由于年龄大体相同,生活阅历比较接近,而且经常处在一起,具有高度的心理相容性,相互之间比较理解,容易产生共同语言。因此,他们相互进行学习指导,既能够洞悉对方的不足,也能够为对方所认可和接受。

二是指导比较便捷,可随时随地进行。作为学习主体的同伴,他们在很多时候都会一起进行学习活动。所以,在进行学习指导时,他们往往较少地受到时间、空间等方面的限制,几乎可以随时随地进行。而且,他们在进行学习指导时,有时可能难以分清谁是学习指导者谁是被指导者,他们可能同时既是指导者又是被指导者。

三是附加价值较高,可对双方起作用。让学习主体的同伴充当学习指导者,对学习主体进行学习指导表面上看来似乎只是学习主体受益,实际上并非如此。这是一个互惠的活动。在此过程中,不但学习主体受益,而且担任学习指导者的学习主体同样也受益。

八、针对特殊群体指导

在学习实践中,还有一些比较特殊的学习主体需要进行特别的关注,给他们提供不同于一般学习主体的比较特殊的学习指导。对于这样的特殊群体来说,采用一般性的学习指导与他们的实际学习情况并不适应,也难以收到预期的效果。

当然,作为特殊群体来说,主要有两大类,一类是学业比较优秀的,一类是学业困难的。一方面,无论是前者还是后者,都需要也都应该对他们进行学习指导,以期他们都能在原有的基础上有所发展,这既是学习主体自身发展的需要,也是开展学习指导的要求;另一方面,作为两类不同的特殊群体,在进行学习指导时还应根据他们的实际情况来进行。一般说来,对学业比较优秀的学习主体的学习指导应更注重高层次的思维训练、学习方法的升华等方面,而对学业比较困难的学习主体的学习指导应更注重基础知识的理解、学习行为的优化等方面。

九、开展自我经验总结

学习指导除了通过学习指导者来进行外,还可以通过学习主体自身来进行。开展自我经验总结即是基于学习主体自身进行的较为常用的学习指导形式。相对于外在的指导者从外在层面进行指导而言,这是一种由学习主体自己发起的从内在层面进行的自我指导,对学习主体的发展和成长具有更大的价值和意义。从某种意义上来说,这实际也是学习主体自己对自己学习状态的自我反思。

开展自我经验总结,需要注意以下三个方面:

一是要全面。在进行自我经验总结时既要发现优点,看到成绩,也要看到缺点,认清不足;否则,总结不够全面,也不利于今后的学习活动。

二是要客观。在进行自我经验总结时既不要夸大事实,也不要掩盖问题,而应实事求是,根据实际情况进行,只有这样,才有可能对自己做出更有价值的反思。

三是要经常。为了更好地对自己进行反思,实现自我进步,自我经验总结还应该经常进行。

十、扩大学习指导主体

在开展学习指导时,还可以进一步扩大学习指导主体,除了上述的教师、同伴及学习主体自己外,还可以把其他一些主体,如学习主体的家长、社会相关人士等,也纳入进来,让他们作为对学习主体进行学习指导的主体参与到学习指导中来,在扩大学习指导主体范畴的同时,也可以更好地形成指导合力,共同致力于学习主体的成长和进步。

第十章 学习研究

人们不但从事着各种各样具体的学习活动,而且还在不断地思考和探索怎样进行学习,这些思考和探索构成了学习活动中另一道亮丽的风景线——学习研究。

第一节 学习研究的历史

学习研究的历史同学习活动自身一样漫长,当然,这一漫长的过程同时也是一个不断发展的过程。对此,有研究指出,"有关学习的研究经历了一个从猜想到科学、从简单到复杂、从低级到高级、从静态到动态的发展过程"[①]。可以说自从有了人类,人类有了学习的意识以后就有了学习活动,就有了对学习进行研究的历史。

根据研究的水平和内容,把学习研究的历史大体上概括为古代、现代和当代三个历史阶段。需要说明的是,这种划分只是就学习研究的水平和内容而言,不同于其他方面的一些研究所作的历史划分。

一、古代的学习研究

(一)总体概括

如上所述,自从有了人类,就有了学习和学习研究。但由于人类自身的发展还不够成熟,以至在很多方面的研究也同样显得不够成熟。关于学习的研究也不例外,虽然人类很早就开始了对学习的探讨,但相对来说整个研究还不够系统。

1. 没有专门的研究成果。一般说来,专门研究成果是反映一个领域研究的系统程度、学科地位和科学水平的重要指标。所以,在很多时候人们往往从有无专门化的研究成果来判断当时的研究水平。在这一时期,人们尽管有很多关于学习的认识和思考,提出了一系列关于学习的见解和主张,但从总体上来看并没有形成一个比较系统的、具有完整体系的专门研究成果。虽然我国古代的《学记》以"学"为名,而且其中很多地方都论及到学,但从总体上来说这仍然是一部教育学著作,故而不能单纯地将之视为关于学的专门研究

---

① 高文等编著:《学习科学的关键词》,华东师范大学出版社,2009年版,第12页。

成果。

2. 多系学习实践的概括。在这一时期,由于整个人类的认识水平都还不够高,对学习的研究自然也不够深入。人们对于学习的认识在很大程度上都是基于他们的生活和教育及学习实践而提出来的,经验色彩比较明显。

3. 不同的主张异彩纷呈。尽管这一时期人们对于学习的认识从总体上来看还显得不够深入,但各自对学习的理解不尽一致,存在着多种不同的理解。有的分析了学习的价值,有的规定了学习的过程,还有的提出了学习的态度等。

(二) 研究内容

在这一时期,人们对于学习中很多基本的方面都进行了研究。

1. 学习价值。学习价值是关于学习重要性的认识,即人们为什么应该学习。有很多研究都对学习的重要性进行阐述,如孔子认为"性相近,习相远",把学习看做影响个体发展差异的根本原因。《学记》中提出"玉不琢,不成器;人不学,不知道",把学习看做理解道理、掌握道理的关键所在。虽然这些对于学习价值的研究还显得比较概括和抽象,但已经表明了学习的重要性。

2. 学习范畴。学习范畴是关于学习内容的规定,即应该学习的具体方面,对此,不同的研究所作出的回答各不相同。据《论语》记载,孔子入太庙"每事问"①,反映了学习内容的广泛性,各个方面都应该学习。到了后来,随着儒家思想正统地位的确立及科举制度的创立,学习的内容主要是《四书》、《五经》。

3. 学习方法。学习方法是关于学习技术的规定,即应该怎样去进行学习。不同的研究者对此也给予了高度的重视,提出了很多的学习方法。有的强调阅读,认为"通书千篇以上,万卷以下,弘畅雅言,审定文读,而以教授为人师者,通人也"②;有的强调质疑,认为"尽信书,则不如无书"③;有的强调实践,认为"不闻不若闻之,闻之不若见之,见之不若知之,知之不若行之,学至于行之而止矣。行之,明之……故闻之而不见,虽博必谬;见之而不知,虽识必妄;知之而不行,虽敦必困"④。

4. 学习过程。学习过程,即关于学习阶段或学习流程的划分。在《学记》中提出了"博学之、审问之、慎思之、明辨之、笃行之"的学习过程,王夫之则提出了格物和致知两个过程,前者以掌握感性材料为主,后者则重点放在思考辩论上。

5. 学习环境。如前所述,学习需要一些外部环境的支撑。对于这些支撑的外部环境,研究者们也给予了高度的关注,注重对学习环境的研究和创设。前者如荀子提出了"蓬生麻中,不扶自直;白沙在涅,与之俱黑"⑤,后者如众人皆知、广为引用的孟母三迁故事。

---

① 张燕婴译著:《论语》,中华书局,2006年版,第32页。
② 袁华忠、方家常著:《论衡全译》,贵州人民出版社,1993年版,第837页。
③ 万丽华、蓝旭译:《孟子》,中华书局,2006年版,第319页。
④ 梁启雄著:《荀子简释》,中华书局,1983年版,第94页。
⑤ 梁启雄著:《荀子简释》,中华书局,1983年版,第3页。

二、现代的学习研究

经过古代学习研究的漫长积累和逐渐发展,人们对于学习的认识逐渐脱离了过度依赖实践经验总结,理论水平总体不高的阶段,开始进入比较系统的理论化思考的阶段,即现代的学习研究。

(一)总体概括

在这一时期,人们关于学习的研究也越来越丰富,越来越多样,概括起来有如下特征:

1. 流派纷呈。自19世纪末以后,在教育心理学领域产生了行为主义和认知主义两大主要理论流派。这两大理论流派虽然在学科归属上属于教育心理学,但它们都着重探讨了学习,对学习进行了揭示和探讨,所以也可以看做关于学习的研究。两种不同的理论流派都有很多亚型,前者如桑代克的联结说、华生的刺激反应说、斯金纳的操作性行为强化说等,后者如托尔曼的认知目的说、布鲁纳的认知—发现说、加涅的认知—指导说等。

2. 体系完整。相对于古代对学习的研究不够系统来说,现代对学习的研究显得成熟了很多,也比较系统。上述两大理论流派及其亚型尽管各自的主张不尽相同,有些甚至截然对立,但都包括代表人物、理论基础、理论主张及实验验证等方面,特别是在理论主张方面具有比较完整的理论体系。

3. 注重过程。现代关于学习的研究中,尤为注重学习过程的分析。无论是行为主义理论流派,还是认知主义理论流派都对学习过程进行了分析。而且,这两种理论流派的得名,在很大程度上也正是源于他们关于学习过程的理解。

总体说来,这一时期关于学习研究中的心理学,特别是教育心理学的痕迹非常明显。这既是学习研究特色的集中反映,也表明关于学习的研究还有待进一步深入。

(二)研究内容

在这一时期,学习研究的内容主要有以下三个方面。

1. 学习本质

两大理论流派对于学习的本质作出了不同的揭示。

行为主义认为学习的实质在于对行为的刺激和强化。桑代克认为学习的实质在于形成刺激与反应之间的联结,明确指出"学习即联结,心即是一个人的联结系统"[①];华生认为习惯是学习的基本单位,频因率和近因率是习惯形成的两条基本规律;斯金纳认为强化是操作性行为形成的重要手段,包括有连续性强化程式、定时距强化程式、定比率强化程式、变时距强化程式和变比率强化程式等。

认知主义认为学习的实质在于观念的形成,或者说是对情境的领悟或认知。托尔曼不同意刺激与反应之间的直接联系,第一次明确提出了"中介变量"的概念;布鲁纳认为学习的实质在于主动地形成认知结构;加涅认为心理的发展是累积学习的结果,"个体的先前学习导致个体的智慧日益发展"[②]。

---

① 转引自王丕主编:《学校教育心理学》,河南大学出版社,1988年版,第70页。
② 转引自王丕主编:《学校教育心理学》,河南大学出版社,1988年版,第101页。

2. 学习过程

两大理论流派对于学习过程也作出了不同的回答。

由于行为主义认为学习的实质是刺激与反应之间的联结,所以在学习过程的分析上重点解释了联结的形成:一方面,联结是通过尝试与错误的过程而建立的;另一方面,情境与反应之间的联结直接的无中间媒介的作用。

认知主义由于把学习的实质看做观念的形成,所以在学习过程的分析上把重点放在了观念的形成或转化,强调刺激与反应之间的意识中介的参与和调控。如果把行为主义的学习过程概括为 S→R 的话,那么认知主义的学习过程则可以概括为 S→O→R。

3. 学习技术

两大理论流派对于学习技术也提出了不同的要求。

概括起来,行为主义的学习技术主要是通过操作性的反馈来形成刺激与反应之间的强化,建立起两者之间的行为动力定型;而认知主义的学习技术则主要是通过同化和顺应使新知识融入到学习主体原有的认知结构或形成新的认知结构。

在现代的学习研究中所研究的内容具有两个方面的特点:一是研究领域比较集中,研究者们把很多精力集中在上述三个方面,对这三个方面进行探讨;二是研究程度比较深入,对学习本质、学习过程和学习技术的分析比较具体,也比较深刻。

三、当代的学习研究

20 世纪中叶以后,随着科学技术的迅猛发展,人们对学习又产生了新的认识,提出了新的要求,从而揭开了当代学习研究的序幕。

(一) 总体描述

当代对于学习的研究具有如下三个方面的特点:

1. 持续深化

现代基于心理学视角下对学习的研究进一步分化,也进一步深化。一方面,在原来的两大流派之外,新增了人本主义流派;另一方面,认知学派进一步发展,演化出了建构主义学派。新增的流派和发展出来的学派都提出了自己关于学习的认识和探讨,也进一步深化了原有关于学习的研究成果。

2. 范畴拓展

当代对于学习所研究的范畴也进一步拓展和深化,比如关于学习目标的设定、学习任务的分析、学习感情的培养、学习形式的多样、学习活动的管理、学习技术的深化等多个方面的内容。这些既拓展了学习研究的范畴,也深化了对于学习的认识。

3. 视域转换

在当代,学习研究的视域也发生了根本性的转换。在古代,对于学习的研究是基于教育学的视角来进行;在现代,对于学习的研究是基于心理学的视角来进行的。前者开始倡导学习研究,确立学习研究的地位,后者着重深化学习研究,强调学习研究的心理分析。这些虽然在一定程度上对学习进行了研究,但仍然属于其他学科领域对学习的探讨,而非基本学习领域自身所进行的探讨。这种境遇在当代的学习研究中发生了根本性的转变,开始尝试从学习科学自身的角度来揭示和研究学习。

（二）研究内容：基于学习主体的梳理①

学习主体既是学习活动的发起者，也是学习研究关注的重要内容之一，当代的学习研究对学习主体给予了高度的关注，从多个方面进行了探讨。

1. 有关专家学习的研究

这是对学习主体中一类比较特殊的主体，即在特定领域中拥有广博而深刻知识的人。这类主体作为成功者自然应该有其比较特殊的学习历程，通过对他们的学习进行研究可以更好地揭示他们的学习，可以为其他学习主体的学习提供借鉴。

对专家学习的研究表明：第一，专家能识别新手注意不到的信息特征和有意义的信息模式；第二，专家获得的是大量有组织的内容知识，正是这些知识的组织方式反映出专家对学科的理解深度；第三，专家的知识包含了知识应用的情境脉络；第四，专家能够顺畅、灵活地从自己的知识中提取重要内容；第五，尽管专家熟悉自己的学科，但这不能保证他们会教导他人；第六，专家具有适应性的专门知识，能以灵活多样的方法应付新情境。

2. 有关儿童学习的研究

儿童也是一类比较特殊的学习主体，是一类主要以学习为主的专门化的学习主体。虽然在过去很长一段时间人们把大脑看做"白板"或"容器"，习惯于将儿童看成是被动的和无知的，但在当代却发现，儿童具有对某些特定事物的生理上的学习倾向，同时儿童像其他人一样进行自我指导和他人指导的学习。

近30年间大量的研究表明，幼儿与其他学习者一样具有掌握策略性知识和元认知的能力，他们也同样能凭借自己的意志、灵性和毅力来促进自身的学习，并在成长的过程中逐渐形成有关学习、智力和理解的不同看法和相应的学习风格、途径与方法。研究还表明，儿童既是问题的解决者又是问题的生成者：在问题的解决过程中，他们不但要面对失败而且通过对先前成功建构的反思，精心推敲以及改进自己的问题解决策略并不断生成新的、更具挑战性的问题。

3. 有关普通人与从业者的学习的研究

以莱芙为代表的人类学家在对人的学习和日常活动的研究中揭示出了这样一个事实：正是文化与活动赋予所学东西以目的与意义。他们借助于对普通人在杂货商店购物时的日常活动的观察，发现真实环境中的数学活动是与具体的场景、氛围、顾客对货物的需求等很多现实因素交织在一起的，完全不同于课堂上抽象的数学运算。

另外，人类学家还对从业者的学习活动进行了研究，如海员的职业与工作实践、临床医学专家与顾客之间的关系、公共诊所医学的实践以及铁匠的工艺等，这些研究远离通常对儿童和新手的研究，将关注的焦点放在平凡的日常实践上。

4. 对传统学徒制的研究

在当代的学习研究中，还对学校出现以前曾经是人们学习的最普遍的方式，即学徒制进行了研究。在正式的学校教育产生之前，从语言、绘画、雕刻、复杂的社会交往技能到某

---

① 这一部分内容主要参考高文等编著的《学习科学的关键词》（华东师范大学出版社，2009年版）第19~26页的内容。

一专业领域的知识与技能,都可以以类似学徒制的方式进行非正式的学习获得。这种学习方式的优点在于它提供给学习者大量实践的机会,教师和教学在这种学徒制的学习中通常是无形的。学徒获得的有关行动的指示基本上不是来自教师的教学,而是来自对从业者如何从事同一工作的观察。

(三) 研究内容:基于学科建制的分析[①]

在当代的学习研究中,还对学习科学自身的建制进行了大量的尝试。一般说来,特定的专业研究机构、全国性的专业协会及其定期举办的专业学术会议、定期发行的专业学术刊物,是一个学术共同体形成并走向成熟的标志,也是一个学科及其研究者对自己的研究领域进行界定,并获得学术身份的必备条件。

1. 专业机构及定期的国际学术会议

1987年,美国西北大学开风气之先,率先承担起学习科学这个新兴学科的建设,著名认知科学家R. C.香克受聘领导新成立的学习科学研究所(ILS)。同时期以学习科学为研究主题的其他几个声誉卓著的学习科学研究团队还有:J. S. 布朗和格里诺以及施乐公司首席执行官D.科恩斯共同建立的施乐学习研究所,推进了关于学习的情境观点,用互动分析等方法研究真实情境中的推理和学习;温德比尔特学习与技术研究小组,把认知科学的成果运用到基于技术的课程材料的开发上,开发了著名的杰斯珀系列的学习项目;S. 佩帕特创立的麻省理工大学媒体实验室,运用logo程序语言来帮助学生学习等。2002年,国际学习科学协会(international society of the learning sciences, ISLS)诞生。

1991年的"人工智能与教育"会议,现在被视为最早的学习科学年会。1996年召开了第二届学习科学年会,并于随后固定每两年召开一次。随着国际学习科学协会的成立,该会议的组织工作成为协会的常规项目。国际学习科学协会举办的还有另一个与学习科学领域密切相关的国际会议,即计算机支持的合作学习会议(conference of computer support for collaborative learning)。该会议也是两年一届,和学习科学会议间隔举办。

2. 专业学术刊物

为了"让各种认知科学家发表他们关于真实环境中学习的文章,并把我们所知的学习理论用在这些情境中,来促进学校和其他教育平台中更好的学习",《学习科学杂志》于1991年初创刊。该期刊"把技术作为自己的关注焦点,但它主要介绍学习,研究学习的新方法论,以及促进学习的新技术运用方面的新视角"。作为学习科学共同体的促进者,期刊广泛关注了学习的计算模型,学习所涉及的发展和推理问题,对促进学习的软件的提议,描述和评估,课堂研究,在情境中研究学习的方法论等主题,并极力推进学习科学方法论的建设。例如,关于言语基本句子分析,关于互动分析,尤其是对基于设计的研究和实验方法论的梳理和讨论。

3. 学术共同体的形成

目前,许多大学设有学习科学的相关研究生培养项目。美国西北大学的教育与政策社会学院面向学习科学的三大主题,即社会境脉、认知和设计开设学习科学硕士及博士课

---

① 这一部分内容主要参考高文等编著的《学习科学的关键词》(华东师范大学出版社,2009年版)第35~46页的内容。

程;斯坦福大学教育学院建立用现代学习观来设计基于技术的产品,环境和社会安排,以促进有效的学习的"学习设计与技术"硕士培养项目和博士培养项目"学习科学,技术与设计"。

另外,在学术共同体的形成过程中,美国科学基金会(NSF)计划从 2004 年起,分三年斥资 3600 万美元,在波士顿大学、卡耐基-梅隆大学和匹兹堡大学、华盛顿大学和斯坦福大学建立 3 个学习科学研究所,以致力于学习科学的基础研究和建立学习研究的国家网络。

由波士顿大学领衔的面向教育、科学和技术的学习优异中心,研究重点放在涉及学习的行为和脑的过程,包括视知觉和认知、言语和语言、认知情感交互、记忆以及概念和规则的形成等,旨在在这些过程知识的基础上寻找新的学习算法。科学家和工程专家致力于能够解决由不确定情境和不断变化的数据所呈现的突出的技术问题。

由匹兹堡大学和卡耐-梅隆大学共同组建的学习科学实验室,致力于促进对富有活力的学习的科学理解,即能够长时间持续,能够迁移到新异环境以及能够有助于未来学习的学习。学习实验室将启动新的实验精度下的课堂学习研究,将提供由计算机智能教练系统支持的七门课程,该系统已经用于学校场景中的学生个别化教学。课程将用作测试平台,学生学习策略,他们的教学支持,他们所学概念都可以得到细致研究。

非正式和正式环境中的学习中心,由华盛顿大学和斯坦福大学共同体发起,著名学习科学家、美国国家科学院研究报告《人是如何学习的》主编 J. 布朗思福德领衔该中心,致力于提高与正式环境和非正式环境中学习的认知维度、语言维度和社会维度相关的神经过程和原理的理解,并将这些用于指导教育实践,创建学习环境。

与上述机构同样进行着学习科学研究的还有许许多多的研究机构,在对学习的新观念高度共享的基础上,致力于理解和改进课堂、家庭、工作场所和其他虚拟共同体及现实共同体中的学习环境,对教学设计的认知,社会和技术方面都给予跨学科的研究,致力于将创新的技术应用于改进学习。

总的说来,当代的学习研究对学习的认识也更加深刻,对学习实践的影响也更大。

第二节 学习研究的范围

顾名思义,学习研究就是对学习所进行的研究,但这种回答显然还比较概括,不够具体。对于学习研究来说,还应进一步框定其研究的范围,确定其研究的领域。这既是学习科学自身发展的需要,也是深化学习研究的需要。

对于学习研究的范围,这里拟从两个大的方面来进行:一是目前关于学习研究范围的规定,这是学习研究的实然层面;二是今后学习研究应该涉及的领域,这是学习研究的应然层面。

一、不同研究的探讨

不同的研究成果对于学习研究范围作出了各不相同的规定,这里以五个比较有代表性的研究成果为例来说明关于学习研究范围的探讨。

(一)《学习学通论》

《学习学通论》是20世纪90年代的研究成果,集中反映了当时对于学习科学这一新兴科学的最新研究成果。

该书通过对学习行为、学习过程、学习与思维、学习与教育等方面进行的具体分析,揭示了学习的基本规律和应遵循的原则,指出了自学和在校学习等不同学习类型所具有的不同特点和使用的相应方法,强调了知识结构和智力结构在学习中的作用和基本模式,并通过翔实的论证提出了基于现代科学技术发展而产生的"新学习观"。

《学习学通论》(林明榕主编,学苑出版社,1990年版)

第一章　绪论
第二章　学习的一般概述
第三章　学习的生理机制
第四章　学习过程
第五章　学习的基本规律
第六章　学习的原则
第七章　学习与思维
第八章　学习与知识结构
第九章　学习与智力结构
第十章　非智力因素与学习
第十一章　在线学习
第十二章　自学
第十三章　学习的测量与评价
第十四章　学习与教育
第十五章　新学习观
第十六章　中国学习思想简述

(二)《学习论:学习心理学的理论与原理》

从该书的副标题可以清晰地看出这是基于心理学理论流派来进行的研究。该书共分五个部分:第一部分为刺激－反应学习理论(1~4),第二部分为认知学习理论(5~9),第三部分为行为－认知学习理论(10~13),第四部分为对上述学习理论提出挑战的学习理论(14~15),第五部分是对学习的基本问题进行理论概括,有助于读者的应用(16)。需要说明的是,虽然该书是基于心理学理论流派,但并不只是对这些心理学理论流派的简单介绍,还在介绍的基础上增加了对每一种学习理论流派的评述,以期在学习实践中能够更好地把握这些学习理论流派的精髓。

《学习论:学习心理学的理论与原理》(施良方著,人民教育出版社,1994年版)

绪论——学习与学习理论
第一章　早期刺激——反应学习理论
第二章　格恩里邻近学习理论
第三章　赫尔驱力还原学习理论
第四章　斯金纳操作学习理论
第五章　早期认知学习理论——格式塔一场论
第六章　皮亚杰建构主义学习理论
第七章　布鲁纳认知结构学习理论
第八章　奥苏贝尔认知同化学习理论
第九章　信息加工学习理论
第十章　早期折中主义学习理论——托尔曼信号学习理论
第十一章　加涅累积学习理论
第十二章　布卢姆掌握学习理论
第十三章　班杜拉社会学习理论
第十四章　罗杰斯人本主义学习理论
第十五章　习性学习理论
第十六章　学习的原理与策略

(三)《学习论与新课程学习理念研究》

虽然在书名上标有新课程学习理念研究,并把它作为书名中并列的两个部分之一,但实际上本书的主体部分只是学习论。这从其目录中可以看得非常清楚,除了第一章绪论外,每一章都含有学习,分别涉及学习的不同方面。

这本书之所以加上后半部分,一方面与本书中确实涉及新课程所倡导的学习理念的转变有关,另一方面该书的出版时间及作者的工作经历也决定了其作为与新课程改革的同行者、支持者的努力和愿望,把有关新课程改革中关于学习理念及实践的诉求融入到关于学习的分析之中。

《学习论与新课程学习理念研究》(李志厚等主编,广东教育出版社,2004年版)

第一章　绪论
第二章　学习目的论——为何学习
第三章　学习价值论——应该学习什么
第四章　学习因素论——什么影响学习
第五章　学习风格论——为什么有不同的学习
第六章　学习环境论——如何营造学习氛围
第七章　学习的过程——如何安排学习
第八章　学习方略论——如何学习
第九章　学习监察论——如何评价学习
第十章　学习发展论——以发展为本的学习理论
第十一章　教师学习论——如何学会为师
第十二章　综合学习论——怎样理解新课程的学习理念

第十章 学习研究

(四)《学习科学大辞典》

《学习科学大辞典》是我国学者于20世纪末期编写的一部比较全面的有关学习的工具书。作为工具书,该辞典对很多学习方面的内容进行了概括和总结,这些方面实际上也可以理解为对学习研究范围的规定。另外,在该辞典中,还通过专门的词条进一步明确了学习研究的范围。在"学习科学的结构体系"这一词条中综合了当时国内有关学者的观点,认为学习科学包括理论和应用两个部分。其中理论部分的内容包括学习的本质、学习的方法论体系等内容,应用部分包括各学科学习方法论、学习能力的检测与评价等内容。

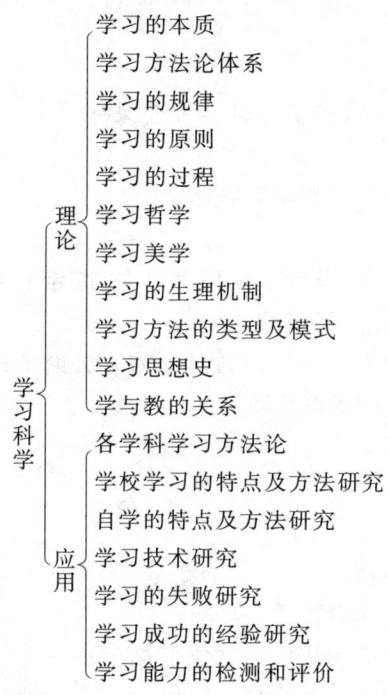

(五)《剑桥学习科学手册》

《剑桥学习科学手册》虽然称为手册,但并不同于一般的手册。从某种意义上来说,在具有手册特点的基础上呈现出了学术研究的特色。所以有人开玩笑说,"该书只能称之为一本学习科学领域的论文集,论文的作者们严格地遵循着论文的规范"①。

《剑桥学习科学手册》的序言中明确地为本手册作出了规定,即说明"教育家是如何利用学习科学来设计更为有效的学习环境——包括学校课堂以及非正式的学习环境,如科学中心、课外俱乐部、在线远程学习和基于计算机的辅导软件学习。本手册基于有关儿童如何学习的最新科学研究成果,描述了令人振奋的新的课堂环境……读者可以使用本手册来设计未来的学校——基于学习科学研究并充分挖掘计算机和互联网技术的潜力来改进学生知识和技能的学校"②。

作为具有工具性质的手册,具有容量较大的特点,该手册共6个部分34章,涵盖了当

---

① http://oktell.blog.sohu.com/167441141.html.
② [美]R.基恩·索耶主编,徐晓东等译:《剑桥学习科学手册》,教育科学出版社,2010年版,序言第2页。

代关于学习的最新研究进展。但是这本手册的体例不大符合我们的阅读习惯:大量夹注以及长达126页的参考书目罗列,往往会导致阅读的中断,"严重破坏了阅读的连贯性"①。

《剑桥学习科学手册》([美]索耶等主编,徐晓东等译,教育科学出版社,2010年版)
第1章　导言——学习的新科学
第一部分　基础理论
第2章　跨学科的学习科学的基础和机遇
第3章　建构主义
第4章　认知学徒制
第5章　认知导师——技术将学习科学带进课堂
第6章　活动中的学习
第7章　知识建构——理论、教学和技术
第二部分　方法论
第8章　以学习者为中心的设计——反思过去,指导未来
第9章　作为方法论的设计研究的发展
第10章　基于设计的研究——学习科学家的方法论工具集
第11章　指导基于探究的数学学习
第12章　协作会话分析
第13章　评估深层理解
第三部分　知识的本质
第14章　基于案例的推理
第15章　学与教的知识整合视角
第16章　概念转变研究的历史——线索和断层
第17章　学习中的空间表征和意象
第18章　素养和学习科学
第四部分　可视化知识
第19章　基于项目的学习
第20章　让学习者进入真实实践——设计的挑战和策略
第21章　儿童对物种多样性的探究——有关科学探究的课程活动结构的生动对话
第22章　科学教育中基于模型的推理能力培养
第23章　通过建构和协作探究数学问题
第五部分　共同学习
第24章　计算机支持的协作学习
第25章　无线交互式学习设备——通过新的计算设备随时随地地交互
第26章　辩论学习
第27章　在线共同体中的学习

---

① http://oktell.blog.sohu.com/167441141.html.

第六部分　学习环境
第28章　学习环境中的动机与认知投入
第29章　学习作为文化过程——通过多样性实现平等
第30章　技术支持性评价对学校改革的展望
第31章　学校中互联网的使用——问题与前景
第32章　教师学习研究与学习科学
第33章　推广——超越理想环境、挑战实践情境的创新
第34章　结论——未来的学校
后记："如何学"之后是"学什么"
跋：学习科学的基本问题

另外，还有大量的关于学习某个方面的研究，如学习风格、学习策略、学习指导等进行的专门化的研究。

二、研究范围的探讨

结合上述研究成果所提供的借鉴以及对学习研究范围的理解，这里把学习研究的范围简要地概括为以下五个大的方面。

（一）学习的本体性研究

所谓学习的本体性研究，主要涉及对学习自身的定位、归类等方面的研究，是对学习是什么的回答。因此，这一研究主要涉及学习的本质、学习的价值、学习的发生及学习的规律等方面的内容。

（二）学习的主体论研究

学习主体虽然是学习活动的实施者，但同时也是学习研究的对象。对学习主体进行研究，既可以更好地认识和了解学习主体，也可以更好地指导他们开展学习活动。这一方面的研究涉及学习主体的内涵、学习风格等方面的内容。

（三）学习的客体论研究

学习的客体，也即学习的对象，即哪些方面应该是学习的对象，或者说是应该掌握的内容。虽然随着社会的发展，学习的对象也在不断地变化、不断地丰富，但这并不意味着学习对象是没有限制的，或者说是可以随心所欲的。从宏观方面来看，主要涉及对学习客体的解读，即学习客体的内涵，学习客体的形式等内容；从微观方面来看，主要涉及学习任务的分析，即具体的学习活动中应该完成的比较具体的任务。前者提供了学习客体的一般性分析，有助于从整体上认识学习客体，后者提供了学习客体的具体性分析，有助于具体的学习活动的开展。

（四）学习的运行性研究

从性质上来看，学习首先应该是一种活动，作为活动的学习，自然包括其活动的进行，在对学习进行研究时，还应就其活动的进行开展研究。这一方面的研究主要涉及学习的过程、学习的原则、学习的方法、学习的行为、学习的方式等方面的内容。

(五) 学习的保障性研究

学习活动需要相应的一些条件,比如时间、空间及物质材料等。只有满足了这些条件,学习活动才有可能得以发生,也才有可能实现其目的。因此,学习研究还应对这些条件进行研究,并提供相应的支撑来保障学习活动。这一方面的研究主要涉及学习的资源、学习的策略、学习的指导等方面的内容。

第三节 学习研究的趋势

学习不但过去有、现在有,而且将来还会有,随着社会的进步和人类的发展,对学习的要求也越来越高。因此,学习研究作为对学习进行整体性把握的活动,对于其未来的趋势也应进行研究,以更好地服务于学习实践。

一、整合研究

所谓整合研究,即不再是单一地运用一种方法或从一个方面进行研究。综合性既是现代科学发展的特点,也是现代研究的趋势,学习研究也不例外,也应进行整合研究。

(一) 多种研究方法的整合[①]

学习科学的研究者越来越致力于寻找一种整合的解释方法,而不是从某个单一的角度,来对人类的学习作出整体性的解释。人类学、社会学、文化研究中常用的现场研究的方法(如人种志,会话分析,社会文化心理学的研究方法)逐渐被广泛关注和运用。

著名的如 J. 莱夫和 E. 温格用人类学方法对助产士、裁缝、军需官、屠夫和戒酒的酗酒者的学习过程的研究,他们以对这些人的学习发生过程的现场深描和结构化分析为基础,勾勒了学习者在这个合法的边缘性参与过程中,在认知、实践能力和身份上发生的转变。

索耶采用互动分析法记录和分析:学习者之间的关系、互动类型和历时性的变化,学习者参与实践的过程及历时性的变化以及个体学习等。

格里诺建议使用情境法来对学习活动进行研究,他将分析的重点从传统心理学关注的个体转向活动系统。在他的视野中,活动系统是一个复杂的社会组织,包括学习者、教师、课程资料、软件工具和物理环境。他认为,需要在更为总体性的互动关系中考虑个体的认知,分析活动系统中的表现和学习。例如,在探究课堂上,学生在形成和评估问题,提出和争论概念和理解的不同意义时,学生的理解是为大家所分享的。分析的时候,可以考虑个体学生的行动是否对于班级在获得共享的理解方面作出贡献,而不是仅仅去展现学生先前在与课本、教师和计算机的互动中已经从认知上建构起来的理解。他的分析不仅包括信息结构的出现和转变,也包括在学习活动进程中的社会性安排和活动结构(即参与

[①] 这一部分内容主要参考高文等编著的《学习科学的关键词》(华东师范大学出版社,2009 年版)第 35~37 页的内容。

者在能力,权威和责任方面的位置)。因此,在具体的研究方法方面,强调对于互动(而非语言报告)的记录,信息结构在活动系统层面上的生成过程以及表征的方式(而非表征)。

适应学习环境创设方法的研究,基于设计的研究方法或称设计研究应运而生,并已经广为应用。

基于设计的研究,是指在研究者设计出来的并系统地加以改变的环境中所进行的学习研究,因而这种研究指向于自然化的情境脉络中的学习。在研究的过程中,研究者通过历时性地、循环往复地、系统地改变学习环境,使之逼近学习的复杂性特质。也就是说,研究者根据学习理论的某个具体观点,对学习环境进行设计并逐步实施改变,不断验证和提炼在理论上自洽,在实践中有效的观点和方案。基于设计的研究的实质,是记录和分析"人造的"真实场境中的学习的发生,因而前述现场研究的方法也是必不可少的。

基于设计的实践,不是简单地"将理论应用于实践",而是通过对于设计的环境中的学习发生状况的分析,精致甚至重构关于学习发生机制的"猜想"、"观念"(不是有待验证正确与否的"假设"),因而既是通过理论改进实践的,也是通过实践发展理论的。所以,这种研究方法是沟通"实然"和"应然"的桥梁,它的目标和结果指向理论、实践和设计三个方面的互动,即同时关注实践的提升,理论的验证和精制以及人工制品(如学习产品)的开发等多个方面。

(二) 多种学科之间的整合

未来的学习研究还应是多个学科的整合,借助于不同的学科分别从不同的角度来探讨学习,将有助于对学习的认识更加深刻,对学习实践的指导也更加有力。

"从不同的角度来理解学习的发生机制:来自认知科学、脑科学、计算机科学、人类学、文化学、设计科学、教育科学等视角的对于学习的研究中涌现了众多新的洞见,为学校内外的学习环境设计提供了大量的设计框架和方案,也有相关领域——特别是课程教学、教育技术、教学设计——提供了新的基础和借鉴"[1]。

事实上,就学习的研究历程而言,也反映了这种多种学科整合的进程。对此,有研究指出,"学习,最初是认知科学的研究领域,学习科学无疑是站在认知科学的肩膀上发展起来的"。

但真实世界的复杂性在传统的认知科学视野里被忽视,它们所发现的认知规律是将人从其处于的社会世界与自然世界中抽离出来的结果。这样的工作虽然很有价值,但却显得适应性不够强,不能有效地针对复杂的现实世界。"于是,在传统认知科学的队伍里走出这样一些学者:他们从事教育和工作场所中的绩效研究,他们一再体验到认知理论和真实世界中发生的事情之间的差异,他们对于当时的认知科学的狭隘视点直言不讳……正是这些学者成为新兴的学习科学的奠基者。于是,正如科罗德纳所说,学习科学的共同体'开始是认知科学的一个分支,现在它包含许多其他类型的研究者,不再是认知科学的分支了'"[2]。

关注真实世界中的认知,决定了学习科学又是一门跨学科的领域,"'它吸收了有关人

---

[1] 高文等编著:《学习科学的关键词》,华东师范大学出版社,2009年版,编者前言第1页。
[2] 高文等编著:《学习科学的关键词》,华东师范大学出版社,2009年版,第34页。

的科学的多种理论视野和研究范式,以便弄清学习,认知和发展的本质及其条件'。确切地说,学习科学是认知科学家在思考传统的以实验心理学和计算机科学为主要支柱的传统认知科学的局限和困境中,吸收了认识论、社会学、人类学以及脑科学的研究成果和方法所展开的一个新的研究领域"。

因此,在未来的学习研究中,这种跨学科整合的现象仍将继续,而且还会进一步加大整合的幅度、加深整合的力度。需要说明的是,这在跨学科整合时一定要把这些学科统一到学习研究上来,不应各自为阵,割裂学习研究。

二、本体研究

学习的本体研究,即对学习到底是什么的回答。对于学习到底是什么这一问题有着多种不同的回答,莫衷一是,比较传统的回答有:学习是大脑的生化活动、学习是相对持久的行为变化、学习是信息加工、学习是记忆与回忆等。这些回答虽然对学习的本质进行了一定程度的揭示,但显然还存在着一些难以克服的问题。对此,有研究认为,传统的学习理论至少存在着以下四个方面的争议问题[①]:一是传统的学习研究者通常只把学习看做学习者头脑中的一个内部过程来研究,使学习"远离经验",把学习与真实世界分割开来,无视人在真实世界中的学习;二是传统的学习理论将"学习"从人类活动中区分出来,认为学习发生在发展的特殊阶段内,发生于特殊的教育机构安排的特殊环境中,从而将学习及其研究限定在学校场景之中;三是传统的学习理论片面强调学习是对现存知识、显性知识的获取,无视实践中出现的新知识、隐性知识与默会知识;四是传统的学习理论涉及的仅是个人的学习过程,无视学习的社会文化境脉及学习过程中的社会性协作。

针对传统学习研究中存在着的争议问题,人们逐渐改变了对于学习的认识,提出了关于学习的种种新的观念,如学习是社会协商、学习是思维技能、学习是知识建构、学习是概念的转变、学习是境脉的变化、学习是活动、学习分布在共同体中间、学习是根据环境给养调适感知及学习是混沌等[②]。

这些对学习是什么的回答是否准确、科学,还有待进一步推敲,相信随着研究的深入,人们将会不断地逼近学习的内核,揭示出学习的实质。

三、发生研究

为了更好地搞好学习、指导学习,未来的学习研究还应对其是如何发生的作进一步地深入研究。

对于学习的发生,传统的研究把重心要么放在了刺激强化上,要么放在认知结构上。这些实际上也就是前述现代学习研究中的两大理论流派的主张。目前,人们对于学习的发生研究更多地回到了人脑本身,通过大脑,借助于脑科学的研究来探讨学习的发生。

[①] 高文等编著:《学习科学的关键词》,华东师范大学出版社,2009年版,第7~8页。
[②] 转引自高文等编著:《学习科学的关键词》,华东师范大学出版社,2009年版,第10~12页。

关于学习的脑科学研究,有研究认为目前的发现主要有三个方面:一是学习改变大脑的物质结构;二是这些结构的变化改变了大脑的功能组织,换言之,学习组织和重组大脑;三是大脑的不同部位适合于不同时段的学习①。也有研究提出了脑终身学习的主张,认为"某些脑区,包括对学习和记忆起着关键作用的海马区,一生都能产生新的神经元。神经元的产生(神经发生)和消亡使脑的结构在一生中都能发生变化。通过突触形成(突触发生)、突触消失(修剪)、突触增强和突触减弱的方式,神经元之间的突触联结能够不断地得到修饰。在人的一生中,神经元和神经联结不断产生。在脑加工环境信息之时,最活跃的神经联结不断增强,最不活跃的神经联结不断减弱。随着时间推移,不活跃的联结越来越弱;当整个神经元的所有联结都不活动时,细胞就会消亡。与此同时,活跃的联结则会越来越强。通过这种机制,脑就能不断适应环境。这样,脑的效率增强了,结合经验的作用,脑就能发展出最佳的结构。结构的改变是学习发展的基础……结构改变的程度取决于学习的类型:学习时间越长,结构改变越显著"②。而且,"过去20年的研究数据表明,脑的可塑性可以持续终生。由于可逆性是学习的基础,因而一生之中都能学习,不过不同阶段的学习方式可能不同"③。

虽然近些年来借助于现代技术手段,人们对大脑有了更进一步的认识,对学习的发生也有了更进一步的认识,但由于大脑作为"黑箱",对其认识还不够直接,自然也将影响到对学习发生的研究。因此,基于目前脑科学研究所进行的关于学习发生的研究将随着脑科学研究的进展而进一步发展。

另外,学习发生除了与大脑密切相关外,还与个体其他方面的机能以及整个文化也是密切相关的。所以,对于学习的发生还应从除大脑研究之外的视角来进行,运用跨学科的研究成果来进行探讨。

四、保障研究

未来的学习研究还应致力于学习的保障研究,即为学习活动提供更加优异的支撑,助推学习活动。

(一)创设学习环境

如前所述,学习活动离不开学习环境的支撑,并且学习环境还对于学习活动起着至关重要的影响作用。需要说明的是,"虽然所有的学习都是基于境脉的,但不是所有的境脉都同样支持知识的应用"④。因此,学习的保障研究必须考虑学习环境的创设,创设出适

---

① [美]约翰·D.布兰思福特等编著,程可拉等译:《人是如何学习的:大脑、心理、经验及学校》,华东师范大学出版社,2002年版,第130页。

② 经济合作与发展组织编,周加仙等译:《理解脑:新的学习科学的诞生》,教育科学出版社,2010年版,第34页。

③ 经济合作与发展组织编,周加仙等译:《理解脑:新的学习科学的诞生》,教育科学出版社,2010年版,第34页。

④ [美]戴维·H.乔纳森主编,郑太年等译:《学习环境的理论基础》,华东师范大学出版社,2002年版,第11页。

宜于学习的、有助于学习的学习环境。当然,这里所说的学习环境的创设是从广义的学习的角度而言的,包括各种学习方面的制约因素的创设和改善。

(二) 培育学习共同体

学习既是个体的也是群体的。对于后者,早在古代时就已经被人们注意到了,如在《学记》中明确提出"独学而无友,则孤陋而寡闻"。在当代的学习研究中,对于后者的研究更为关注,提出各种不同的多个主体共同学习的主张。这些主张,最为通俗的说法是小组合作,而较为复杂的表述则是由系统各要素之间共享认知的分布式认知,学习共同体是其中比较优雅的称谓。关于学习共同体,温格认为,"相互的介入、共同的事业和共享的技艺库"构成了共同体实践的三个关键特征①,这三个关键特征实际上也就成为培育学习共同体的切入点。

(三) 深化教师学习

按照当代关于学习的理解,学习不再仅仅是特定年龄阶段的人在特定时期和场合里的事情,而是扩展到更大范围,是所有主体的必然行为。这其中也包括教师这一以进行知识传承、肩负促进特定学习主体发展重任的人员。而且,在当代的研究中,已经对教师学习提出了明确的要求,国外如斯滕豪斯提出"教师即研究者"的论断,国内亦有研究提出了"师生同益"的主张。

另外,还有各种成建制性的正式的职后培训以及无处不在的非正式的自发学习实践都表明了教师学习的存在。而且,近些年来,教师学习也在发生着一些改变。有研究认为,"过去十年来教师学习研究向'情境化视角'"转变;帕特南和博尔科认为,"'情境化视角'包括三个主题:认知是发生在特定情境中的,认知是社会性的,认知是分布于人与工具中的。'情境化视角'是学习科学的核心,而且随着教师学习研究转向这一视角,学习科学有望作出重要贡献"②。

五、学科研究

未来的学习研究还应对学科本身进行研究。虽然学习研究在当代已经发生了根本性的变化,取得了比较显著的成效,但仍然需要进一步研究。一方面,要进一步提高学习科学作为一门学科自身的成熟度,形成一个体系相对完整、架构较为科学的研究范畴框架,这既是学习科学作为学科的应有之义,也是今后研究需要考虑的方面;另一方面,应进一步丰富学习科学研究领域,建立学习科学学科群,有研究者认为,"学习学科应该是一个学科群,而不只是指一门学科"③。

因此,学科研究实际上也可以说是学习科学的元研究。

---

① 赵建:《学习共同体:关于学习的社会文化分析》,华东师范大学出版社,2006年版,第81页
② [美]R. 基恩·索耶主编,徐晓东等译:《剑桥学习科学手册》,教育科学出版社,2010年版,第611页。
③ 高文等编著:《学习科学的关键词》,华东师范大学出版社,2009年版,编者前言第1页。

参 考 文 献

一、工具书类

1. [美]阿瑟·S. 雷伯著,李伯黍译:《心理学词典》,上海译文出版社,1996年版。
2. 林明榕总编:《学习科学大辞典》,新华出版社,1998年版。
3. 顾明远主编:《教育大辞典》(增订合编本),上海教育出版社,1998年版。
4. 辞海编辑委员会编:《辞海》(第六版彩图本),上海辞书出版社,2009年版。
5. [美]R. 基恩·索耶主编,徐晓东等译:《剑桥学习科学手册》,教育科学出版社,2010年版。

二、外文译著

1. [苏]苏霍姆林斯基著,杜殿坤编译:《给教师的建议》,教育科学出版社,1984年版。
2. [美]D. H. 鲍尔、E. R. 希尔加德著,邵瑞珍等译:《学习论:学习活动的规律探索》,上海教育出版社,1987年版。
3. [英]克莱夫·贝尔著,张静清、姚晓玲译:《文明》,商务印书馆,1990年版。
4. [美]莫里斯·L. 比格著,张敷荣等译:《学习的理论与实践》,人民教育出版社,1991年版。
5. [英]邓尼斯·恰尔德著,蔡笑岳、周鸿等译:《心理学与教师》,科学技术文献出版社,1992年版。
6. 联合国教科文组织国家教育发展委员会编著,华东师范大学比较教育研究所译:《学会生存:教育世界的今天和明天》,教育科学出版社,1996年版。
7. 国际21世纪教育委员会报告,联合国教科文组织总部中文科译:《教育:财富蕴藏其中》,教育科学出版社,1996年版。
8. [美]阿尔文·托夫勒著,孟广君等译:《未来的冲击》,新华出版社,1996年版。
9. [美]约翰·D. 布兰思福特等编著,程可拉等译:《人是如何学习的:大脑、心理、经验及学校》,华东师范大学出版社,2002年版。
10. [美]B. L. McCombs等著,伍新春等译:《学习动机的激发策略:提高学生的学习兴趣》,中国轻工业出版社,2002年版。
11. [美]戴维·H. 乔纳森主编,郑太年、任友群译:《学习环境的理论基础》,华东师范大学出版社,2002年版。

12. [美]S. R. Steinberg 等主编,易进译:《学生作为研究者:创建有意义的课堂》,中国轻工业出版社,2002年版。

13. [美]史蒂芬·迪夫著,常桦译:《学习力》,延边人民出版社,2003年版。

14. [美]克里斯·阿吉里斯著,张莉等译:《组织学习》(第2版),中国人民大学出版社,2004年版。

15. [英]莱斯莉·雷著,孙业山等译:《学习活动:培训和拓展中的101个技巧》,科学普及出版社,2004年版。

16. [美]Badrul H. Khan 著,张建伟等编译:《电子学习的设计与评价》,北京师范大学出版社,2005年版。

17. [美]David A. Sousa 著,"认知神经科学与学习"国家重点实验室脑与教育应用研究中心译:《脑与学习》,中国轻工业出版社,2005年版。

18. [美]D. C. 菲利普斯等著,尤秀译:《学习的视界》(第4版),教育科学出版社,2006年版。

19. [美]露西·乔·帕拉迪诺著,苗娜译:《注意力曲线:打败分心与焦虑》,中国人民大学出版社,2009年版。

20. [美]拉塞尔·L. 阿克夫等著,杨彩霞译:《21世纪学习的革命》,中国人民大学出版社,2010年版。

21. [瑞士]安德烈·焦尔当等著,杭零译:《变构模型:学习研究的新路径》,教育科学出版社,2010年版。

22. [丹]克努兹·伊列雷斯著,孙玫璐译:《我们如何学习:全视角学习理论》,教育科学出版社,2010年版。

23. 经济合作与发展组织编,周加仙等译:《理解脑:新的学习科学的诞生》,教育科学出版社,2010年版。

24. [美]B. R. 赫根汉等著,郭本禹等译:《学习理论导论》(第七版),上海教育出版社,2011年版。

25. [美]雪伦·B. 梅里安等著,黄健等译:《成人学习的综合研究与实践指导》(第2版),2011年版。

26. [阿根廷]安东尼奥·M. 巴特罗等著,周加仙等译:《受教育的脑:神经教育学的诞生》,教育科学出版社,2011年版。

三、中文著作

1. 叶圣陶著:《叶圣陶语文教育论集》,教育科学出版社,1980年版。
2. 王丕主编:《学校教育心理学》,河南大学出版社,1988年版。
3. 曹迪恩主编:《学习论》,辽宁大学出版社,1989年版。
4. 林明榕主编:《学习通论》,学苑出版社,1990年版。
5. 唐文中主编:《教学论》,黑龙江教育出版社,1990年版。
6. 吴也显主编:《教学论新编》,教育科学出版社,1991年版。
7. 谢德民主编:《论学习:学习科学与学习指导的探索》,人民出版社,1992年版。

8. 周谦主编:《学习心理学》,科学出版社,1992年版。
9. 李伯黍、燕国材主编:《教育心理学》,华东师范大学出版社,1993年版。
10. 孙孔懿著:《教育时间学》,江苏教育出版社,1993年版。
11. 王泽普主编:《学习学概论》,西南师范大学出版社,1993年版。
12. 叶瑞祥编著:《学习学概论》,广东高等教育出版社,1993年版。
13. 施良方著:《学习论》,人民教育出版社,1994年版。
14. 刘兆吉主编:《高等学校教育心理学》,北京师范大学出版社,1995年版。
15. 谭顶良著:《学习风格论》,江苏教育出版社,1995年版。
16. 张卿著:《学与教的轨迹:20世纪的教育心理学》,山东教育出版社,1995年版。
17. 白学军著:《智力心理学的研究进展》,浙江人民出版社,1996年版。
18. 王文博主编:《大学学习学》,中国纺织出版社,1996年版。
19. 郑秉洳著:《论学习教育》,天津社会科学出版社,1996年版。
20. 陈琦、刘儒德主编:《当代教育心理学》,北京师范大学出版社,1997年版。
21. 熊川武著:《学习策略论》,江西教育出版社,1997年版。
22. 叶瑞祥编著:《学习学概论》,广东高等教育出版社,1997年版。
23. 张大均主编:《教学心理学》,西南师范大学出版社,1997年版。
24. 路海东主编:《学校教育心理学》,东北师范大学出版社,2000年版。
25. 刘晓明、张宝来著:《小学生学习心理与学习指导》,东北师范大学出版社,1999年版。
26. 张大均主编:《教育心理学》,人民教育出版社,1999年版。
27. 皮连生主编:《教学设计:心理学的理论与技术》,高等教育出版社,2000年版。
28. 吴沁著:《学习学概论》,东北师范大学出版社,2000年版。
29. 吴庆麟等编著:《认知教学心理学》,上海科学技术出版社,2000年版。
30. 祝智庭主编:《现代教育技术:走向信息化教育》,教育科学出版社,2000年版。
31. 陈琦主编:《教育心理学》,高等教育出版社,2001年版。
32. 靳玉乐主编:《探究教学论》,西南师范大学出版社,2001年版。
33. 王逢贤主编:《学与教的原理》,高等教育出版社,2001年版。
34. 新课程实施过程中培训问题研究课题组编写:《新课程与学习方式的变革》,北京师范大学出版社,2001年版。
35. 钟祖荣著:《学习指导的理论与实践》,教育科学出版社,2001年版。
36. 王健敏著:《道德学习论》,浙江教育出版社,2002年版。
37. 王言根主编:《学会学习:大学生学习引论》,教育科学出版社,2003年版。
38. 曾祥芹主编:《阅读改变人生》,中国海洋大学出版社,2003年版。
39. 李志厚等主编:《学习论与新课程学习理念研究》,广东教育出版社,2004年版。
40. 桑新民主编:《学习科学与技术:信息时代大学生学习能力培养》,高等教育出版社,2004年版。
41. 于云才、董业明著:《学习学导论》,山东人民出版社,2004年版。
42. 赵红亚著:《迈向学习社会》,中国社会科学出版社,2004年版。

43. 张大均主编:《教育心理学》,人民教育出版社,2005年版。
44. 赵建:《学习共同体:关于学习的社会文化分析》,华东师范大学出版社,2006年版。
45. 叶忠海主编:《终身学习研究》,高等教育出版社,2007年版。
46. 王恩国著:《学习困难儿童的工作记忆研究》,中国社会科学出版社,2008年版。
47. 高文等编著:《学习科学的关键词》,华东师范大学出版社,2009年版。
48. 杨南昌著:《学习科学视域中的设计研究》,教育科学出版社,2010年版。
49. 丁晓山主编:《中国学生实用表格学习法》,化学工业出版社,2011年版。
50. 王恩国著:《揭秘学习障碍:学习困难儿童的认知加工与神经机制研究》,中国科学技术出版社,2011年版。
51. 张兆芹等著:《学习型学校的创建》,教育科学出版社,2011年版。
52. 衷克定著:《在线学习与发展》,高等教育出版社,2011年版。

后　记

　　在教育中，学无疑是非常重要的，甚至是最为重要的方面。也正因如此，叶圣陶先生才竭力倡导"教是为了不教，教是为了更好地学"。这一论断既是对教与学关系的科学把握，也揭示了学习活动自身的重要性。目前，随着"学习化社会"、"学习的革命"的到来，学习活动的重要性得到进一步的强化。为了更好地认识学习，科学地开展学习活动，提高学习效率，人们对于学习的研究也在不断地深入，涌现出了众多关于学习的研究成果。这些成果在进一步深化人们对于学习的认识，普及有关学习的知识等方面发挥了非常重要的作用。但也不得不承认，目前关于学习的研究成果中还存在着一些不尽如人意的方面：有些只是把有关学习的一些方面进行简单地罗列，并没有深入地思考学习活动的内在逻辑；也有些过于强调学习的心理层面，而忽略了与之密切相关的教育学视角；还有些侧重于对学习的某一方面进行深入研究，但没有从整体上对学习活动进行系统地把握。这些不尽如人意的方面就成为我们撰写《学习概论》的重要目的之一。

　　教学实践的需要是促成我们撰写《学习概论》的另一个原因。河南大学教育学科在充分认识到学习科学重要性的基础上，先后在教育学专业本科生及课程与教学论专业研究生中开设了《学习学》和《学习原理》。之所以开设这样的课程，一方面为了集中力量更好地探索学习的有关知识，另一方面也希望通过比较系统的教学活动来进一步普及学习的知识，让更多的人更好地了解学习、更好地学习。因此，为教育对象选择比较合适的教材也就成了一个非常现实的问题，《学习概论》就是为解决这一现实问题而做出的努力和尝试。

　　《学习概论》还与我们对课程论、教学论及学习论之间关系的认识有关。现在人们已经不再囿于传统的大教学论或舶来的大课程论，而是力图将课程与教学融合起来。努力融合二者的愿望虽然是好的，但也不得不承认这种融合在目前来看还会面临着一系列理论和技术上的难题。让课程论、教学论及学习论三分或许能够厘清其间关系：课程论主要回答教什么和学什么，教学论主要回答怎样教，学习论主要回答怎样学。我们不但在进行这样的思考，而且也在进行着这样的尝试，《学习概论》就是这一尝试的结晶。

　　本书是在两位作者的共同努力下完成的，其中林德全撰写了绪论及第一、二、四、五、七、十章，徐秀华撰写了第三、六、八、九章。在写作过程中，本书还引用了大量有关研究成果，非常感谢这些作者们的智慧和分享。

　　当然，《学习概论》的面世还离不开河南大学规划教材评审专家们的厚爱。正是在他们的关心和支持下，本书非常荣幸地获得了河南大学教材建设立项资助，进而为本书的面世提供了宝贵的机会。

在本书的撰写过程中,以本书中的部分内容为主体申报的《大学生学习行为优化研究》也得到了相关评审专家的厚爱,获批为河南省教育厅人文社会科学基地研究项目,在此也非常感谢他们的支持与信任。

另外,本书也得到了河南大学出版社编辑们的精心审校、润色。他们通过邮件、电话不断地与作者沟通、协商,尽最大可能地把作者的意图和编辑的意见有机地结合起来。他们的辛勤劳动使得本书增色不少,非常感谢他们富于智慧的加工和高超的沟通艺术。